# 职业生涯规划团体活动教程

罗陈娟　韩　赟　编著

清華大學出版社
北　京

## 内 容 简 介

本书设计的每个生涯团体辅导活动都从教具准备、活动目的、设计思路、操作流程、重点难点、案例分享等多个方面展开了详细的介绍，活动与活动之间相对独立又环环相扣，既可以拆分作为一次性团体活动单独使用，也可以作为长程的团体辅导完整闭环设计使用。相对于枯燥的理论教学，把团体辅导技术应用于职业生涯教育，将是提高学生学习积极性和有效性、促进学生生涯适应的有效方式。本书的使用范围较广，不仅可以应用于生涯团体辅导课程的教学，还适用于教研室师资培训、班级党团日活动、主题班会、企业团建活动等。



**图书在版编目(CIP)数据**

职业生涯规划团体活动教程 / 罗陈娟，韩赟编著. —北京：清华大学出版社，2023.7
ISBN 978-7-302-63739-4

Ⅰ. ①职… Ⅱ. ①罗… ②韩… Ⅲ. ①大学生－职业选择－教材 Ⅳ. ①G647.38

中国国家版本馆 CIP 数据核字(2023)第 103830 号

**责任编辑：**王 定
**封面设计：**周晓亮
**版式设计：**思创景点
**责任校对：**马遥遥
**责任印制：**宋 林

**出版发行：**清华大学出版社
**网 址：**http://www.tup.com.cn，http://www.wqbook.com
**地 址：**北京清华大学学研大厦 A 座 **邮 编：**100084
**社 总 机：**010-83470000 **邮 购：**010-62786544
**投稿与读者服务：**010-62776969，c-service@tup.tsinghua.edu.cn
**质 量 反 馈：**010-62772015，zhiliang@tup.tsinghua.edu.cn
**印 装 者：**三河市天利华印刷装订有限公司
**经 销：**全国新华书店
**开 本：**185mm×260mm **印 张：**15.5 **字 数：**321 千字
**版 次：**2023 年 8 月第 1 版 **印 次：**2023 年 8 月第 1 次印刷
**定 价：**59.80 元

———————————————————————————————————

产品编号：091388-01

# 前　言

习近平总书记在党的二十大报告中勉励当代青年，“青年强，则国家强。当代中国青年生逢其时，施展才干的舞台无比广阔，实现梦想的前景无比光明”。青年肩负着实现中华民族伟大复兴的历史重任，只有在党的领导下认清责任，抓住机遇、踔厉奋发、勇毅前行，才能有所作为、不负使命，让青春在全面建设社会主义现代化国家的火热实践中绽放绚丽之花。

开局多壮丽、奋进正当时，党的二十大为我们描绘了中国式现代化的宏伟蓝图。作为肩负着国家前途命运的时代新人，青年一代要牢牢抓住国家发展的机遇期，找准同行者，互信互助，资源共享。体验式视角下的团体活动正好为青年提供了互动共享的动力场，让青年在合作中强化同理心，先内化于心，然后才能外化于行，能够更好地为团队创造共同价值。

体验式教育古今中外很早就被提倡：从孔子的“不愤不启，不悱不发”，到蔡元培的注重个性，崇尚自由、自然；从柏拉图、苏格拉底、亚里士多德的“身心和谐的人”，到杜威“生长中的人”等，他们都非常强调对受教育者本身的关注，注重让学生通过自己的体验而不是单纯教师的灌输来学习知识、丰富情感、蕴涵精神。体验式教育以人本主义心理学和教育心理学为理论基础，以人文主义教育理念为指导思想，它的核心包括体验式技术、艺术化的教育和团体动力场。也就是运用体验式技术，把理论知识转化为体验情境，通过呈现、表达、转换等方式，学生可以在温暖、流动的团体动力场中，通过体验、互动、分享等环节把知识内化，达到教育教学效果的最大化。

如果把传统教育比作吃盒饭的话，那么体验式视角下的团体活动就好比是自助餐，学生可以根据自己的潜在需要进行内化和体验，选择切合自身发展需要的学习内容和发展方式，以努力实现目标和做到自我悦纳，而不是仅仅围着与自身相分离的知识符号转，却始终得不到真正的提升。在团体活动中，学生可以把自己当作学习对象的主人，学会如何根据环境的变化来对自己做出相应的调试，积极地去适应外部环境带来的变化，这种情况下，个体发展的不仅仅是智力，而是整体的智能。

根据班杜拉的社会学习理论，组员在充满信任、氛围良好的团体活动中，通过示范、模仿、训练等方法尝试与他人建立良好的人际关系，并将这种技能迁移到真实生活中，辅导效果由此巩固。本书尝试构建体验式视角下的生涯团体活动教育教学体系，先明确目标，再设计活动；先体验过程，再破解方法；先引起好奇，再体验新知；先倾听他人，再呈现观点。力求主要解决以下教学问题。

(1) 观念导向与行动导向的整合，解决体验式教育一体化建设的问题。目前高校的通识教育没有系统的规划和安排，境内外学生混班上课的互动性较差，实践活动的开展大多是孤立的，既没有形成横向的学科间的联系，也没有形成纵向的一以贯之、循序渐进的体系，大多没有教学反馈跟踪机制，对于教育效果是否达到等的相关评价机制也不健全。

(2) 关注结果与关注过程的整合，解决传统教学模式下实践性与生活性不足的问题。团体活动通过创设一定的情境，让受教育者感受与生活一致的或相似的场景。传统的生涯课堂教学只能靠教师对学生进行概念式、理论式的陈述和分析。团体活动教学重在“体验”，学生在课程中，通过与其他人分工合作、共同完成任务的亲身经历，深刻体会到团队的重要性，体会到团队中每一个角色应有的分工和作用。

(3) 关注理性与关注情感的整合，解决传统教学模式下情感性与推及性不足的问题。团体活动强调感悟与升华，感悟，重在“悟”，升华，重在“升”。通过体验、探究，学生可以在体验活动中激发情感，在探究活动中引导感悟，最终将知识点内化为价值观念。团体活动教学强调学生的实践性，学生的认知来源于实践，学生的感悟来源于实践，学生的生涯适应力来源于实践，生涯适应力的践行表现在生活实践中。

(4) 显性知识与隐性知识的整合，解决传统教学模式下主体性与个性化不足的问题。团体活动强调主体的参与，教育者要将学生作为体验活动的主体，让学生亲自发现问题、探寻结论、体验求知的快乐。

本书分为 12 章，共设计了 46 个生涯团体辅导活动，每个活动都从教具准备、活动目的、设计思路、操作流程等多个方面展开了详细的介绍，活动与活动之间相对独立又环环相扣，既可以拆分作为一次性团体活动单独使用，也可以作为长程的团体辅导完整闭环设计使用。本书的适用范围较广，不但可以用于生涯团体活动课程的教学，还能用于教研室师资培训、班级党团日活动、主题班会、企业团建活动等，本书的创新性包括以下几个方面。

(1) 教学工具的创新。本书中用到的所有卡牌工具和部分表单工具是一套以韩赟老师为主导，联合全国数名生涯从业者共同研究开发的教学工具。《花开在眼前——韩赟生涯工具卡》系列卡牌目前已在全国 100 多所高校的生涯课堂中广泛使用。学校可以充分利用可视化工具授课，采用潜意识投射卡、花花卡、赋能卡、各类生涯表单全方位组合应用的方式，让课堂呈现全方位、多元化的教学效果。

(2) 教学理念的创新。摒弃传统的生涯教育模式，不仅将重点放在翻转课堂和学生活动这些形式上，还允许个性化差异的存在。在智商过剩的年代，走心是唯一的技巧，不再一味地强调标准化的“优秀”。在此基础上，重点关注每一位学生对自己生涯的思考，相信每个人都是解决个人问题的专家，而教师只是引导者。

(3) 教学方法的创新。体验式教学的设计：明线——课堂活动；暗线——团体理论；核心——成员体验。老师担当带领者的角色，利用可视、可听、可感的活动帮助体验者更好地得到认知，达到溶盐于汤、立德树人的效果。结合这种教学方法的创新，罗陈娟老师负责的相关课程获评福建省一流本科线上线下混合式课程、福建省线上线下混合式精品课程等。

(4) 教学流程的创新。教学流程按照破冰——导入——情境——案例——创设——分享——整合的顺序进行，更加强调学生的个性化发展，以学生为主，教师为辅，让学生在学中玩、在玩中学，从中掌握理论方法，营造“人人关注人、人人被关注”的氛围，“被看见”是改变的开始。听过的，你会忘记；看过的，你会记得；只有做过了，你才深深懂得。

(5) 教学理论的创新。将心理学、管理学中的相关理论迁移运用到生涯教育教学中，运用生涯教练技术、生涯叙事手法引导学生充分体验、感悟、成长。

罗陈娟和韩赟担任本书主编，各承担 15 万字的撰写工作。

本书汇集了大量同行的智慧，部分表单工具和操作流程内容借鉴了前辈同行在生涯道路上的理论成果。感谢本书编校者对本书出版所付出的大量心血，同时向所有同行和本书所引用材料的研究者一并表示感谢！

本书免费提供教学课件、教学大纲、电子教案、生涯工具表单，读者可扫下列二维码获取。

教学课件

教学大纲

电子教案

生涯工具表单

编　者

2023 年 5 月

# 目　　录

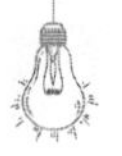

# 第一章

# 缘来有你

人生没有白走的路

每一步都算数

和未来的自己打招呼

你是怎样

时间就是怎样

预见

方能遇见

**【本章导读】**

本章主要针对团体成立初期的特征进行活动设计，可适用于长程性的团体或一次性团体。团体成立初期普遍会出现团队成员之间陌生、没有安全感、边界性较强的特点，本章活动设计的主要目的是打破团队成员之间彼此不熟悉的僵局，营造团体动力场。

# 第一节　理论背景

团体辅导以心理学为基础，传递专业助人知识、理论与技术。通过团体内人际交互作用，促使个体在交往中通过观察、学习、体验，认识自我、探讨自我、接纳自我，调整改善与他人的关系，学习新的态度与行为方式。为了体现课程的体验式教学理念，从团体动力学入手，可以让我们更快地突破传统和尝试新的方式。

## 一、团体动力学

团体动力学又称群体动力学、集团力学，是研究诸如团体气氛、团队成员间的关系、领导作风对团体性质的影响等团体生活的动力方面的社会心理学分支。团体动力学一词最初由勒温于1939年提出，自1945年勒温在马萨诸塞理工学院创办团体动力学研究中心以来，团体动力学无论在理论研究上还是在实际应用上都得到迅速发展，推动了美国社会心理学的研究。

团体动力学的基本概念是生活空间，它包括人与环境。人既是个体的存在，也是团体的存在；而环境既是物理的、心理的，也是社会的。个体不是孤立的个别属性的机械相加，它在一定的生活空间里组织为一个完整的系统。从这一点出发，很容易得出这样的结论：团体不是各个互不相干的个体的集合，而是有着联系的个体间的一组关系。团体不是由各个个体的特征决定的，而是取决于团队成员相互依存的那种内在的关系。由此，我们可以认为，虽然团体的行动要看构成团体的成员本身，但已经建立起来的一个团体有着很强的纽带关系，使个体成员的动机与团体目标几乎融为一体，难以区分。所以一般说来，通过引起社会团体变化来改变其个体要比直接改变个体容易得多，这就是整体比部分重要得多的团体动力学的基本思想。

团体动力学主要包括五个方面的内容：团体内聚力、团体标准和团体压力、个人动机和团体目标、领导和团体性能，以及团体的结构性。

### （一）团体内聚力

团体内聚力是作用于所有成员并促进其参与团体活动的各种力的组合。团体动力学家一般将具有内聚力的团体描述为：其成员为了一个共同的目标而一起工作，每个成员都愿意为团体分担责任，一致反对外来的攻击等。赋予诸个体一项共同的任务、在成员中营造一种友好的合作氛围、诸成员具有相同的背景和态度、成员之间经常接触和交往、拥有共同的遭遇或不幸，都是形成团体内聚力的因素。一般来说，提高团体内聚力可以

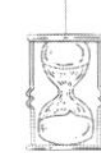

产生如下效果：团队成员的责任性行为；成员之间的相互影响；价值取向的一致性；成员安全感的发展；团体生产力的提高。

### （二）团体标准和团体压力

#### 1. 团体学专家对于团体标准的三种解释

(1) 团体作为整体，在很大程度上决定了个别成员的思想和行动。

(2) 每个个体都倾向于像团体中的其他成员那样行事。

(3) 个体在行动上与团队成员保持一致是由于受到求同压力的影响。

#### 2. 团体中的两种求同压力

(1) 当一个人发现自己的观点和行为与他人不同时所产生的内在压力。

(2) 那些试图影响他人行为的成员所施加的外在压力。由于这些压力都直接导向团队成员的一致行为，所以通常又归之于团体标准。

### （三）个人动机和团体目标

任何一种团体都会有目标，有存在和行动的理由。被团体所选定的目标，在很大程度上决定该团体的行为、团体作用的发挥、成员对团体的依赖性、成员的态度和信心等。研究表明，团体目标与成员的个人动机是密切相关的，接受团体目标的成员会表现出最为强烈的需求动机，并努力为团体选定的目标而工作。

### （四）领导与团体性能

领导者的素质及其领导作风在所有的团体生活中都占有非常重要的地位。在团体动力学中，一般把领导作为团体的一种功能来研究，这涉及团体性能的发挥及团体生产力的高低。另外，对领导方式的研究有助于解决如何调动团队成员内在活力的问题。

### （五）团体的结构性

当一个团体在其成员之间的关系安排上获得一种稳定时，它也就拥有了一定的结构。团体结构变量包括：正式领导、角色、规范、地位、团体规模、团体构成。团体结构塑造团队成员的行为，使人们有可能解释和预测团体内大部分的个体行为以及团体本身的绩效。团体中包含正常成员、非正常成员、领导成员和孤立者。其中，正常成员接受并遵守团体的绝大多数规范，非正常成员接受其中的某些规范而拒绝其中的一项或几项规范，但仍是团队成员之一，领导成员在保持团体的团结方面有最大的贡献，而孤立者则基本上不属于团体且通常向往另外一个团体。

## 二、斯佩里左右脑分工理论

美国心理生物学家斯佩里博士(Roger Wolcott Sperry)通过著名的割裂脑实验，证实了大脑不对称性的“左右脑分工理论”(见图 1-1)，并因此荣获 1981 年诺贝尔生理学或医学奖。正常人的大脑有两个半球，由胼胝体连接沟通，构成一个完整的统一体。在正常情况下，大脑是作为一个整体来工作的，来自外界的信息，经胼胝体传递，左、右两个半球的信息可在瞬间进行交流(每秒 10 亿位元)，人的每种活动都是两半球信息交换和综合的结果。大脑两半球在机能上有分工，左半球感受并控制右边的身体，右半球感受并控制左边的身体。

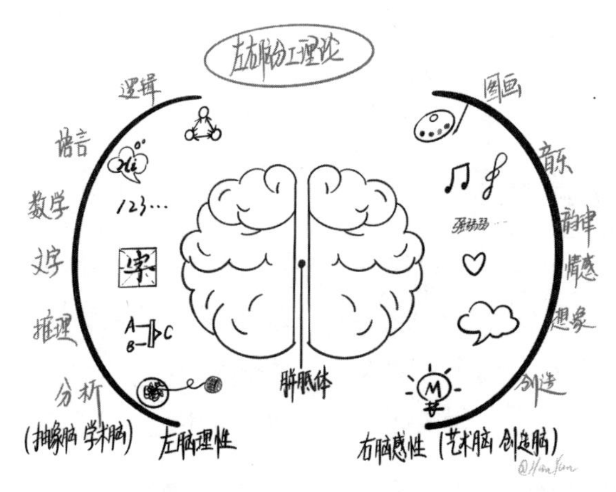


图 1-1　左右脑分工理论

左脑主要负责逻辑理解、记忆、时间、语言、判断、排列、分类、逻辑、分析、书写、推理、抑制、五感(视、听、嗅、触、味觉)等，思维方式具有连续性、延续性和分析性，主要从事逻辑思维，因此左脑可以称作“抽象脑”“学术脑”和“语言脑”。右脑主要负责空间形象记忆、直觉、情感、身体协调、视知觉、美术、音乐节奏、想象、灵感、顿悟等，思维方式具有无序性、跳跃性、直觉性等，主要从事形象思维，是创造力的源泉，是艺术和经验学习的中枢。斯佩里认为右脑具有图像化机能，如企划力、创造力、想象力；与宇宙共振共鸣机能，如第六感、透视力、直觉力、灵感、梦境等；超高速自动演算机能，如心算、数学；超高速大量记忆，如速读、记忆力。右脑像万能博士，善于找出多种解决问题的办法，许多高级思维功能取决于右脑。把右脑潜力充分挖掘出来，才能表现出人类无穷的创造才能。所以右脑又可以称作“艺术脑”“创造脑”和“音乐脑”。

“花开在眼前”系列卡牌，就是依据斯佩里左右脑分工理论和生涯发展相关理论来设计开发的一套本土化卡牌工具。这套工具通过图片激发右脑的创造力和想象力，促进认知，增强自我觉察，借助团体活动带领者的活动设计和引导语，发现、了解、训练团队参与者的倾听、理解、认知能力。

# 第二节　活动实践

“大学生职业生涯规划与管理”这门课程，不同于专业课，也不同于公共课，它既不是纯粹的理论课，也不是典型的技能课，更不是单纯的活动课，而是融实践性、理论性、活动性于一体的课程。教材的团体活动设计旨在让学生有机会盘点自己的思想，和老师、同学交流自己的困惑与感想，为自己的大学生活拟出一个初步的计划，在教师的带领下开始思考生涯、于浩瀚的人生坐标中找寻自己的人生定位，从而确立一个清晰的人生目标。

## 一、教具准备

(1)“花开在眼前”系列卡牌之“花花卡”和“潜意识投射卡”。

(2) 用彩色卡纸打印团体活动参与者所有成员的名字，裁剪成名片纸大小，每个名字单独一张。

(3) A4 彩色卡纸，每组 3～4 张。

(4) 彩笔，每组一盒。

(5) 透明胶、剪刀，每组一套。

(6) 信封便签、课程币。

## 二、活动目的

(1) 第一次团体辅导活动，团队成员彼此不是特别熟悉，通过“创意全家福”合影活动的设计，促进彼此的肢体接触。

(2) 创造机会让团队成员互相交谈，可以寻找相似性常用话题。“金鱼缸”“三生有幸”等活动，让团队成员有机汇谈信息、谈观点、谈感受，促进团队成员彼此熟悉，树立从集体到团体转变的概念。

(3) 通过言语和非言语的活动帮助提高团队成员参与团体的意识，增加乐趣、促进讨论、深化话题，提供经验性学习的机会。

(4) 建立小组规则，增强团体意识和参与感；制定团体公约，培养契约精神，传递团队能量。

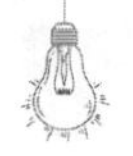


## 三、设计思路

(1) 通过“金鱼缸”活动破冰，达到热身的效果。

(2) 组建团队，建立课程微信群，团队制定“团体公约”并向全体成员公布；每次课前提交小组周记，通过“我为你买单”环节为团队赚取课程币。

(3) 制作团队专属信箱，抽取本学期你的专属“英雄名牌卡”，持续接收这个长程团体每次会面后的神秘来信。

(4) 通过“花花卡”再次进行自我介绍，初次感受卡牌神奇的力量。

## 四、操作流程

### 活动一：金鱼缸

(1) 全体成员 1 到 2 重复报数，报 1 的同学站在内圈，报 2 的同学站在外圈，内圈外圈一一对应，面对面站立。像在一个大金鱼缸里，团队两个人一组，一共 3 分钟时间，相互自我介绍以下内容：我的姓名、我来自哪里、我对大学生活和学习的期待、我能为这个团体带来什么。

(2) 彼此相互介绍 3 分钟后，内圈不动，外圈顺时针移动三位同学，遇到新的成员后继续进行 3 分钟的相互自我介绍，内容同上一轮。

(3) 外圈顺时针移动 3～4 次后，结束活动。

**【活动点睛】**

打破团队成员之间彼此不熟悉的僵局，通过“金鱼轮转”扩大陌生成员的接触面，通过问题的澄清，一方面可以让团队成员彼此找到一些相似或共同点，另一方面可以澄清团队成员对团队活动的期待和个人目标的初步锚定。

### 活动二：三生有幸

(1) 分组。根据团队人数，随机分成若干个 6～8 人的小组。

分组方式 1：随机报数 1～6，或者 1～8，相同号数的人组成一个小组。

分组方式 2：抽取“花花卡”，同一花色的人组成一组。

分组方式 3：桃花朵朵开。

教师说：“桃花朵朵开。”同学们问：“开几朵？”带领者可以根据团队人数和男女比例，前几轮安排不落单的数字，慢慢地刻意安排落单的数字，让落单的同学进行简单的自我介绍，或者分享喜欢的电影、家乡的美食等。最后根据班级男女生比例，用花瓣和花蕾来区分男女生，用几朵花瓣包裹几颗花蕾的方式，分成男女比例相当的几个小组。

这个分组方式需要教师提前熟知团队的人数及男女生比例，这样才能进行每次引导语的设计和发布。

分组方式 4：抢红包。适用于线上团体的分组。

教师事先根据团队人数规划好需要分成的组数和每组的人数。抢红包游戏规则如下：每人只能抢一次红包，抢到红包的就不能重复抢接下来的红包，每个红包手气最佳者当选为组长。

组建团体微信群，红包以组号命名，如第 1 组、第 2 组、第 3 组……然后将其依次发到微信群中，根据每个红包领取的人员，随机分成若干小组，而且手气最佳者当选为组长也为线上团体的团队组建提供了更大的便利。

(2) 最强战队。小组用生涯相关的名称命名，挑选组长，确定其他成员分工，组建组织架构。小组可以分为以下几种角色。

组长：挑选组长可以采用“万箭穿心”的方式，每个组员伸出右手食指，指向自己心目中组长的人选，“中箭”最多的成员，就成为组长。组长要充当组织和带领、协调者的角色；

阳光专员：负责传递正能量，带来活力；

爱心专员：传递关爱，服务大家；

监督专员：监督、观察，保证秩序；

创意专员：开发新视角、新思路，提出不同建议；

后勤专员：后勤保障；

联络专员：和其他组形成连接；

邮递员：收发本小组的邮件。

(3) 三生有幸——生命·生活·生涯。每组给自己的团队起个响亮的与生涯有关的名称，组建课程微信群或者 QQ 群，群昵称修改为组名+姓名的格式。每组用 5 分钟时间完成最美创意全家福照片并发送到课程群里，再用小组成员的名字写一首小诗、歌曲或一个情景剧、小故事等，其中包含每个人名字中的某一个字，可用谐音。根据完成的顺序发放相应金额的课程币，课程币设计可参照图 1-2。

图 1-2　课程币

(4) 我为你买单。接下来的课上，成员可以运用各种办法和渠道来宣传自己的小组，每周在课程群以图片、视频、宣传片等各种自媒体形式发布小组专属的课程周记。图 1-3～图 1-7 为课程周记的部分展示方式。

**写给自己的一首诗**

也许我们没有做一名诗人的天赋，不会像诗人那样赞美人间万物、感叹人生苦短或者伤春悲秋，但在上周课堂上那种静谧的环境里，窸窸窣窣的笔尖斟酌出的每个文字都饱含着我们的情感，诗中有我们当下的现状，有我们内心最脆弱的地方，有我们对未来的憧憬。不论风趣幽默或是充满深情，每个人都在用积极的一面对待生活。对于那个不愿向外展示的第二段，我们也相信在大学四年中，终有人会用他/她温暖的一面感染你？

**故事接龙**

世界上每片树叶都不一样，更何况我们无敌可爱 ZERO 组组员们的脑洞呢，不论是感人至深的爱情故事、发人深省的人生奇遇，或是迷惑的反人类常识，在 ZERO 组没有你想不到只有你不敢想，也许你正在为自己没有替这个故事做出贡献而发愁，下一秒你的 partner 就可以以你的故事写出一部奥斯金奖电影的情节，这就是团队，这就是 ZERO！

ZERO
11、13

**性格测试**

9012 年的我们一定测过不少所谓的测试，也许你妈妈背着你算过你的生辰八字，你相信你的另一半是狮子座，自己的星座的性格特点你也了如指掌，可能还认认真真地读过黄历，但是！像这样别开生面的性格测试你见过吗？

图1-3　小组课程周记文本版展示

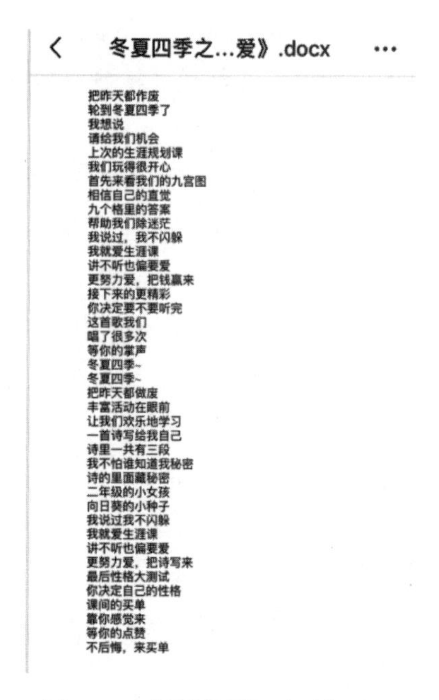

＜　冬夏四季之…爱》.docx　…

把昨天都作废
轮到冬夏四季了
我想说
请给我们机会
上次的生涯规划课
我们玩得很开心
首先来看我们的九宫图
相信自己的直觉
九个格里的答案
帮助我们除迷茫
我说过，我不闪躲
我就爱生涯课
讲不听也偏要爱
更努力爱，把钱赢来
接下来的更精彩
你决定要不要听完
这首歌我们
唱了很多次
等你的掌声
冬夏四季~
冬夏四季~
把昨天都做废
丰富活动在眼前
让我们欢乐地学习
一首诗写给我自己
诗里一共有三段
我不怕谁知道我秘密
诗的里面藏秘密
二年级的小女孩
向日葵的小种子
我说过我不闪躲
我就爱生涯课
讲不听也偏要爱
更努力爱，把诗写来
最后性格大测试
你决定自己的性格
课间的买单
靠你感觉来
等你的点赞
不后悔，来买单

图1-4　小组课程周记诗歌版展示

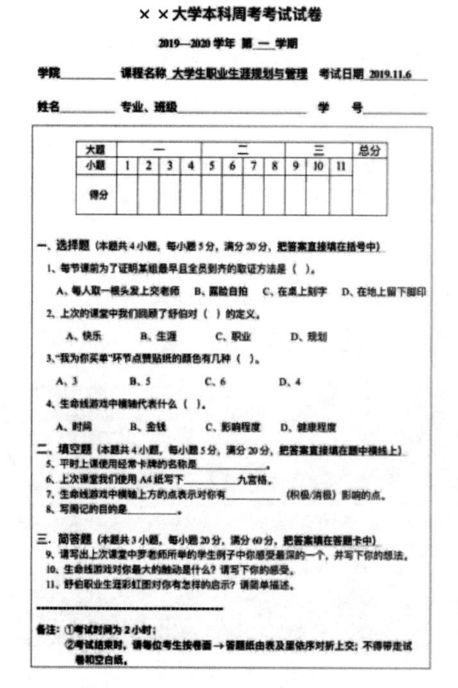

**××大学本科周考考试试卷**

2019—2020 学年 第 一 学期

学院________ 课程名称 大学生职业生涯规划与管理 考试日期 2019.11.6

姓名________ 专业、班级________________ 学　号________

| 大题 | 一 | | | | 二 | | | | 三 | | | 总分 |
|---|---|---|---|---|---|---|---|---|---|---|---|---|
| 小题 | 1 | 2 | 3 | 4 | 5 | 6 | 7 | 8 | 9 | 10 | 11 | |
| 得分 | | | | | | | | | | | | |

一、选择题（本题共 4 小题，每小题 5 分，满分 20 分，把答案直接填在括号中）

1、每节课前为了证明某组最早且全员到齐的取证方法是（ ）。

A、每人取一根头发上交老师　B、露脸自拍　C、在桌上刻字　D、在地上留下脚印

2、上次的课堂中我们回顾了舒伯对（ ）的定义。

A、快乐　B、生涯　C、职业　D、规划

3、"我为你买单"环节点赞贴纸的颜色有几种（ ）。

A、3　B、5　C、6　D、4

4、生命线游戏中横轴代表什么（ ）。

A、时间　B、金钱　C、影响程度　D、健康程度

二、填空题（本题共 4 小题，每小题 5 分，满分 20 分，把答案直接填在题中横线上）

5、平时上课使用经常卡牌的名称是__________。

6、上次课堂我们使用 A4 纸写下__________九宫格。

7、生命线游戏中横轴上方的点表示对你有__________（积极/消极）影响的点。

8、写周记的目的是__________。

三、简答题（本题共 3 小题，每小题 20 分，满分 60 分，把答案填在答题卡中）

9、请写出上次课堂中罗老师所举的学生例子中你感受最深的一个，并写下你的想法。

10、生命线游戏对你最大的触动是什么？请写下你的感受。

11、舒伯职业生涯彩虹图对你有怎样的启示？请简单描述。

备注：①考试时间为 2 小时；

②考试结束时，请每位考生按卷面→答题纸由表及里依序对折上交；不得带走试卷和空白纸。

图 1-5　小组课程周记试卷版展示

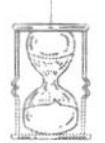

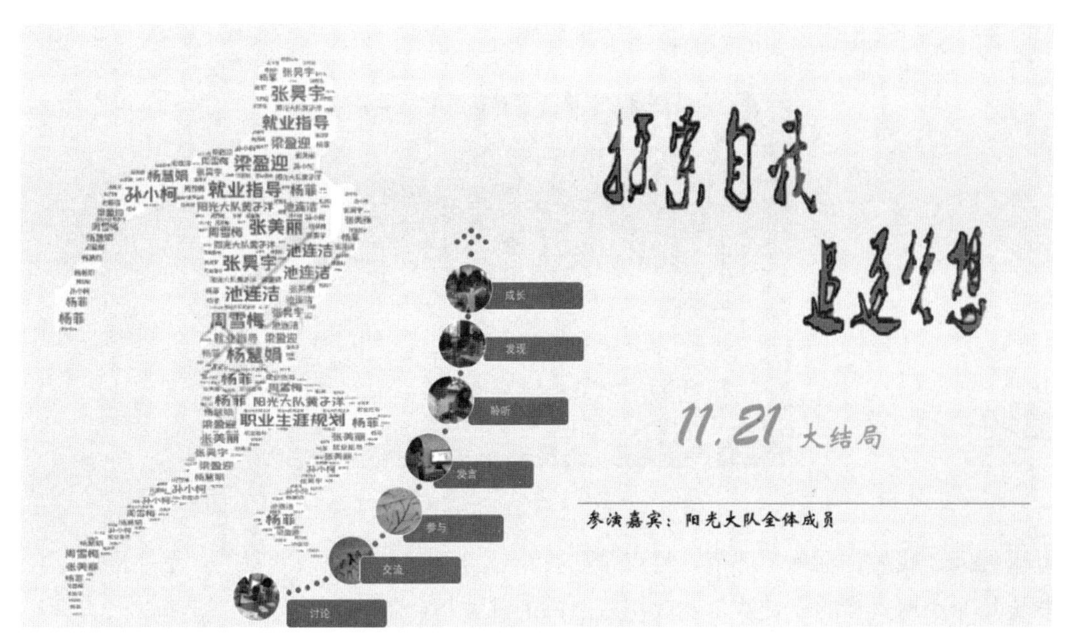


图 1-6　小组课程周记海报版展示

Zero小组第十周周记

上一周我们进行了关于十年后生活的一个描绘，进行自我价值自我追求的探索。每一个人用手中的画笔，在自己或在他人的人生蓝图留下自己的足迹。让我们每个人都深刻的体会到未来是变化莫测，难以预料的，同时也是值得令人期待的。此后，又让大家对人生最有成就感的三个时刻进行描绘。

这一系列的活动，让我们zero小组成员之间对彼此有了更多的了解。发现zero小组里的都是些可爱 的人，温暖的人 。

图 1-7　小组课程周记图文版展示

图 1-8 为“我为你买单”的操作方式之一。

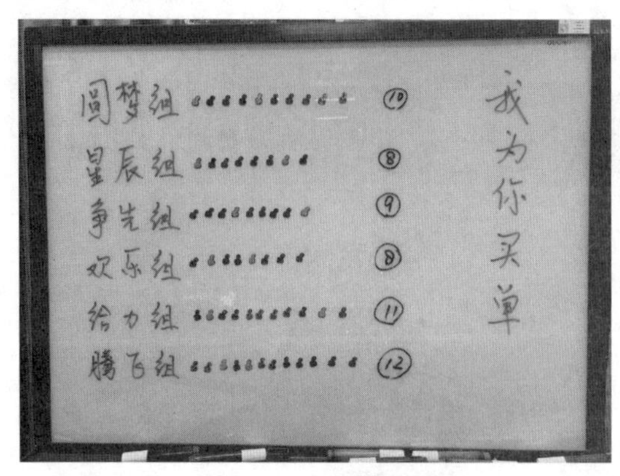


图 1-8　我为你买单

课间“我为你买单”环节，将点赞贴投给除自己小组之外最欣赏的一组课程周记，根据每个小组累计的点赞数，发放相应金额的课程币。

(5) 课程公约。对每次课最早到齐的小组，发放相应金额的课程币；每节课按照发言次数和发言频率，为小组发放相应金额的课程币。

(6) 我期待的团队。看看目前自己所在的团队，如果用 0～10 分来评判的话，可以得几分。分发表单让每个团队成员独立填写以下内容。

在一个团体中，当________________的时候，我觉得最舒服。

在一个团体中，我最害怕的是__________________________。

我喜欢团体中的人：__________________________________。

在团体中，我不喜欢看到______________________________。

当______________________的时候，我会为自己的团体而自豪。

如果出现_______________的状况，我会对自己的团体有些失望。

我感觉自己能够带给团体最多的是________________________。

顺时针传阅每个团队成员的期待，感受自己的小团体中每个人的气场，形成自己团队的约定。

(7) 小组公约。每组 8 分钟时间，用 A4 纸制作小组“公约宣传单”，组长带领签署团队契约，每个小组依次上台进行公约宣读。

×××团队，在活动期间愿做如下保证：

我一定准时参加所有的团体活动，因为我的缺席会对整个团体活动造成影响。

对于小组成员在活动中的所言所行我绝对保密。活动外我不做任何有损团队成员利益的事情。

团体活动时，我对其他成员持信任态度，愿对他们暴露自己，与之分享自己的感情和认识。对他人的分享和情感表露，我愿意提供反馈信息。

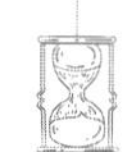

不迟到，不轻易请假。

我一定认真完成团体布置的任务。

在进行团体活动时，积极参加并全情投入。

保密原则。

签名：

签署日期：

【活动点睛】

促进团体动力，增强团队成员对规则的认同，让团队成员通过公开承诺，得到监督和见证，增强团队成员的集体意识和行动力。带领者可在这个环节点评小组成员的集体意识、团队包装、上台礼仪、演讲规范等。

活动三：英雄和天使

(1) 每个成员依次轮流抽取自己的“英雄名牌卡”。盲抽名牌卡，如果抽到的名字是自己，就重新抽取一张，这张名牌卡上的名字是你这次长程团体活动中的秘密，不要把名牌卡上的名字告诉任何人。

(2) 抽到的名牌卡上的名字对应的同学就是你的英雄(Hero)。而你则成为他的天使(Angel)，每次课上或者课后日常都可以默默关注他(她)，不要被他(她)发现。长程团体辅导中的每次课后都要在一个小的信封便签上写点东西，然后将其送给自己的英雄，抬头要写上他(她)的组号和名字，但是不能署自己的名字，信封便签可参照图 1-9。统一投递到每组的指定邮箱中，再由各组的邮递员分发到各自小组成员手中。长程团体活动课程结课当天才能揭晓彼此的英雄和天使。

图 1-9　信封便签

(3) 爱心邮局。每组用三张彩色的 A3 卡纸，制作自己小组的专属邮箱，要有小组的特征和标识，可以实物展示，方便收取信件，做完以后统一放置在课堂的某个角落，作为邮局，供团队成员投递信件。邮箱制作可参照图 1-10。

图 1-10　小组邮箱制作

【活动点睛】

营造人人关注人、人人被关注的氛围，“被看见”是改变的开始。学会观察、学会赞美，增强团队成员的人际交往能力。

### 活动四：百花齐放

(1) 每组共用一套“花花卡”，每个成员用选牌的方式选出一张能代表自己当下的牌，如果团队成员选中的是同一张卡牌，则可以坐在一起共用这张卡牌。每个团队成员在团队中再次做自我介绍，内容包括：姓名(称呼)、此刻的心情、对这个团体活动的期待、卡牌上画的是什么、我与花花卡的联结。

(2) 分析跟“金鱼缸”中的那次自我介绍有什么不同。

(3) 可以问问每个团队成员，对于其他团队成员，你是否有了新的认识。

【活动点睛】

从小到大，我们做了无数次的自我介绍，而透过“花花卡”来介绍自己，就有了不同的视角。或许会介绍更多内在的自己，它方便投射出你的价值观、生命状态、信念、制约、过去生命的记忆、潜意识等。教师可以利用这个环节进行教学卡牌的介绍，分享和讲解斯佩里左右脑分工理论。

## 五、重点难点

(1) 对于大一新生或者新组建的团体，成员之间彼此熟悉度还不高，热身暖场活动的组织至关重要。

(2) 从一个自然班级群体到每个小组团队的组建，要让团队成员意识到集体荣誉感对于个人及团队成长的重要性。

(3) “花开在眼前”生涯工具卡中的“花花卡”和“潜意识投射卡”是利用潜意识投射的心理学理论来设计的。这两套卡牌能让使用者在解读卡的过程中，照见自己平时看不到的那个部分，走进潜意识，去挖掘自己内心的真实想法、充分开发潜能，从而探究到真实的动机，调动自身所有能量去寻找问题的解决办法，实现自我成长或自我疗愈。

## 六、案例分享

### （一）卡牌赋意

在使用“花花卡”和“潜意识投射卡”这两套卡牌的过程中，要注意卡牌礼仪：首先没有牌意，没有固定含义，它不同于沙盘，学习沙盘的人都会关注沙具的象征意义以及沙盘中方位的象征，带领者必须对出现在沙盘中的象征及其隐喻有所理解。而卡牌，使用者觉得是什么就说什么，没有对错，如实呈现，使用者就是它的主人。所以带领者一定要改掉好为人师的毛病，避免自我假设。要积极关注、朝向未来、保持好奇、聚焦方法、有力提问。

比如：有些团队成员抽到一张卡牌进行自我解释后，就会问：“老师，你说我刚才抽到的卡牌是什么意思？它代表什么？能说明什么问题？”带领者通常的回答是：“你的解释就是你的解释，卡牌是空的，是你赋予了它意义。”

### （二）卡牌破冰

每盒“花花卡”和“潜意识投射卡”有红、黄、蓝、绿四种颜色，每种颜色的卡牌字母为 A～M，共 13 张，整盒 52 张，如果“花花卡”和“潜意识投射卡”配套使用，就是 104 张。

**【破冰方法一】**

(1) 教师规定王牌字母(打个比方，教师规定 A 为王牌卡)。

(2) 游戏规则：每组用一种颜色的卡牌，即每组最多 13 人，组长洗牌，卡牌背面朝上轮流发牌，成员拿到自己的卡牌可揭开看，谁拿到王牌谁就可以在任意时刻捂住鼻子，其他人看到有人捂鼻子，就要马上捂鼻子，谁是最后一个，谁就输了。输的成员要在小组中分享一个自己的小秘密或者一个小期待。

(3) 注意事项：该活动可用于100人以上的大班级，分8组，每组最多13人，以确保每个人都能分到卡牌。每组如果6个人，则可将每种颜色的卡牌分为两部分，组数就可以增加一倍。

**【破冰方法二】**

我们叫它“百花齐放”，用在自我介绍、团队成员互相认识阶段。

(1) 小组内每人盲抽一张卡牌。盲抽和选卡是抽牌的两种方式，盲抽就是凭借直觉，在背面朝上的卡牌中随意抽取一张，通常我们建议用左手抽牌，因为左手代表潜意识，是潜意识在工作，是内在真实的念头；选卡是将图卡正面朝上，看着图像去选取，通常我们建议用右手，右手代表意识，有意的选择，是意识层面在工作。

(2) 团队成员盲抽卡牌后，在小组内做自我介绍，并描述自己和卡牌的联结。内容包括：你叫什么名字？(这里要事先向团队成员强调，自己的名字务必介绍清楚，其他团队成员务必记住该成员姓名，这和我们下一个破冰活动息息相关)卡牌中画的是什么？哪些部分吸引了你的注意？如果你置身于这个场景，你会在哪里？你会看到什么？你会做什么事？置身于这个场景给你带来什么感觉？情绪如何？这些感受让你联想到什么？你从哪里来？为何来到这里？接下来你想做什么？你的期待是什么？如果和自己最近的状态做联结，会得到怎样的启示？

教师设定几个固定的问题即可，由学生自由联想，并在组内依次分享。

**【破冰方法三】**

(1) 选出一位组员担任“发卡员”的角色，将充分洗好的卡牌按照逆时针或者顺时针的顺序(牌面向上)，依次分发给团队成员。

(2) 在发卡过程中，如果两名团队成员发现自己卡牌上的字母完全一样，那么双方必须尽快喊出对方的名字，喊得快的团队成员获胜并随即将自己手中的全部卡牌交给喊得慢的成员，反复几轮。

**【活动点睛】**

以上的卡牌破冰，其实我们都只是关注了卡牌上的字母，是通过游戏的方式来瞬间暖场。这种方式可以打破人与人之间刚开始的那种拘束感，也能让团队成员将注意力集中在当下的这个场域中。团队成员普遍会觉得发卡、抽卡、联想、联结非常奇特而且有意思，自然就投入到当下。

### （三）团体初期热身方法——手动操

请所有团队成员起立，左手食指向上，右手掌心向下。

教师指导语：小蜜蜂，嗡嗡嗡，抓。说到“抓”字，团队成员的右手要迅速抓住旁边同学的左手食指。

在实操过程中，教师的指导语气要注意进行设计和变化，营造紧张的气氛，把团队成员的注意力都集中到当下的场域中来。

第一遍指导语：小蜜蜂，嗡嗡嗡。指导老师可以不说“抓”这个字。

第二遍指导语：小蜜蜂，嗡嗡嗡，不要抓。当全体成员都站立不动的时候，指导老师可以问大家，说了“抓”字没有，“不要抓”也有“抓”字。这时团队中会出现第一个反转，更能吸引团队成员的注意力。

第三遍指导语：小蜜蜂，嗡嗡嗡，zh-u-a，教师可以刻意拖长拼音，增加热身的趣味性。

### （四）团体初期热身方法——区域（光谱）测量

请所有团队成员起立，根据教师设定的指导语寻找在相似区域或光谱区内自己和其他团队成员的共同点。这个活动可以打破团体成立初期团队成员之间彼此不熟悉的僵局，教师也可根据团体辅导目标提前了解所在团队中的不同类型的成员人数或构成占比等。

教师指导语一：定位教室的最南端是海南省，教室的最北端是黑龙江省，请各位同学根据自己的家乡位置站到相应区域。站定后团队成员可以彼此交流，询问身边的同学所代表的省份位置，可进一步调整自己的位置。

接下来可以根据不同省份的特点，引导相同区域的团队成员分享家乡的美食、旅游景点或者英雄故事等，很短时间内就能拉近团队成员的距离，打破成员之间不熟悉的僵局。

教师指导语二：定位教室的最前端是 0 分，教室的最后端是 10 分，请各位同学根据对自己本专业的了解程度站到相应区域。站定后团队成员可以彼此交流，询问身边的同学所代表的分值，可进一步调整自己的位置。

教师可引导光谱图上相同分值的同学围坐成一组，交流分享自己对本专业的了解程度，如学科背景、学习重点或未来就业方向等，引导思考和讨论：

(1) 如果从 1 分到 10 分是一个评价标准的话，你会给你的专业打多少分呢？那些不到 10 分的部分是什么呢？随机提问几个同学。

(2) 你喜欢这个专业的哪些方面？你是如何了解到这些的？你对此的确信度是多少？你不喜欢这个专业的哪些方面？你是如何了解到这些的？对此你的确信度是多少？如果可以让你对专业的评价提高 1 分，你认为你可以为自己做些什么？

接下来教师可引导光谱图上不同分值的同学进行对话，可由分值低的向分值高的同学提问，或由分值高的同学向分值低的同学提问，如对专业了解的渠道、实践实操经历或接下来的行动计划等。

### （五）团体初期热身方法——生日圈

请所有同学起立，全程不能用语言沟通，需要通过手势或肢体动作告诉团队成员你的生日，包括月份、日期、是农历或者是公历等内容。全体成员按照从 1 月 1 日至 12

月31日的先后顺序，顺时针围成一个圈。

教师可利用这个热身来分组，比如，根据春、夏、秋、冬四季分成四个小组；或者根据上、中、下旬分成三个小组；或者根据月份分成团队活动设计需要的若干小组等。这种分组方式的不足就是团队人数不一定相同，有较大的随机性。

教师还可以利用这个活动来做“人生四季”的分享，根据生日圈划分春、夏、秋、冬四季，由生日所在季节的团队成员组成一个临时小组，共同探讨人生不同阶段的目标设立、行动规划和计划安排等，促进人生愿景的形成和生涯目标的建立。

### （六）团体初期热身方法——相似圈

请所有同学起立，围成一个封闭的圈，彼此都能互相看到。这个活动可以让团队成员更快地寻找到彼此之间的相似点，打破团体成立初期团队成员之间彼此不熟悉的僵局，教师也可根据团体辅导目标提前了解所在团队中的不同类型的成员人数或构成占比等。

教师指导语一：来自福建省的伙伴请向前一步走进圈；来自福建省厦门市的伙伴请再向前一步走进圈。教师可根据设计需要不断缩小相似范围，团队成员找到相似点后退回原先的大圈。

教师指导语二：家里有兄弟姐妹的请向前一步走进圈；兄弟姐妹中你是排行老大的请再向前一步走进圈。教师可根据设计需要不断缩小相似范围，团队成员找到相似点后退回原先的大圈。

教师也可以让团队成员来当带领者，找出各类共同点，建立团队的网状联结。

## 参考文献

[1] 勒温. 团体动力学[M]. 北京：人民教育出版社，2014.
[2] 关力. 卢因和团体动力学[J]. 管理现代化，1989(4).
[3] 申荷永. 团体动力学的理论与方法[J]. 南京师大学报：社会科学版，1990(1).
[4] 樊富珉，何瑾. 团体心理辅导[M]. 上海：华东师范大学出版社，2010.

# 第二章

# 生涯起航

但愿初心不变

时光荏苒

踮起脚尖

让生命之花悟出绚烂

你所到达的每个地方

都会划出一条耀眼的切线

**【本章导读】**

规划就是完成当前的生涯任务。未完成的任务会如影随形、不离不弃，生涯“补课”的成本会越来越高。好的规划就是很好地完成当前的生涯任务。本章主要针对生涯目标迷茫、生涯适应力较弱、缺乏成长动力的群体，学习本章内容，可以让团队成员充分利用各类资源提升自我，明白现在的努力对自己未来生涯发展的重要性。

# 第一节　理论背景

大学是一个新起点，为了能全新建立自己的知识基础、拥有较高的可塑性、集中精力充实自我的成长历程，就需要具备和提升生涯适应这项重要能力。

“生涯适应力”(career adaptability)的概念最早源自舒伯(Super)的生涯成熟度理论，指的是一种可以培养并能够促进个体不断前进的能力，能通过个体与环境的交互作用得以提升，由生涯困境或危机来彰显。它具有三个典型特点：一是可以培养的能力，由生涯困境或危机来彰显；二是一种能够帮助个体“前进”的能力；三是个体与环境交互作用的结果。

后来，生涯适应力研究的代表人物萨维科斯(Savickas)从 1997 年开始，将生涯适应力置放在舒伯(Super)的生活广度——生活空间理论的概念之下去理解，认为它是整合个体各种生涯角色的核心能力，即“个体对于可预测的生涯任务、所参与的生涯角色，与面对生涯改变或生涯情境中不可预测之生涯问题的因应准备程度”。生涯适应力的研究发展到 2005 年，萨维科斯不断完善并提出了生涯适应四维结构模型，这个模型成为后来研究者评估个体生涯适应力水平的一个有效方法，还为生涯干预提供了一个立体式的概念框架，具有较强的实用价值(见表 2-1)。

表2-1　生涯适应力四维结构模型

| 向度 | 生涯问题 | 态度与信念 | 能力 | 生涯问题 | 因应行为 | 生涯干预 |
|---|---|---|---|---|---|---|
| 关注 | 我有未来吗 | 计划的 | 计划 | 不关心 | 觉察、投入、准备 | 生涯导向练习 |
| 控制 | 谁拥有我的未来 | 确定的 | 做决定 | 不确定 | 自信、有条理、执着 | 决策训练 |
| 好奇 | 未来我想要做什么 | 好奇的 | 探索 | 不真实 | 尝试、冒险、询问 | 从事信息搜集 |
| 自信 | 我能做到吗 | 有效的 | 问题解决 | 抑制的 | 坚持、努力、勤奋 | 建立自尊 |

其中，生涯关注是指个体对生涯未来的关注，引导个体放眼未来，为今后可能面临的生涯任务未雨绸缪；生涯控制是指个体负责任地为自身职业未来做准备，促使个体为了满足今后的生涯要求而采取自律的方式塑造内外部环境；生涯好奇是指对自己和未来愿景的探索，引发个体对内外部环境进行考察；生涯自信是指强化自己追求职业理想的信心，有助于个体在探索中更加自信地进行人生设计。

# 第二节　活动实践

进入大学，你终于放下高考的重担，开始追逐自己的理想、兴趣，独立参与团体和社会生活，在学习理论的同时亲身实践，自主处理生活和学习中遇到的各种问题，学会支配和管理属于自己的时间。在大学生活中，你努力为自己编织规划的梦想，明确奋斗的方向。

## 一、教具准备

(1)“花花卡”“潜意识投射卡”。

(2) A4 纸，按照团队人数每人两张。

(3) 彩色画笔，每组一盒。

(4) 表单工具：“人生格子”“30 天焕新计划”。

## 二、活动目的

(1) 生涯意识唤醒，了解生涯规划的基本理论，感受生涯规划的重要性。

(2) 触碰生涯中自己的脆弱和自己的力量感，提高生涯适应力。

## 三、设计思路

(1) 通过“风摆杨柳”暖场，增强团队信任度和默契度。

(2) 通过“八卦记者”，形成自我管理的初步概念。

(3) 通过“心中的图画”，引入生涯规划的基本意义。

(4) 通过绘制“人生格子”，引发团队成员的对内思考。

(5)“写给自己的一首诗”，感受当下自己的脆弱与能量。

(6) “为我点赞”，塑造团队成员之间的良好互动。

## 四、操作流程

### 活动一：风摆杨柳

(1) 小组一名成员站在中间，双手交叉抱肩，双脚与肩同宽，其余的成员围成一个封闭的圈，双手举起，与肩同高，掌心面向中间的成员。

(2) 中间成员重心放在双脚、站稳，身体随着四周同学的推动，开始四处轻轻摇晃，不管摇晃到哪个角落，都有一双手轻轻托住，往中间推动。

(3) 两分钟后可以更替中间的成员，小组成员轮流站在中间感受在周边同学的推动和保护下，身体自然摇晃的感觉。

【活动点睛】

这个活动除可以热身之外，还能促进团队成员之间彼此的信任，增强团队的默契度和凝聚力。

### 活动二：八卦记者

每人一张，分发“八卦记者”采访单，在 8 分钟时间内，尽可能多地进行采访。每个采访对象都要被问到表 2-2 中的八个问题，根据有效采访人数分发相应的课程币。

表2-2　八卦记者采访单

| 问题 | 受访人 | 受访人 | 受访人 | 受访人 | 受访人 |
|---|---|---|---|---|---|
| 你最喜欢的休闲活动是什么 | | | | | |
| 你的人生座右铭是什么 | | | | | |
| 你的职业理想是什么 | | | | | |
| 你心目中的理想伴侣是什么样的？请以一位知名人士作为代表 | | | | | |
| 让你最痛苦的一门功课是什么？为什么 | | | | | |
| 如果你是一朵花，你认为是一朵什么花？为什么 | | | | | |
| 如果请你做“美的”广告代言人，你想用哪一句广告词 | | | | | |
| 如果你在这个学期的课程中希望自己在某个方面和平时不同，那会是什么 | | | | | |

请留下你的唇印！

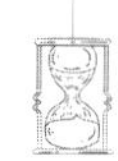

【活动点睛】

在这个过程中，是否观察到每个人在决策风格、行为方式和时间管理能力方面有什么不同的地方？留下“唇印”这个细节你注意到了吗？你是如何巧妙处理的？在课堂上，有效采访人数就可以根据是否留下“唇印”这个细节现场公布。

### 活动三：心中的图画

(1) 播放适合冥想的轻音乐，关闭光源，全体闭上眼睛，以自己感觉最为舒适的姿势坐着或者趴在课桌上，每人面前准备好一张空白的A4纸。

(2) 教师引导语：闭上眼睛，放松自己，以自己感觉目前最舒适的姿势坐着或者趴在课桌上，如果觉得需要，可以把眼镜摘下放到一边。闭上眼睛，进入平静、愉悦的状态，随着音乐的流动，慢慢地去想象十年后的自己，十年后你的生活、工作、学习的场景。十年后你会在哪里、和谁、会在做什么？(此环节也可使用金树人老师的“生涯幻游”引导语)。

当画面足够清晰的时候，慢慢睁开眼睛，去完成自己手中的画。整个作画的过程彼此之间不能有任何言语交流。

(3) 三分钟后本小组顺时针相隔一名成员交换手中的画，不做任何言语交流，继续完成手中的这幅画。

(4) 三分钟后再顺时针传递一名成员，不做任何言语交流，继续完成手中的这幅画。

(5) 三分钟后，将本小组的画和邻组交换，继续完成手中的这幅画。

(6) 三分钟后，将画发回原组，你还认得自己最初的那幅画吗？

教师提问：你对手里的这幅图画满意吗？为什么？根据自己的感觉为画打分。请高分和低分的成员分别分享：你原本想画什么？现在你看到了什么？

【活动点睛】

教师可结合三种情况进行引导及提问。

满意：为什么满意？你做了什么？他人做了什么？

不满意：为什么？你做了什么？他人做了什么？

一般：为什么？为何会接受？

这个活动如果再做一次，你会和以前有什么不同？

从这个活动里你受到什么启发？

这个活动与我们的生涯规划有什么相似之处？

小组讨论三分钟后选一名代表分享。

### 活动四：人生格子

(1) 发放“人生格子”空白表单，横竖总共是900个格子。

(2) 活动介绍：人的平均寿命是75岁，如果一个月算一个小格子，就等于有900个格子。在一个30×30的表格的格子上，每过一个月就为一个格子染色。选择一支你喜欢的颜色的彩笔，根据现在自己的年龄，涂绘自己的人生格子。

(3) 完成后每一组选择一个学生来分享。

**【活动点睛】**

每个人分享的侧重点不同，有些人向前看，有些人向后看。向前看的同学如果觉得之前做得很不错，就能自我赋能。向后看的同学就考虑向后的部分怎么做合理的规划，如何执行计划。

### 活动五：写给自己的一首诗

(1) 分发信笺，已经列出了三段体中前面的字词，成员只需要填空即可，不用考虑自己的文体和才华，只需要遵从本心的第一反应往下填写。

(2) 三段体，以竖列为一段，你能发现后面隐藏着一个秘密吗？

| | | |
|---|---|---|
| 我是 | 我假装 | 我明白 |
| 我想知道 | 我感到 | 我相信 |
| 我听见 | 我触摸 | 我梦想 |
| 我看见 | 我担心 | 我努力 |
| 我愿意 | 我哭泣 | 我希望 |
| 我是 | 我是 | 我是 |

**【活动点睛】**

写完这首诗，你此刻内心有什么感受？这首诗所呈现的梦想是什么？所显露的脆弱是什么？这首诗所呈现的力量是什么？这些发现对你的意义是什么？这首诗还会引发你哪些思考？从这首诗你学习到了什么？你的生活会因此而有哪些改变吗？你发现这首诗的秘密了吗？

### 活动六：为我点赞

(1) 小组围坐成一个圈，每个小组成员轮流站在圈中央，在全体小组成员的注视下，告诉别人“我很棒”的三个理由，分享从内心里就觉得自己特别棒、特别靓丽或值得骄傲的那一部分。说完后小组成员集体为他(她)点赞。

(2) 团队成员全部完成后，每个团队成员再次给自己的团队打分，这时候你会打几分？

**【活动点睛】**

在好的团体氛围中，团队成员之间彼此互相信任、彼此关怀和互相欣赏，每个人都真诚关怀其他成员的成长与收获，每个人都相信其他成员能真诚地关怀自己，每个人都相信自己能从其他成员身上学到东西。在团体氛围的形成中，塑造团队成员之间的良好

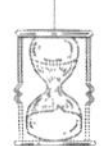

互动是至关重要的。

## 五、重点难点

(1)“生涯幻游”的冥想环节要选取合适的轻音乐，可能对有的团队成员来说会有些紧张，需要老师提前做一些说明，在念幻游的指导语时，语气要轻柔，语速要慢，尽量照顾到每个团队成员的反应和感受。

(2)“写给自己的一首诗”环节，要注意保护学生隐私，强调课堂分享自愿和分享的保密原则。

(3) 在涂抹“人生格子”的过程中，要引导学生产生对内思考，从未来的梦想引发把握现在动力的自我效能感。

## 六、案例分享

### （一）“心中的图画”常见的总结点

(1) 对于自我：如果满意，则大多是自己先定了大框架，或者主基调、关键点，由此可以引申到生涯规划的重要性。

(2) 对于他人：有善解人意，有自我执着，可以引申为如何对待自己的环境和表达对他人的感谢，学会及时调整心态。

(3) 关于心态：积极创造，积极调整。

(4) 对自我当前的反思：你现在是怎样的，你打算未来怎样？引发动机。

### （二）在人生格子上涂绘

“人生格子”做完之后，可以举例引导学生体会并在人生格子上涂绘。

比如：和某人谈了一场 6 个月的恋爱；

比如：你是一位 30 岁上下的心力交瘁的上班族；

比如：你刚有了孩子，你能和他朝夕相处的日子(上幼儿园之前)；

比如：从今天起，假如你能和父母天天见面；如果一个月能见两次面；如果一年能见一次面。

本环节对团队成员的感触，让成员自己去体验就是最好的。

# 第三节　教辅材料

以下表单可按团队人数提前打印，课堂完成后可作为成长记录保留存档。

## 一、人生格子表单

人生格子表单如图 2-1 所示。使用方法详见本章活动四。

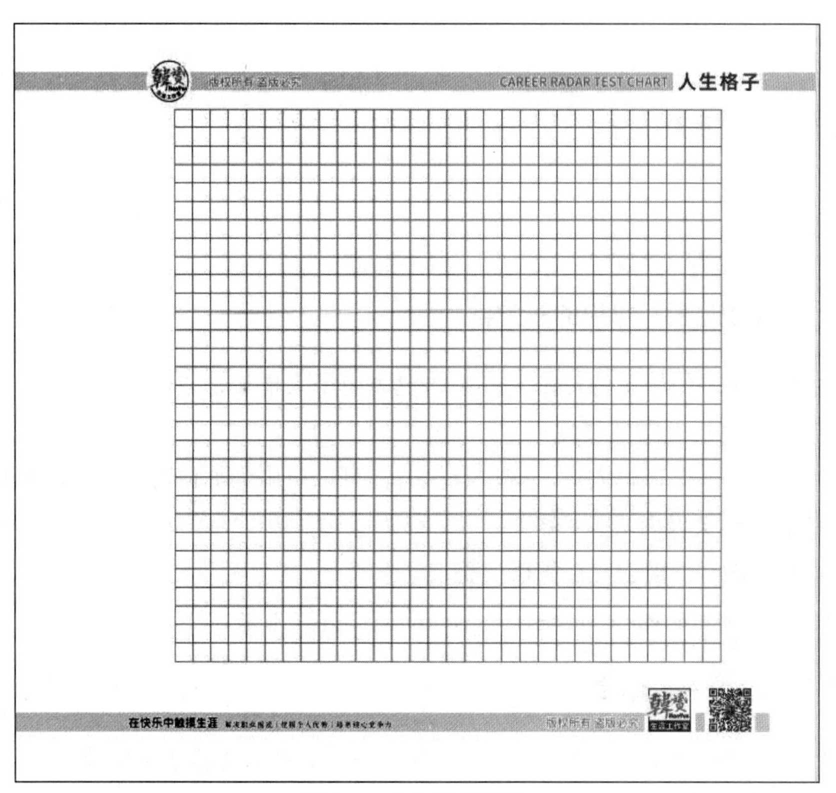


图 2-1　人生格子表单

## 二、“30天焕新计划”表单

“30 天焕新计划”表单如图 2-2 所示。你是不是有些事情一直想做却因为各种原因拖延到现在？你知道自己的某个习惯不好却一直无法下决心去改？快来试一试“30 天焕新计划”吧，只要确定每天都要完成的某几件事情(可以是花时间不长的事)，然后每天完成打卡(在记录表中打 √)就行啦。它可以帮助你做出未来 30 天想做的新尝试、改变或养成新习惯。

 THIRTY-DAY RENEWAL PLAN **30天焕新计划**

你是不是有些事情一直想做却因为各种原因拖延到现在？你知道自己的某个习惯不好却一直无法下决心去改？快来试一试“30天马特焕新计划”吧，只要确定出每天都要完成的某几件事情（可以是花时间不长的事），然后每天完成打卡（在记录表中打个勾），就行啦。它可以帮助你做出未来30天想做的新尝试、改变或养成新习惯。

现在就设定目标开始你的30天焕新计划吧。

**我的30天焕新计划第一轮** 本人签字：________

现状：

目的：

行动说明：

| 日期 | 行动① | 行动② |
|---|---|---|

| 日期 | 行动① | 行动② |
|---|---|---|

| 日期 | 行动① | 行动② |
|---|---|---|

结果、心情、反思：

反思与总结

1、当你一开始确定每天都要做的几件事时，也许感觉还是挺容易的吧。而当开始要求自己每天都完成并打卡，几天下来，会不会有些不太适应了。请注意，这正是考验你的时候哦！过了这个考验期，再去坚持也许就不是那么难了。

2、当你看到逐渐增多的打卡记录，是什么感觉呢？建议：（1）你可以记录每天完成计划的感受；（2）在没有完成计划时，反思没有完成的原因；（3）30天后对整体的感受和整个过程进行总结等。

见证人签字：________

在快乐中触摸生涯 

图 2-2 “30 天焕新计划”表单

# 三、生涯幻游引导语

让我们一起坐在时光隧道机上，来到××年后的世界，也就是××××年时的世界，请算一算，此时你多少岁？容貌有变化吗？请你尽量想象××年后的情形，越仔细越好。

好，现在你正躺在家里卧室的床铺上。这时候是清晨，和往常一样，你从睡梦中醒来，先看到的是卧室里的天花板。看到了吗？它是什么颜色？

接着，你准备下床。尝试去感觉脚指头接触地面那一刹那的温度，凉凉的？还是暖暖的？经过一番梳洗之后，你来到衣柜前面，准备换衣服上班。今天你要穿什么样的衣服？穿好衣服，你看一看镜子。然后你来到了餐厅，早餐吃的是什么？一起用餐的有谁？你跟他们说了什么话？

接下来，你关上家里的大门，准备前往工作地点。你回头看一下自己的家，它是一栋什么样的房子？然后，你将搭乘什么样的交通工具去上班？

你快到达工作的地方，首先注意一下，这个地方看起来如何？好，你进入工作的地方，你跟同事打了招呼，他们怎么称呼你？你还注意到哪些人出现在这里？他们正在做

什么？

你在你的办公桌前坐下，安排一下今天的行程，然后开始上午的工作。上午的工作内容是什么？跟哪些人一起工作？工作时用到哪些东西？

很快地，上午的工作结束了。中餐如何解决？吃的是什么？跟谁一起吃？中餐还愉快吗？

接下来是下午的工作，与上午的工作内容有什么不同吗？你在忙些什么？

快到下班的时间了，或者你没有固定的下班时间，但你即将结束一天的工作，下班后你直接回家吗？或者要先办点什么样的事？或者要做一些什么其他的活动？

到家了。家里有哪些人呢？回家后你都做些什么事？晚餐的时间到了，你会在哪里用餐？跟谁一起用餐？吃的是什么？

睡觉前，你正在计划明天参加一个典礼的事。那是一个颁奖典礼，你将接受一项颁奖。想想看，那会是一个怎么样的奖项？颁奖给你的是谁？如果你将发表得奖感言，你打算讲什么话？

该是上床的时候了，你躺在早上的那张床铺上。回忆一下今天的工作与生活，今天过得愉快吗？是不是要许个愿？许什么样的愿望？

渐渐地，你很满足地进入梦乡。睡吧！一分钟后，我会叫醒你。(一分钟后)

我们渐渐地回到这里，还记得吗？你现在的位置不是在床上，而是在这里。然后，你慢慢地醒过来，静静地坐着。

## 四、放松冥想引导语

好的，现在请你选择一个舒适的坐姿，盘着腿、不盘腿，坐在椅子上、坐在垫子上都可以。

现在，请你挺直你的脊椎，但是，不要过于僵硬，放松你的身体，闭上眼睛，把你的双手毫不费力地放在两条大腿上面。

接下来，请你花一点时间，扫描一下自己的身体，感觉哪个地方特别紧绷时，就特意地去放松那个部位，让它柔软、松弛下来，此刻，让我们把注意力集中在呼吸上，慢慢拉长我们的呼吸，深深地吸气，深深地呼气，吸气的时候，感受一下清凉的空气进入你鼻子里面的感觉，呼气的时候，感觉温暖的气息从你的鼻孔中缓缓地呼出到你的人中，也就是嘴唇上方的地带，静静地坐在这里，和你的呼吸在一起。

现在，把所有的注意力集中在你的内心努力地体会此刻你内心的感受，它是温暖的、清凉的、麻木的，还是紧张的。

就只是关注它，不要试着改变它。只要把你的觉知和注意力带到你的内心，有一些改变就已经在发生了，我们从这里进入了另外一个更广阔的空间中。

放慢你呼吸的速度，感受你胸口的上下起伏，让你的呼吸像一道光一样从外向内碰触你的内心。

你的内心因为吸气而扩大，而每一次的呼气，你都更放松，更深入自己的内心。

接下来，我要请你深吸一口气，吸气的时候，想象你的内心像天空一样宽广，开阔。呼气的时候，你深深地坠入一个广大的空间中，然后，放下它……

现在，让我们深深地吸一口气，然后放下它。每次的呼气，你都更加深入内心。

你可以感受到这个房间的气氛也已经开始改变了，变得更加平静，更加放松。

你的思想也许还在持续活跃着，但是，它们已经退居到背景后面了，不重要了，就像是无垠的天空，偶尔会飘来一朵云，云彩来来去去，我们不需要排斥它，也不要追随它，而是放任它自来自去，关注你的内心，关注你的呼吸，在这个当下保持警觉。

现在，让我们再吸一口气，扩大我们此刻的经验，而呼气的时候，更加深入，深入那个未知的、无名的内在空间，然后，放下它……

我们感觉到更加的放松，更加的平静，外面的风浪都影响不到我们了。

现在，就让我们停留在这个充满爱、喜悦及和平的内在空间当中，静默地坐一会儿……

## 五、魔镜生涯幻游

在舒缓的背景音乐下，请大家以舒服的姿势坐好，放松。然后，由老师或一位同学以缓慢轻柔的语言念出下面的指导语。

请同学们闭上眼睛，放松，深呼吸。你现在正在一个美丽的天然花园，天空辽远湛蓝，空气中弥漫着花香。你站在花园里一条曲折蜿蜒的石子路上，欣赏着四处的美景，大自然的气息让你陶醉。你沿着小路往前走去，转了一个弯，发现前面是一片树林，幽静安逸。你踏着松软舒适的落叶沿着小径走过树林，发现对面有一个山洞。你很好奇，于是你走上前去，发现山洞的门口有一面魔镜。

现在，你走到了魔镜前面，看到了镜中的自己。

仔细地看看镜中的自己，什么样的头发、衣服、鞋子，表情是怎样的，越清楚越好，看看他/她是不是你平常的样子。

现在，魔镜里的时间切换到五年后的某一天，一个平常的工作日。早晨，你收拾完毕，准备出发前又照了照镜子，仔细看镜中的你是什么样子？是什么样的表情？再往后看，看看你居住的是什么样的房子，周围有什么样的摆设？房间里有怎样的氛围？(停顿)接下来，你准备去上班，出门。你居住在一个什么样的环境里？乘坐什么样的交通工具？

然后你出现在你的办公场所，那是什么样的地方？你的同事看起来是怎么样的？(停顿)

到了晚上，你结束了一天的工作，是否感到愉悦和满足？你怎样度过夜晚的时间？

时间切换到十年后的某一天，一个平常的工作日……(重复以上)

今天，你不仅享受了天然花园的美景，还在魔镜中看到了自己五年后和十年后的生活。你今天有了很大的收获，内心充满了愉悦。现在，你该回去了。穿过树林，经过石子路。五、四、三、二、一，好，睁开眼睛。

1. 请将你在“魔镜生涯幻游”中所感受到的细节记录在下面：________________

________________________________________

2. 根据“幻游”中你在“魔镜”里看到的未来景象，制定你在职业生涯发展上的五年目标、十年目标。

五年目标：________________________________

十年目标：________________________________

3. 比较现在的你、五年后的你、十年后的你之间的差距(教育培训、事件经验等)，从而为这两个目标制订计划。

# 参考文献

[1] 赵小云，谭顶良，郭成. 大学生生涯适应力问卷的编制[J]. 中国心理卫生杂志，2015(6):463-469 .

[2] 赵小云. 大学生生涯适应力研究[D]. 南京：南京师范大学，2011.

[3] 赵小云，郭成. 国外生涯适应力研究述评[J]. 心理科学进展，2010，18(9)：1503-1510.

[4] 金树人. 生涯咨询与辅导[M]. 北京：高等教育出版社，2007.

[5] Savickas, M. L. Career adaptability: An integrative construct for life-span, life-space theory[J]. The Career Development Quarterly, 1997(45):247-259.

[6] Savickas, M. L. Career construction: A developmental theory of vocational behavior[M]. In D, Brown (Ed), Career choice and development (4th ed, pp. 149-205), San Francisco: Jossey-Bass, 2002.

[7] Savickas, M. L. The theory and practice of career construction[M]. In S. D. Brown & R. W. Lent (Eds.), Career development and counseling: Putting theory and research to work (pp. 42-70). Hoboken, NJ: Wiley, 2005.

# 第三章

# 生涯画架

我们都渴望轰轰烈烈

可生活永远也摆脱不了它的平凡与琐碎

关注你关注的

只有平衡才能发展

【本章导读】

本章主要针对缺乏学习动力、对梦想和目标感到迷茫的团体，帮助他们沉淀内心，挖掘自身的潜在动力和能量源泉，识别自己的潜能，促进他们积极主动地开展生涯活动。

# 第一节　理论背景

一个完美的人生，未必仅仅依赖于职业角色的完美，其实，更多的非职业角色使人生有更多自我实现的可能性。比如，如果一个人的兴趣不能从专业学习中得到百分百的释放，那么这个人就要认真规划自己的其他角色，拓展自己的角色目录，从而获得更多的自我实现。

关于职业角色对生涯发展的意义，金树人先生的描述生动、贴切：“生涯辅导将休闲视为生涯当中与教育、职业不可分割的部分：宛如一幅画中，留白的部分也同时构成全幅画的精髓；又似一盆插花，空间的部分也是花道的精华。”

## 一、生涯

1953 年，舒伯在《美国心理学家》杂志发表文章，提出“生涯”的概念。

(1) 工作：在某一行业中的具体职位，指的是有目的、有结果、需要投入时间和精力并持续一定时间的活动。

(2) 职业：介于“工作”和“生涯”之间的概念，指的是一系列的工作。

(3) 生涯：个人一生中所经历的一系列职业与角色的总称，即个人终身发展的历程。

## 二、生涯规划

生涯规划，指的是一个人对其一生中所承担职务相继历程的预期和计划。个人着眼于生涯发展，在对自己的兴趣、爱好、能力、特点和客观环境进行综合分析与权衡的基础上，面对各种抉择情境学会界定问题，通过恰当的规划为自己确立职业方向和目标、确定教育和发展计划、制定行动策略和实现个体的全面最优发展。

## 三、舒伯的生涯发展理论

舒伯把职业生涯的发展看成一个持续渐进的过程，一直伴随人的一生。其主要理论观点如下。

### （一）自我概念

“自我概念”是舒伯理论中的核心概念，是指个人对自己的兴趣、能力、价值观及

人格特征等方面的认识。一个人的自我概念在青春期以前就开始形成，至青春期较为明朗，并于成人期由自我概念转化为职业生涯概念。工作与生活满意与否，就在于个人能否在工作和生活中寻求平衡，并找到展现自我的机会。用舒伯的话说，“职业生涯就是对自我的实践”。

### （二）生涯发展阶段

舒伯认为人的职业生涯发展分为五个阶段。

第一个阶段，成长阶段(出生～14 岁)。儿童开始辨认他们周围的事物，并逐渐开始意识到自己的兴趣所在和跟职业相关的一些最基本技能。他们这个发展阶段的任务是：发展自我形象和对工作世界的正确态度，并了解工作的意义。

第二阶段，探索阶段(15～24 岁)。青少年开始通过尝试一些自己感兴趣的职业活动，对自我能力及角色、职业进行探索，其职业倾向趋向于某些特定的领域。

第三阶段，建立阶段(25～44 岁)。个人开始尝试选择适合自己的职业领域。个人在这个发展阶段的任务是致力于工作上的稳定。大部分人在这个发展阶段最具创造力。

第四阶段，维持阶段(45～64 岁)。个人通过不断努力来获得职业生涯的发展和成就，并逐渐能在自己的领域中占有一席之地。这一阶段发展的任务是维持既有成就与地位。

第五阶段，衰退阶段(65 岁以上)。由于生理及心理机能日益衰退，个人职业角色的分量逐渐减少，开始考虑退休并享受自己的晚年生活。

### （三）职业循环发展理论

舒伯在后期提出，在一个人一生的职业发展过程中，职业发展的五个阶段：成长阶段、探索阶段、建立阶段、维持阶段、衰退阶段是一个循环再循环的过程。

职业发展的五个阶段并不完全和年龄相关，而且各阶段之间并不存在严格的界限，可能有交叉。在人生中的不同时期，都可以经历由这五个阶段构成的一个“小循环”。职业生涯发展是一个循环往复的过程。

### （四）生涯彩虹图

舒伯认为一个人的职业生涯发展与个人在发展历程的各个阶段中所扮演的各种角色如儿童、学生、休闲者、公民、工作者、夫妻、家长、父母和退休者有关。人在某一阶段对某角色投入得多，就容易促使这一角色的成功，同时也可能导致另一角色的失败。他称发展的各个阶段为生活广度，称个人扮演的角色为生活空间。生活广度和生活空间交汇成为生涯彩虹图，它描绘了生涯发展阶段与角色彼此间的交互影响、多重角色生涯发展的状况(详见图 3-1)。

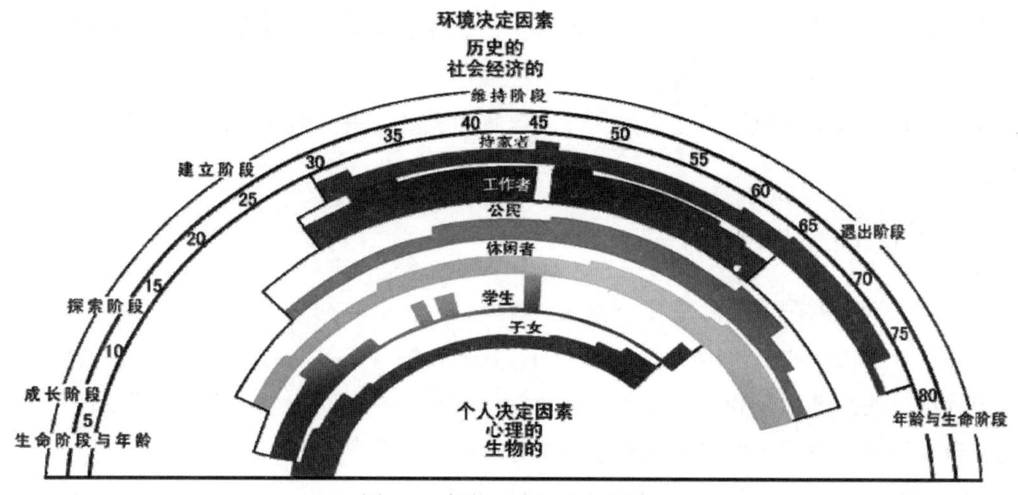


图 3-1　舒伯“生涯彩虹图”

# 第二节　活动实践

大学生正处在 15～24 岁这个职业探索阶段。这个阶段的青少年，就像一块海绵一样，可以随时随地、随人随事地吸收知识、信息、经验，通过参加各种实践活动，自行自我设计、探索职业生涯规划的重要阶段。

## 一、教具准备

(1)“花花卡”“潜意识投射卡”。

(2) A4 纸，按照团队人数每人两张。

(3) 彩色画笔，每组一盒。

(4) 表单工具：“生涯彩虹图”“生命线”“生涯九宫格”“刻度尺问话”“开放式问题线”“脑洞大开”“生涯平衡轮”。

## 二、活动目的

(1) 学习如何用生涯理论知识来认识生涯规划。

(2) 学习如何用生涯工具来做短期规划和长期规划。

## 三、设计思路

(1) 介绍舒伯的“生涯彩虹图”，引出生涯规划的概念。

(2) 卡牌活动“黄金时刻”，分享自己的三个高光时刻，学会按照“STAR 法则”(详见本章活动二)讲述成就故事。

(3) 借助卡牌工具绘制属于自己的“生命线”。

(4) 结合“生涯九宫格”来对自己的当下进行“会诊”。

(5) 结合“生涯平衡轮”学会做短期和长期的规划。

## 四、操作流程

### 活动一：绘制你的“生涯彩虹图”

(1) 绘制你的长度：从出生开始，到你的当下，到你的下个阶段，到未来五年、十年、二十年、三十年……经历了哪几个阶段？可以联系上一章中“人生格子”的绘制，进行对内思考，自己的一生可以划分为哪几个阶段？每个阶段自己的任务是什么？需要为此做哪些准备？每个阶段所需花费的时间是多长？

(2) 绘制你的广度：在每个阶段中，你需要充当哪些角色？这些角色之间需要如何达到平衡和互补？每个角色给予你的空间和自由度有多大？

(3) 绘制你的宽度：不同阶段的每个角色需要花费多少时间？这些角色分别承担了哪些任务？这些任务之间彼此的关联度如何？你要如何做好这些角色和任务的管理？

(4) 绘制你的温度：不同阶段的成长过程中，你最看重的是什么？你会为了你看重的部分做出哪些努力？需要牺牲什么来成就自己看重的这些部分？这些你看重的部分会带给你哪些能量？每个阶段会有哪些新角色出现？又会有哪些角色在哪些阶段就会消失？这些出现和消失了的角色带给你哪些触动？

**【活动点睛】**

教师可结合知识点讲授舒伯的生涯发展阶段，让团队成员直观看到自己在不同阶段充当的角色和所需分配的时间和精力。

### 活动二：卡牌活动“黄金时刻”

(1) 每组一套“花花卡”和“潜意识投射卡”，每个人选三张牌，分别代表成长至今令你引以为傲的三个时刻，在团队中分享。

(2) 引导学生用 STAR 原则，结合卡牌来描述“黄金时刻”。

只要符合以下两条标准，就可以被视为“成就”。

① 喜欢做这件事的时候体验到的感受；

② 为完成它所带来的结果感到自豪。

(3) 在描述成就故事时，每个故事都应包含以下要素，称为“STAR”法则。

Situation：想达到的目标及需要完成的事情。

Task：面临的障碍、限制、困难等。

Action：你做了哪些准备和努力。

Result：对结果的量化评估，可以证明成就的任何衡量方式或数量。

(4) 影响成功的五个因素：清晰的目标、现实的行动、一致的方向、必然的代价、持久的动力。

**【活动点睛】**

提升团队成员的自我效能感，帮助大家发现更多面的自己，同时认同和欣赏团队伙伴，这是促进团体动力的好时机。

### 活动三：画出你的“生命线”

(1) 每人分发一张A4纸，把纸横向摆放，画一个横纵交错的坐标轴，如图3-2所示。

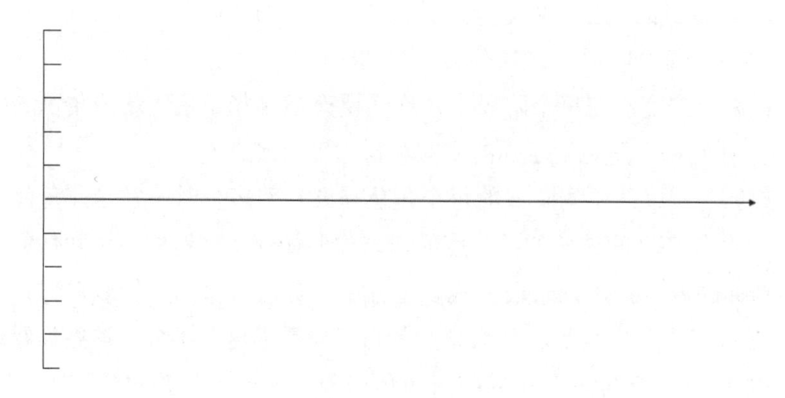

图3-2　生命线

(2) 将“花花卡”和“潜意识投射卡”打散后，每组同学合用。用盲抽的方式选牌，抽出的卡牌和自己产生联结，会让你联想到成长至今哪件令你印象深刻的事情，或者哪个印象深刻的成长阶段。

如果这张卡牌给你带来的是正向的、积极的影响，那么把它放到横坐标的上方，在横坐标的相应位置标注你那个当下的年龄，这个事件给你带来的正向积极影响越大，则在上方纵坐标对应位置的分值越高。

反之，如果这张卡牌带给你的是负面的、消极的影响，那么把它放到横坐标的下方，同样在横坐标的相应位置标注你那个当下的年龄，这个事件给你带来的负面消极影响越大，则在下方纵坐标对应位置的分值越低。

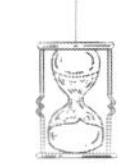

不断地盲抽卡牌，直至你觉得重要事件已经基本上被唤醒，已产生联结，在坐标的上下两个象限进行相应的标注。

把卡牌所对应的点依据时间连成一条曲线，可以看到这是一条上下起伏的曲线，这就是你从出生到目前所经历的人生，是属于你自己独一无二的“生命线”。

【活动点睛】

生涯不是一个静止的点，它是一个动态的历程；不只发生在人生的某个阶段，而是如影随形，伴随人的一生。同时，因为遗传、家庭、经历、所处社会环境等的不同，每个人的生涯也会不同。看似幽暗的负面经历，会留下强韧的生命力。所以，生涯的发展是个性化的发展，即使处于同一时代或同一文化背景下，因为生涯发展中其他因素的影响，每个人也会有属于自己的生涯。

### 活动四：行走“生涯九宫格”

(1) 分发 A4 纸，横折三折、竖折三折，展开后就能呈现有折痕的九个格子；

(2) 为九个格子分别画出实线，并将每个格子的标题都写上，分别是“学习进修”“职业发展”“人际交往”“个人情感”“身心健康”“休闲娱乐”“财务管理”“家庭生活”“服务社会”，如图 3-3 所示。

| 学习进修 | 职业发展 | 人际交往 |
| --- | --- | --- |
| 个人情感 | 身心健康 | 休闲娱乐 |
| 财务管理 | 家庭生活 | 服务社会 |

图 3-3　生涯九宫格

(3) 三行呈现了三个维度，根据表格内容逐一向学生提问，达到对内的问话效果。

① 第一行，呈现的是大学里最主要的三件事情：学习进修，是对合格大学生的基本要求；职业发展，是为了未来做准备，体现的是舒伯的生涯发展阶段论；人际交往，是指人在成长过程中，除了学习者，还有其他角色，离不开人际交往，要让一部分只知道学习的学生知道生涯的广度和深度，比如，教师可以将讲述的内容延展到学生最为关心的宿舍人际关系等。

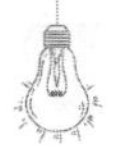



可以根据以下问题进行逐一提问，每个问题都要掌握留给学生对内思考和写下答案的时间。

学习进修：课程表上要求的课程有哪些？除了课程表上的内容，你还需要学习什么？基于自己未来的职业目标，你需要积累什么？你的学习习惯怎样？

职业发展：任何一个阶段的实践都是在为下一个阶段的发展做准备，那么你的理想职业的要求有哪些？你为此可以做哪些准备？你现在做得怎样？

人际交往：你感觉难以应对的人有哪些？哪些场合让你感觉不自在？为了将来更好地适应社会，你打算从搞定哪些人开始？

② 第二行，呈现的是如何从合格大学生走向优秀大学生：个人情感，学会与他人建立近距离的关系，引发思考，完善人格；身心健康，维持身心健康是一切生活的基础，包括身体健康和心理健康；休闲娱乐，引导学生培养自己的兴趣、爱好，获得持久动力和生命平衡的能量。

可以根据以下问题进行逐一提问，每个问题都要掌握留给学生对内思考和写下答案的时间。

个人情感：你怎么看待爱情、友情等？你经历并且维系亲密关系的能力如何？重要他人对你的影响有哪些？

身心健康：你有没有坚持运动的习惯？适合你的运动方式有哪些？你如何保持自己的心情愉悦？你如何处理焦虑、压力、沮丧等不良情绪？

休闲娱乐：你有哪些兴趣爱好？你业余时间会做哪些事情让自己感受那种创造性和成就感？除了学习、工作之外，你经常会做什么来愉悦自己？

③ 第三行，呈现的是如何让优秀的学生走向卓越：财务管理，看学生如何分配每个月的生活费，是否掌握基础的个人理财的知识，让学生看到自己曾经忽视的和存在知识空白点的部分；家庭生活，这是每个人成长过程中的精神支柱和动力来源，通过原生家庭引发大家的思考，是自由的还是焦虑的，是正向的多还是负向的多；服务社会，可以加上一部分创业的内容，思考给社会带来哪些价值，或者讲一些大学活动，比如对于迎新志愿者的印象，会更贴合实际。

可以根据以下问题进行逐一提问，每个问题都要掌握留给学生对内思考和写下答案的时间。

财务管理：你每个月的生活费是如何管理的？你是否了解过一些个人理财的知识？你是否尝试过为自己增加一些收入？财富在你未来的生涯发展中比重如何？

家庭生活：你和父母的关系怎样？你是否从内心接纳并且尊重你的父母？父母对你是影响还是掌控？你和父母的关系是如何影响你今天的人际交往的？

服务社会：你是否参加过一些志愿服务？你怎样理解一个大学生的社会责任感？你怎样看待社会公益组织？你是否有过创业的想法？你觉得创业需要思考哪些问题？

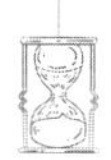

【活动点睛】

由金树人先生开发的“九宫格生涯工具”，其背后的逻辑就是平衡和准备。通过对九宫格的内容逐一提问，引发学生的对内思考结束后，教师可以引导提问，引导学生做更深层次的思考。

(1) 哪些格子是曾经被自己忽略的？如果想在未来得到提升的话，想在哪些方面得到改变？

(2) 结合近期的目标，在最希望得到提升和改变的格子里打向上的箭头，并在九宫格下方列举出提升和改变的具体行动计划。

(3) 九宫格可以对自己现在的状况做一个评估，也可以对过往的情况做一个总结，还能用九宫格制定未来短期的计划。

### 活动五：绽放你的“生命之花”

(1) 每人一份，发放印制好八个象限的平衡轮扇形图空白表单(图 3-4) ，思考大学四年中最想做好哪些事情。八件事中的“八”不是一个实际意义上的数字，而是达成平衡的八个维度上的八件事 。

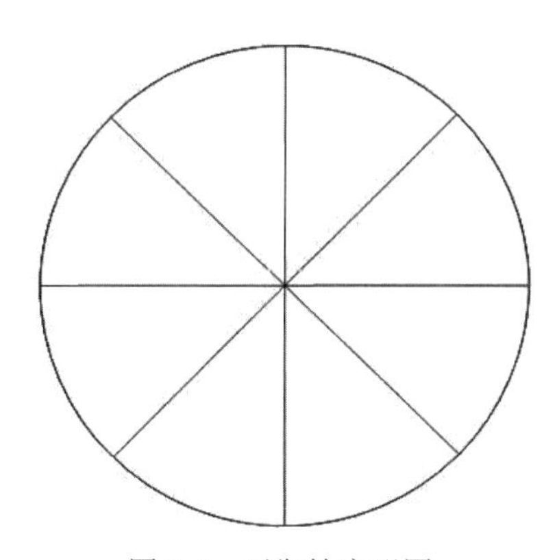

图 3-4　平衡轮扇形图

课堂举例的时候，我们可以设定圆的上半部分内容为：休闲、家庭、健康、情感，这都是关注自身内在情感和与重要他人关系的；圆的下半部分内容为：事业、财富、社交、成长，这些都是关注外部环境和关系发展的，详见图 3-5。

总体来讲，一个人只有达到内外部的平衡和谐，才能在工作和生活当中舒适惬意。

(2) 每组一套“花花卡”和“潜意识投射卡”，打散后共用。

(3) 每个人分别盲抽 8 张卡牌，把卡牌放到平衡轮的不同象限，然后去体会和联结。通过图片联结和激发思维，把想做的八件事写在平衡轮的外侧，如果不想用文字表述，也可以用图画或者自己看得懂的标志记号。

图 3-5　平衡轮扇形图图例

(4) 接下来给自己每个维度进行满意度打分，选择你喜欢的颜色进行阴影上色。每个维度从 1～10 分，扇形全部涂满是 10 分，目前你打多少分，就涂多大的区域。有颜色的笔更容易激发人的思维。

(5) 随后用刻度尺问话的方式进行现状的评估和目标的设立。比如：在哪个领域提高 1 分，可以让其他部分在未来也能随之发生变化，想在哪个部分提高就在哪个区域用彩笔打一个向上的小箭头。

(6) 如果你希望在这个象限有所提升，你希望在什么时间提升多少分？为了提升这几分，你能从哪些方面做出具体的努力？

(7) 这时候我们就可以紧接着使用开放式问题线的提问方式进行进一步跟进，引导学生思考接下来怎么做可以提高这几分。

(8) 接下来可以将目标分解到每个当下，可以分解为一年中的八件事、一个学期的八件事、一个月的八件事、一周的八件事，做一个平衡轮的组图。

(9) 让生命之花绽放，在团队中找到 5 个人，将自己提高几分的计划告诉他，承诺公开有利于目标达成。

**【活动点睛】**

一个人如果能在一个月内，为自己的职业、幸福、关系和梦想都做点事情，这个月怎么会不好呢？教师要促进团队成员的行动力，承诺公开有利于目标达成。

## 五、重点难点

(1) 讲解“生涯”和“生涯平衡”理论的时候，一定要恰当地运用好工具，以便学生掌握和理解，使他们能够罗列出自己想要在大学里拓展探索的生涯角色。

(2) 引导学生通过几个生涯工具来制定目标，无论制定的是长期目标还是短期目标，都是为了促进行动，要有具体详细的任务分解，才能有效促进目标的实现。

(3) 引导学生探索生涯发展的节奏和规律，结合青少年身心发展的特点，重点把握

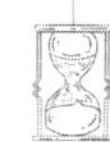

成长期、探索期、建立期三个阶段的发展节奏。

① 成长期——建立自我边界、培养好奇心、养成良好习惯、建立恰当互动模式；

② 探索期——探索更多生活空间、了解更多的机会角色、验证一些梦想的真实性、初步确认自己的生涯锚定；

③ 建立期——在选定的领域起步、发展新的应对技能、积累领域内的相关经验、去完成未完成的梦想。

## 六、案例分享

### （一）平衡轮的使用

平衡轮通常有这样三种用法：一是澄清目标，二是评估核心问题，三是督促行动。要用好平衡轮，有以下四个步骤：因素归纳、构建平衡轮、进行评估、引导改变。

第一步：因素归纳。

用到的是开放式提问的方法，先用头脑风暴的方式把所有与目标相关的因素罗列出来。比如，有人希望关系得到解决，我们可以问：如果有一个满意的结果，对你来说理想的关系包含哪些表现？比如，有人犹豫该和谁结婚，我们可以问：假如有一个理想的结婚对象，你会考虑这个人哪些方面的条件和因素？比如，要建设一个团队，我们可以问：对你来说，一个好的团队包含哪些维度？比如，有人希望这个学期过得充实而有意义，第一步就要问：对你来说，一个充实而有意义的学期包含哪些方面？这一环节可以使用“脑洞大开”表单，针对团队成员的期待，用头脑风暴的方式把所有可能的因素都罗列出来。在这一步，指导老师问得最多的就是：还有吗？还有哪些？

第二步，构建平衡轮。分为两个步骤。

一是合并同类项。因为在头脑风暴的时候，学生都是天马行空想出来的，不一定把这些头脑风暴的项目都一一列出来画到平衡轮上，可以进行合并同类项这一步骤。比如，把收入和经济自由归为一类，把身体健康和心理健康归纳为身心健康，把孩子、老人、夫妻关系归纳为家庭和谐。至于要不要合并，合并之后以什么词语来代替，则以学生自身的评判标准为准，不能将指导教师的主观意愿强加于个体。

二是我们把这些项目分别标注在平衡轮上。平衡轮是不是一定必须等分为八份？当然不是。团队成员可以自行规划平衡轮的切分。

例如：一个辅导员期待十年之后他的生活如图 3-6 所示。

例如：一个女孩期待找到的男朋友的标准，如图 3-7 所示。

图 3-6　生活平衡轮

图 3-7　朋友平衡轮

例如：一个大四学生所期待的理想工作如图 3-8 所示。

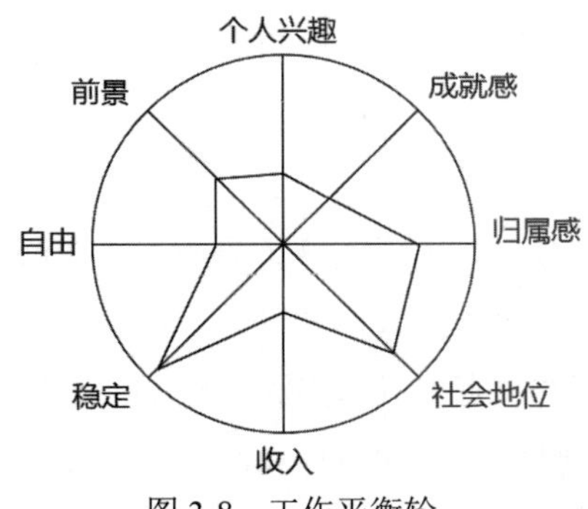

图 3-8　工作平衡轮

第三步：进行评估。

对平衡轮进行评估，也就是打分，用到的是度量式工具。学生自行进行评估，如果完全实现期待状态的分数是 100 分，那么你目前的状态得了几分？把自己个人评估后得出的分数，标在平衡轮每一个扇形的边缘，然后可以用不同的颜色描出来。

第四步：引导改变。可以用以下问话方式引导团队成员进行思考。

你发现了什么？

你要改变什么？

想要改变的内容排序是？

马上可以开始的是什么？

有哪些资源与可能性？

变化后会给你带来什么？

你最迫切需要改变的是什么？

有没有一个核心的维度？所谓核心维度就是这个变了，其他可能都会变，比如钱。

还有没有需要增减的因素？不是画定了就不能改了。有的学生会说不是这八个，我想加一个或者减掉一个。没关系，可以重新画。

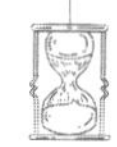

所以，这里重复一下平衡轮的作用：让目标更加清晰；找到可以改变的维度；可以用来监督改变。比如，一个月后再来做平衡轮，通过一个月的努力，你的维度改变有多大？或者一年以后再看看，变化有多大，有哪些维度是需要调整的。由此可以形成一个平衡轮的组轮图。

平衡轮有两种画法，雷达图和扇形图。

如果想要直观地看到自己的改变和进步，建议使用扇形图(图 3-18)。

如果仅仅是对现状进行评估和为了发现问题，建议使用雷达图(图 3-19)。

### （二）用STAR法则分享自己的成就故事

以下案例由华侨大学医学院 2019 级学生提供。

#### 案例 3-1

学院的晨曦志愿服务队要利用周末时间给共建中学的同学们开设“小老师课堂”。作为志愿服务队的负责人，我三天后就要带着团队伙伴们进校给同学们进行第一次辅导。因为我对初中生物考试的内容遗忘了很多，因此我先到图书馆和网上搜集资料，用了一整天的时间进行学习和梳理。先快速翻阅教材，利用已有资料整理笔记，然后大量刷题，总结考点、易错点和难点，最后对为期 8 次的辅导进行任务规划。很快就到了第一次授课的时间，我发现所授课的学生群体性格内向，吸收知识能力较慢，所以我及时调整了讲课风格，更加耐心地引导，最后我们辅导的这个班级同学成绩平均分从 52 分提高到了 89 分。

#### 案例 3-2

外语拓展课老师让我们用 PPT 讲解下节课的知识点，我抽到的题目是用英文分享圆桌会议的故事。我的预期目标是把 PPT 故事讲清楚并且讲得生动，同时能把 PPT 做得精美，用英文流利表达。我在准备的时候遇到了不少困难，一是网上关于圆桌会议的资料很少，比较零散，二是要在短时间内熟练用英文表达汇报内容对我而言有些难度。不过越有难度的作业让我兴趣越高涨，我梳理了一下思路，决定分为四步来解决这个问题。第一，查找文献把故事线整理出来并准备相关的文字内容；第二，挑选好合适的 PPT 模板；第三，将文案和 PPT 进行整合和美化；第四，根据完成的 PPT 开始预演彩排并加强口语表达能力；最后，我还剪辑《指环王》里的一个使用圆桌会议进行决策的场景，增添了汇报的吸引力。

**案例 3-3**

2020年第一届全国大学生公益创意大赛开始的时候，我在宁夏高考咨询组，成员们都没有任何参赛经验。我作为队长带领团队6名成员报名参加了比赛，赛事从4月份一直持续到12月份。在比赛过程中，我负责并组织了团队成员筛选、项目计划书撰写、团队成员基本技能培训、团队宣传渠道拓展、团队宣传内容拍摄等，通过长达8个月的赛程，将团队的知名度从省级提升到国家级，最终荣获2020年度全国大学生公益创意大赛团队36强，为团队赢得了4000元活动经费。

**案例 3-4**

2020年在华侨大学第20届5.25心理健康宣传月之“遇见生命之美”云端剧场决赛中，我是参与团队负责人。由于新冠肺炎疫情期间居家学习，同学们都无法到校，因此，对传统的线下排练有很大的依赖性的心理情景剧的创作遇到了巨大的挑战。我认真组织策划心理情景剧的剧本，突破传统的排练方式，采用线上视频制作与配音相结合，帮助队员纠正发音、调整语速，克服身在异地的各种排练困难，最终我们团队代表学院荣获了一等奖、最佳技术合成奖、最佳剧本奖等3个校级奖项，团队成员还荣获最佳男主角。

**案例 3-5**

我特别喜欢打篮球，大一时看到学院发布的女子篮球新生杯比赛，我就报名参加了。但是报名参加的女生只有2名，根本不能组建一支球队去参加比赛，况且学院也没有女子篮球队的先例，我不想放弃这次参加比赛的机会，就一间一间寝室去敲门询问，和感兴趣的同学一起交流讨论，在我的努力宣传和鼓励下，有16个女生报名参加了学院第一届女子篮球队。

**案例 3-6**

大一上学期期末考试的时候，我的英语听力只考了60分，我整个假期都忧心忡忡，担心自己的四级过不了，也害怕下学期的英语考试挂科。于是在大一下学期开学伊始，我坚持每周进行听力训练3次，并且把这些听力材料的单词、句子、语法全部弄明白，再花2天反复做听力和跟读训练，上听力课的时候也特别认真听老师的口语发音，并努力去模仿，这样坚持了整整一个学期，在四级考试中我的听力得了200分，在期末考试

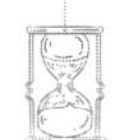

中，听力分数也达到了 80 分的水平，提升了 2 个等级。

### （三）卡牌活动“蜕变之旅”

**案例** 3-7

一个大二的女生，因为转专业的适应性问题进行了一次卡牌活动。

教师：“先盲抽一张‘花花卡’，代表现在的你自己，放在最左边，请你谈一谈你看到了什么，以及你的感受等。”

学生：“我最近有些不知所措，就像卡牌上的这棵树，我不知道哪边应该是上面，哪边应该是下面，我该这样看？还是那样看？”她边说边把这张牌上下颠倒着看，她说她到了新的学院学习新的专业有很多的不适应，有些颠三倒四的感觉。(详见图 3-9)

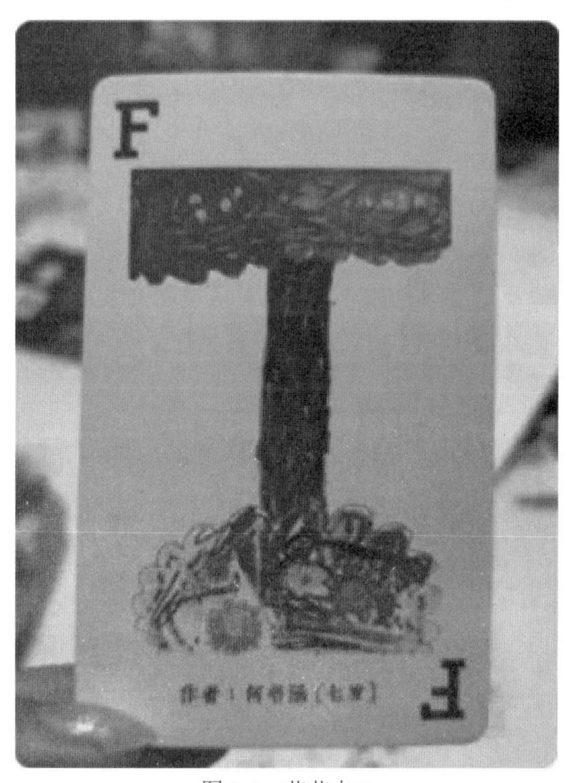


图 3-9　花花卡 F

教师：“接下来请你再盲抽一张牌，这张牌代表未来的你自己，放在最右边。”(详见图 3-10)

图 3-10　花花卡 I

学生：“看到这张牌特别兴奋。”她说未来的自己就是想能够拥有自由的时间和空间，做自己喜欢的事情。她特别喜欢园林艺术，憧憬能有自己亲手栽种的一片花圃。

教师：“接下来请你继续盲抽两张卡牌，代表从现在到未来你能做哪些努力和改变。”

学生盲抽了两张卡牌(详见图3-11)，然后开始根据卡牌带给自己的联想，做生涯适应规划，并开始制订第一步行动计划。

图 3-11　花花卡 M 和花花卡 K

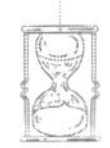

【活动点睛】

针对正处于适应困难状态的来访，如果我们直接问她现在的状态、未来的期望，以及可以努力的方向，她不一定能够准确地表达，但是我们借助这种可视化的卡牌工具，就能有效地激发她的潜能，帮助她聚焦到自己关注的那个部分，想出问题解决的方案。

### 案例 3-8

一个即将毕业的研究生(以下简称来访者)进行的一次卡牌蜕变之旅活动。

教师：先盲抽三张潜意识投射卡，告诉来访者这三张卡分别代表曾经的我、现在的我和未来的我。

来访者：“老师，我是看了图画后再摆好次序，还是先摆好次序再翻开牌呢？”

教师：“这个可以由自己决定，总之最左边请摆放曾经的你、中间摆放现在的你、右边摆放未来的你。”

来访者选择先不看图画摆好左中右三张牌(见图 3-12)，然后从右向左依次翻开卡牌。当他翻开中间卡牌的时候发出了“喔”的感叹。当所有的卡牌全部翻开后，他说的第一句话就是：“太神奇了，完全就是自己内心的写照。”

图 3-12　潜意识投射卡

描述从左边第一张图片开始，看到这张卡牌上的“铃兰”花，就想到小时候爸爸特别喜欢养花，尤其喜欢铃兰。家里还曾养过一只小花猫，名字叫“花儿”，主要是爸爸在养，后来爸爸去世了，“花儿”就由他来养。那时候家里条件一般，不会去购买猫粮，

“花儿”吃的都是馒头加猪肺。再后来，“花儿”丢了，跑出去再也没有回来过……有一些悲伤，过去的一幕幕呈现在眼前，希望“花儿”能和爸爸一起住在“铃兰”花园里，在高高的天上幸福生活。

中间的图片是最符合他自己现状的，小鸟努力振翅高飞，勇往直前，他要离开自己熟悉的家乡前往异地工作，但是在前进的路上充满了暴风雨，一方面是对家乡、亲人、恋人的留恋和不舍，另一方面是对异地工作的恐慌。前方注定是不容易的、辛苦的，现在的感觉就是非常的不安全、不踏实。

右边的图片是一个人在浇一株向日葵，也特别符合他的状态。这次前往外地是进入一家职业高校从事教育相关工作(非教师岗)，他打算积累一定的工作经验后回到家乡任教。心中有信念、有当老师的理想和情怀，他要沉淀下来、助力学生成长成才。他只是渺小的园丁，他的学生都是高大的向阳而生的花朵。

讲完这些，老师什么都没有说，来访者表示知道了自己最近为什么有不舒服的感觉，是因为前往异地工作有一些担心、恐慌、纠结。在这个过程中，他感受到了自己的情绪，看到了那个最真实的自己。

**【活动点睛】**

利用卡牌工作和来访者进行汇谈，让对方看清楚现状、确定目标、制定行动方案，进而达成目标。引导的时候要关注到视觉、听觉、触觉、感觉等多个角度，因为每个人对外部的刺激，各种感官的敏感程度不同。过程中多用开放式的提问，比如，会如何？是什么？为什么？指导来访者看见解决问题的多种可能性，少用是或否这样的封闭式问题。

最后，总结一下蜕变之旅的操作步骤。

① 每人盲抽 5 张卡牌；

② 仔细观察这 5 张卡牌；

③ 选 1 张代表你现在的困扰或者问题，把它放在你的左手边；

④ 再选 1 张代表你的目标，或者问题解决后的状态，把它放在你的右手边；

⑤ 剩下 3 张牌，把它们当成达成目标的手段和方法，每一张牌可能是一个行动或者一种心态，依照自己的认知和与卡牌的联结，决定先后顺序；

⑥ 本人分享这个过程带给自己的触动和感受；

⑦ 小组成员反馈这个过程带给自己的触动和感受；

⑧ 本人决定是否需要调整卡牌顺序；

⑨ 如果觉得这个过程对自己有帮助，亲手写下，并列入自己的行动日程和未来规划中。

# 第三节 教辅材料

以下表单可在团体活动中选择性使用，结合“花花卡”“潜意识投射卡”等教学卡牌使用，更能触发学生的思维发散性，与自己产生神奇的联结并引发思考。

## 一、生涯彩虹图表单

生涯彩虹图空白表单如图 3-13 所示，绘制时注意每个角色开始和结束的时间点；每个角色对应格子的宽和窄代表每个时期投入的时间与精力，每个人的时间和精力是有限的；绘制过程要注意每个角色之间的相互影响。

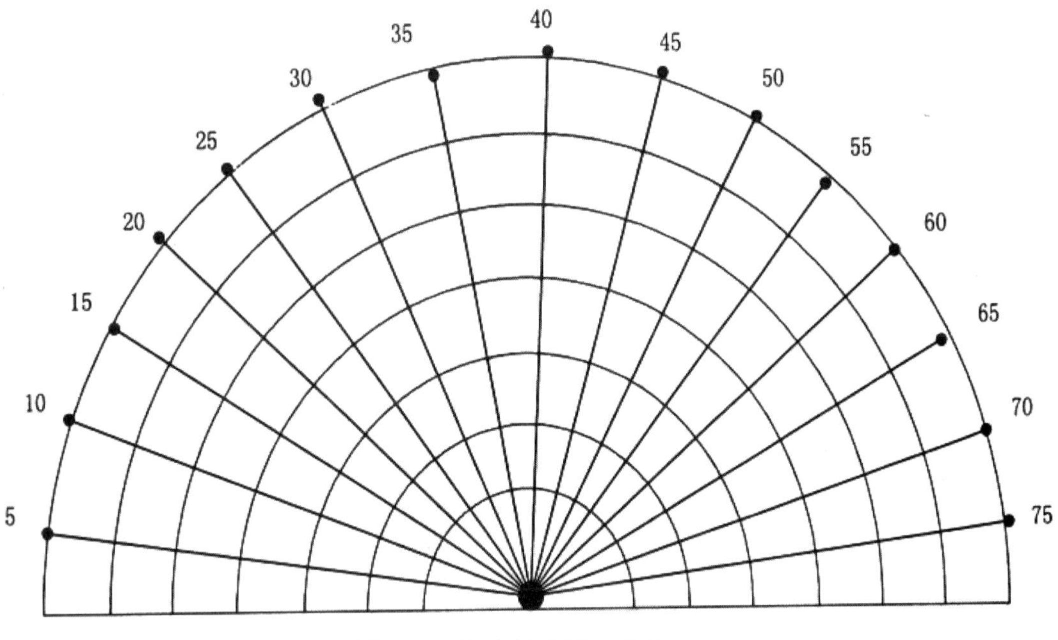


图 3-13 生涯彩虹图空白表单

## 二、“生命线”表单

“生命线”空白表单如图 3-14 所示。可在长横线的上方标出那些对今天的你有积极影响的事件(包括你自己的先天素质、他人的称赞、你的成功或骄傲、榜样对你的影响等)，纵坐标代表影响的程度。

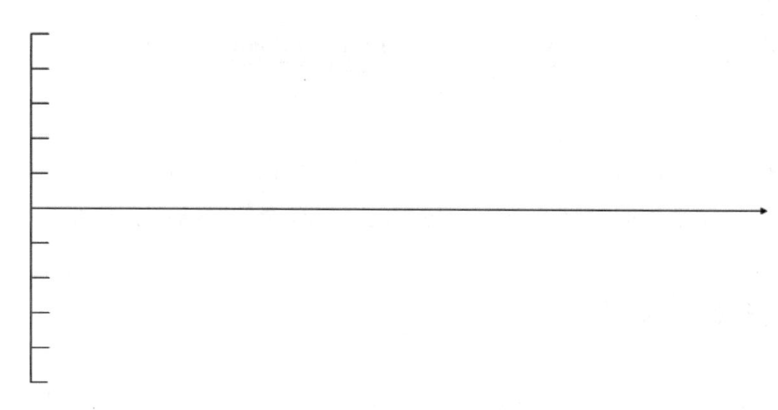

图 3-14 “生命线”空白表单

在长横线的下方标出那些对今天的你有消极影响的事件(包括你自己的先天素质、他人的批评、你的失败、榜样对你的影响等)，纵坐标代表影响的程度。

## 三、生涯九宫格表单

生涯九宫格空白表单如表 3-1 所示。生涯九宫格来源于舒伯的生涯发展理论，由金树人先生提出。准备一张 A4 纸，让学生折成九个格子以后画线，写出九个格子的标题，然后根据表格内容逐一向学生提问。

**表3-1 生涯九宫格空白表单**

| 学习进修 | 职业发展 | 人际交往 |
| --- | --- | --- |
| 课程表上要求的课程有哪些？<br>除了课程表上的内容，你还需要学习什么？(有目的地学习)<br>基于自己未来的职业目标，你需要积累什么？<br>你的学习习惯怎样（循序渐进） | 任何一个阶段的实践都是在为下一个阶段的发展做准备。<br>你的理想职业的要求有哪些？<br>你为此可以做哪些准备？<br>你现在做得怎样 | 你感觉难以应对的人有哪些？<br>哪些场合让你感觉不自在？<br>为了将来更好地适应社会，你打算从搞定哪些人开始 |
| **个人情感** | **身心健康** | **休闲娱乐** |
| 你怎么看待爱情、友情等？<br>你建立并且维系亲密关系的能力如何？<br>重要他人对你的影响有哪些 | 你有没有坚持运动的习惯？<br>适合你的运动方式有哪些？<br>你如何保持自己的心情愉悦？<br>你如何处理焦虑、压力、沮丧等不良情绪 | 你有哪些兴趣爱好？<br>你业余时间会做哪些事情让自己感受那种创造性和成就感？<br>除了学习、工作之外，你做什么来愉悦自己 |

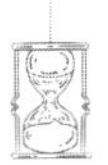

续表

| 财务管理 | 家庭生活 | 服务社会 |
|---|---|---|
| 你每个月的生活费是如何管理的？<br>你是否了解过一些个人理财的知识？<br>你是否尝试过为自己增加一些收入？<br>财富在你未来的生涯发展中比重如何 | 你和父母的关系怎样？<br>你是否从内心接纳并且尊重你的父母？<br>父母对你是影响还是掌控？<br>你和父母的关系是如何影响你今天的人际交往的 | 你是否参加过一些志愿服务？<br>你怎样理解一个大学生的社会责任感？<br>你怎样看待社会公益组织？<br>你是否有过创业的想法？<br>你觉得创业需要思考哪些问题 |

## 四、刻度尺问话表单

刻度尺问话空白表单如图 3-15 所示，这是一个度量式工具，可用来引导学生自行评估。完全实现期待状态的分数是 100 分，那么你目前的状态占了几分，在相应的位置标注出来。

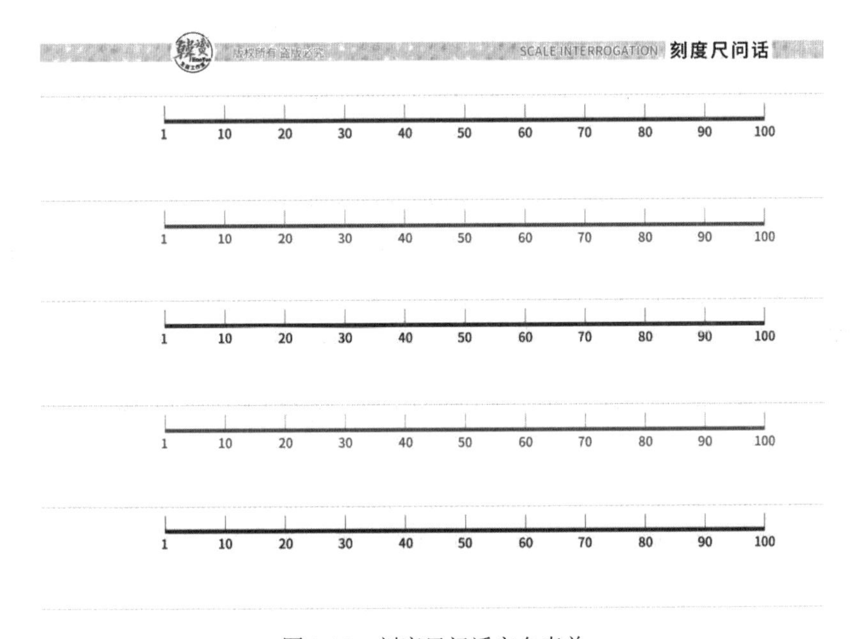


图 3-15　刻度尺问话空白表单

## 五、开放式问题线表单

开放式问题线空白表单如图 3-16 所示。开放式问题线表单可以让我们快速完成从封闭、负面、过去导向的思维向开放、积极、未来导向的思维转变。

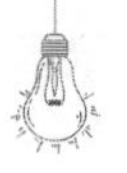

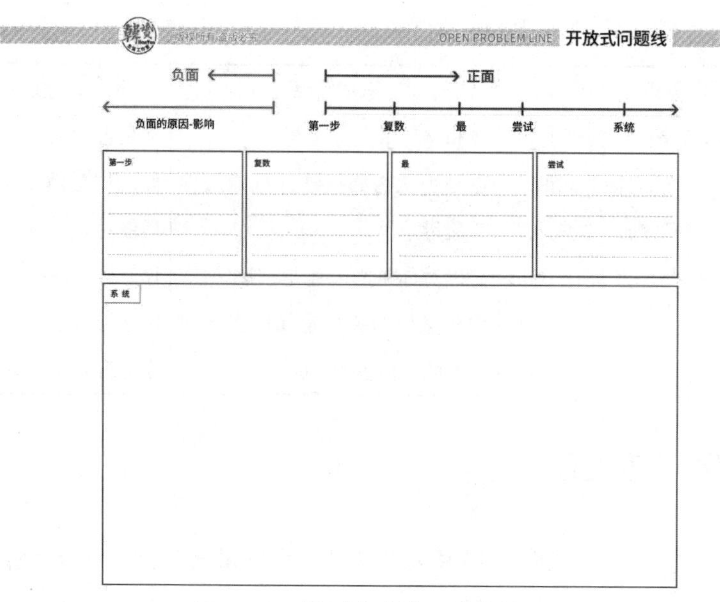


图 3-16　开放式问题线空白表单

左边的箭头，指向的是封闭、负面、追究过去和原因，当我们思考停留在这里的时候，脑子想的都是消极负面糟糕的信息。

右边的箭头，指向的是开放、积极、探索未来和可能。当我们思考停留在这里的时候，脑子想的都是积极正面美好的事情。

开放式问题线表单通过逐渐调整提问的方式，让问题达到最大的开放程度。

第一步，将负面问题调整为正面的封闭式问题，通常把负面问题所用词语换成含义相对的词语，就可以完成转换。比如，“为什么我减肥总是失败？”可以转换为“有没有办法让我减肥成功？”再将封闭式问题改造成开放式问题，比如，“我怎样才能减肥成功？”

第二步，在问题中加入复数，打开思维空间。比如，“我有哪些方法可以减肥成功？”

第三步，在问题中加入最多、最好、最强等词语，使其聚焦。比如“哪种方法，可以让我最有效地减肥？”

第四步，在聚焦的问题中加入尝试性的表示行动的词汇，比如，“开始”“第一步”“持续”等，使问题获得指导行动的力量，比如，“我现在可以开始尝试哪些最有效的活动来帮助自己减肥？”

第五步，通过系统的思考，把提问的主题与时间、空间及身边的人结合起来，比如，“我可以持续开展哪些最有效的活动来帮助自己减肥，提升自己的自我效能感。”

## 六、脑洞大开表单

脑洞大开空白表单如图3-17 所示。用头脑风暴的方式把所有可能的因素都罗列出来，在使用过程中，指导老师问得最多的就是：“还有吗？还有哪些？”

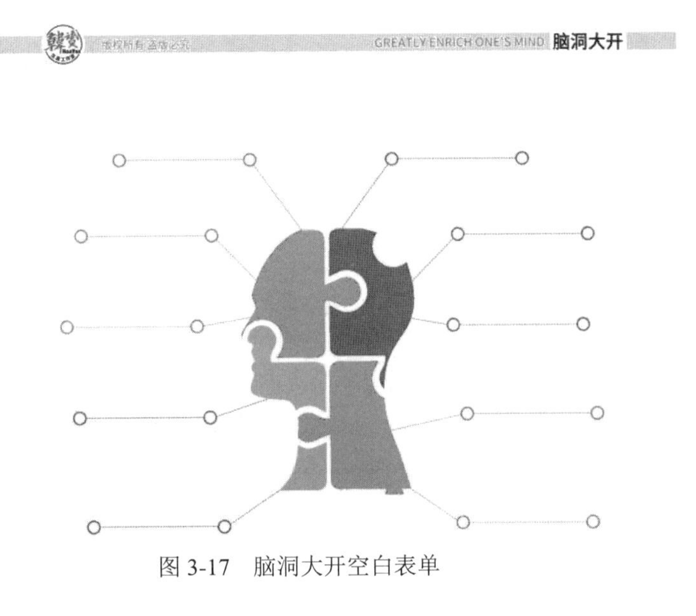


图 3-17　脑洞大开空白表单

## 七、平衡轮扇形图表单

平衡轮扇形图空白表单如图 3-18 所示。给自己每个维度进行满意度打分，每个维度 1～10 分，扇形全部涂满是 10 分，选择你喜欢的颜色进行阴影上色，目前你打多少分，就涂多大的区域。

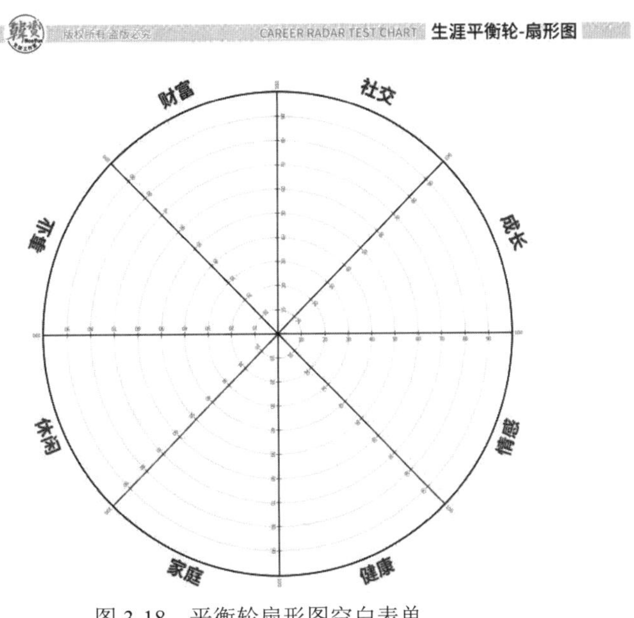


图 3-18　平衡轮扇形图空白表单

## 八、平衡轮雷达图表单

平衡轮雷达图空白表单如图 3-19 所示。给自己每个维度的满意度打分，每个维度 1～10 分，在对应的半径上标注出自己评估的分值的点，再将所有的点依次连线，形成雷达状的线性图形，直观展示目前不同象限的满意度得分。

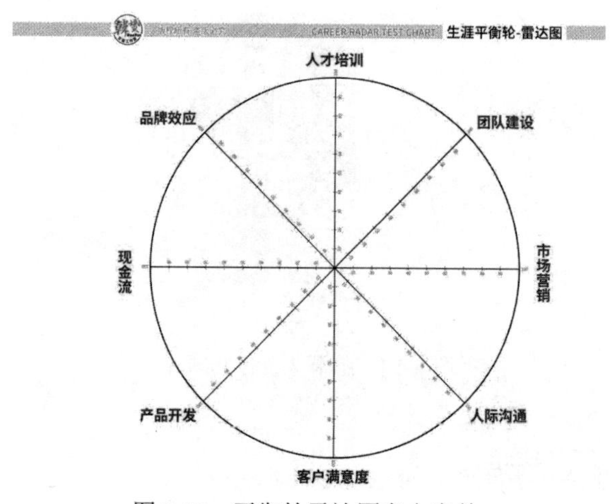


图 3-19　平衡轮雷达图空白表单

## 九、平衡轮表单

平衡轮空白表单如图 3-20 所示。可自行分成若干等份的饼图，根据自己的需求，描绘扇形图或者雷达图。

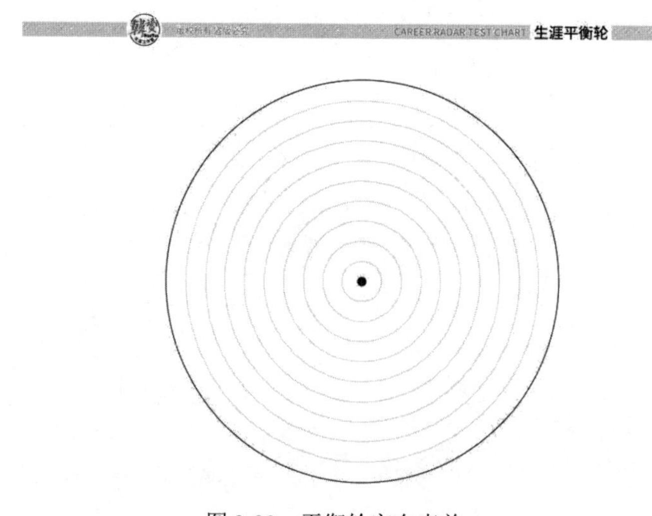


图 3-20　平衡轮空白表单

# 参考文献

[1] 金树人，生涯咨询与辅导[M]. 北京：高等教育出版社，2007.

[2] 钟谷兰，杨开. 大学生职业生涯发展与规划[M]. 上海：华东师范大学出版社，2008.

# 第四章

# 当MBTI遇上FPA

向左？

向右？

别问我为什么

别问我怎么办

不念过去

抬眼未来

**【本章导读】**

在人生舞台上，每个人都是舞者，是跳出热情奔放的伦巴，还是优雅多姿的华尔兹，每个人都有不同的答案。这亦如迈尔斯-布里格斯类型指标(Myers-Briggs Type Indicator，MBTI)中四个维度的性格特征或以“红黄蓝绿”四种颜色分类的 FPA(Four-colors Personality Analysis)性格色彩。

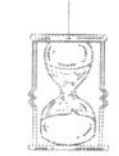

# 第一节 理论背景

本章和大家分享两个性格分析工具，MBTI 和 FPA。在我们看来，MBTI 就像一个好学生，男孩子；FPA 就像一个浪漫有趣的女孩子。接下来我们会分别介绍他们俩，最后看看他们相遇后的样子。

## 一、MBTI性格色彩

MBTI 就像一个学霸型的男孩子，因为他是走科学路线的流派，因此，在生涯咨询领域、心理咨询领域、人际交往当中，MBTI 都被广泛运用。我们先来看看 MBTI 的起源。

心理类型理论首次出现的时间是1913 年。当时正值召开国际精神分析大会。荣格在该次会议上提出个性的两种态度类型：内倾和外倾。1921 年，他在《心理类型学》一书中又做了详细的阐述，并提出了四种功能类型，即理性功能的相互对立的两种类型——思维功能与情感功能和非理性功能的相互对立的两种类型——感觉功能和直觉功能。由此，荣格将两种态度类型和四种功能类型组合起来，形成了八种个性类型：外倾思维型、外倾情感型、外倾直觉型、外倾感觉型、内倾思维型、内倾情感型、内倾直觉型、内倾感觉型。

美国心理学家布里格斯和她的女儿迈尔斯在荣格的两种态度类型和四种功能类型的基础上，又增加了判断和知觉两种类型，由此组成了个性的四维八极特征，它们彼此结合就构成了十六种个性类型。经过二十多年的研究，她们制定了迈尔斯-布里格斯类型指标(MBTI)模型，把荣格的类型理论付诸实践。继而，迈尔斯又在荣格的优势功能和劣势功能、主导功能和从属功能等概念的基础上，进一步提出了功能等级等概念，并有效地为每一种类型确定了其功能等级的次序，还提出了类型的终生发展理论，使心理类型理论有了新的发展。

MBTI 理论认为一个人的个性可以从四个角度进行分析(图 4-1)，用字母代表如下。

### （一）MBTI分析性格的四个维度

#### 1. 驱动力的来源：内倾(I)—外倾(E)维度

内倾—外倾维度用以表示个体心理能量的获得途径和与外界相互作用的程度，即个体的注意力较多地指向外部的客观环境还是内部的概念建构和思想观念。外倾型态度表现为主体的注意力和精力指向客体，即在外部世界中获得支持并依赖于外在环境中发生的信息，这是一种从主体到客体的兴趣向外的转移。外倾型个体需要通过经历来了解世界，所以他们更喜欢大量的活动，并偏好于通过谈话的方式来思考，在语言的交流中对信息予以加工。而内倾型态度表现为主体的注意力和精力指向内部的精神世界，其心理能量通过内部的思想、情绪等获得。内倾型个体在内部世界中获得支持并看重发生的事件的概念、意义等，因此他们的许多活动是精神性的，他们倾向于在头脑内安静地思考以加工信息。外倾型个体经常先行动后思考，而内倾型个体经常耽于思考而缺乏行动。

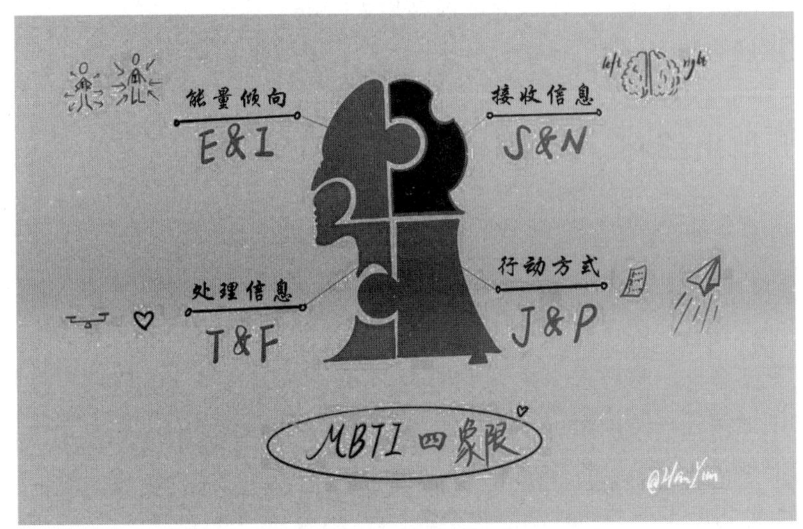

图 4-1　MBTI 四象限

### 2. 接收信息的方式：感觉(S)—直觉(N)维度

感觉—直觉维度又称为非理性维度或知觉维度，表示个体在收集信息时注意的指向，即倾向于通过各种感官去注意现实的、直接的、实际的、可观察的事件还是对事件将来的各种可能性和事件背后隐含的意义及符号和理论感兴趣。感觉型的个体倾向于接受能够衡量的或有证据的任何事物，关注真实而有形的事件。他们相信感官能告诉他们关于外界的准确信息，也相信自己的经验。他们重视现在，关心某一刻发生的所有事情。而直觉型的个体自然地去辨认和寻找一切事物的含义，他们重视想象力，更注重将来，重视努力改变事物而不是维持它们的现状。直觉型的个体看到一个环境就想知道它的含义和结果可能如何。感觉型的个体被视为较有实际意识，而直觉型的个体被视为较有改革意识。感觉—直觉维度在问题解决过程中有重要作用。

### 3. 决策的方式：思维(T) —情感(F)维度

思维—情感维度又称为理性维度或判断维度。该维度用于表示个体在做决定时采用什么系统，即做决定和下结论的方法，是客观的逻辑推理还是主观的情感和价值观。情感型的个体期望自己的情感与他人保持一致，他们做决定的基石是何者对他们自己和他人是重要的，其理性判断的依据是个人的价值观。而思维型的个体通过对情境进行客观

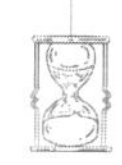

的、非个人的逻辑分析来做决定，他们注重因果关系并寻求事实的客观尺度，因此较少受个人情感的影响。

#### 4. 对待不确定性的态度：知觉(P)—判断(J)维度

知觉—判断维度用以描述个体的生活方式，即倾向于以一种较固定的方式生活(或做决定)还是以一种更自然的方式生活(或收集信息)。这一维度是一种态度维度。虽然个体能够使用知觉和判断，但是这两极不能够同时被运用。多数个体会自然地发现采用某种生活方式时总是比另一种更加轻松，因此在和外部世界打交道时总是采用这种生活态度。判断型个体倾向于以一种有序的、有计划的方式对其生活加以控制，他们期望看到问题被解决，习惯于做决定且喜欢做决定。而知觉型个体偏好于知觉经验，他们不断地收集信息以使其生活保持弹性和自然。他们努力使事件保持开放性，让其自然地变化，以便出现更好的事件。

两两组合可以得到 16 种人格类型。实际上这 16 种类型又归于四个大类之中，在此将四个大类筛选，并总结如下。

### （二）MBTI区分性格的四大类型

#### 1.  SJ型——忠诚的监护人

SJ 型的人共性是有很强的责任心与事业心，他们忠诚、按时完成任务，推崇安全、礼仪、规则和服从，他们被一种服务于社会需要的强烈动机所驱使。他们坚定、谨慎、严肃、可靠，持保守的价值观。他们充当着保护者、管理员、稳压器、监护人的角色。大约有 50%左右 SJ 型的人为政府部门及军事部门的职务所吸引且显现出卓越成就。

#### 2. SP型——天才艺术家

SP 型的人有冒险精神，反应灵敏，在任何要求技巧性强的领域中游刃有余，他们常常被认为是喜欢活在危险边缘寻找刺激的人。他们为行动、冲动和享受现在而活着：约有 60%左右 SP 型的人喜欢艺术、娱乐、体育和文学，他们被称赞为天才艺术家。

#### 3. NT型——科学家、思想家的摇篮

NT 型的人有着天生的好奇心，喜欢梦想，有独创性、创造力、洞察力，有兴趣获得新知识，有极强的分析问题、解决问题的能力。他们是独立的、理性的、有能力的人。

人们称 NT 型的人是思想家、科学家的摇篮，大多数 NT 型的人喜欢物理、研究、管理、计算机、法律、金融、工程等理论性和技术性强的工作。

#### 4. NF型——理想主义者

NF 型的人在精神上有极强的哲理性，他们善于言辩、充满活力、有感染力、能影

响他人的价值观并鼓舞其激情。他们帮助别人成长和进步，具有煽动性，被称为传播者和催化剂。

约有一半 NF 型的人在教育界、文学界、咨询界以及心理学、文学、美术和音乐等行业显示出他们的非凡成就。

职业咨询专家说，大部分人在二十岁以后会形成稳定的 MBTI 类型，此后基本固定。当然，MBTI 的类型会随着年龄的增加、经验的丰富而发展完善。

根据 MBTI 理论，每种个性类型均有相应的优点和缺点、适合的工作环境、适合自己的岗位特质。使用 MBTI 进行职业生涯开发的关键在于如何将个人的人格特点与职业特点进行结合。

## 二、FPA性格色彩

关于性格与色彩的研究，都指向四液学说这一古老的源头。古希腊有一位名叫希波克拉底的名医，根据自己的医学理论，他将人的性格分为了多血质、抑郁质、胆汁质和黏液质四种类型。而性格色彩心理学，也是在这个基础上加以拓展的。目前世界上研究性格色彩心理学的学者都将人的性格以色彩分类，用以描述不同的性格类型。他们将人的性格大致分为红、蓝、黄、绿四种色彩(详见图 4-2)。

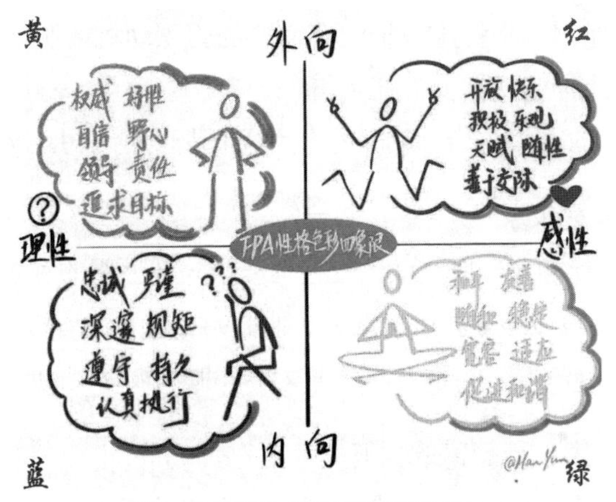


图 4-2　FPA 性格色彩四象限

### （一）右上角象限，红色性格解析

我们可以看出这个小人儿的动作是开心地跳起来的样子，她的性格当中最鲜明的特点是生活中的热血主角。

拥有红色性格的人全身弥漫着生活的热情，这种热情使他们不论身处怎样的环境都能成为焦点式的人物。正义感是他们内心最为坚定的信仰之一。出于对生活中真善美的向往，红色性格的人对于社会上的种种丑恶现状总是会表现出最为排斥的态度。拥有红色性格的人都是对生命充满热爱的一类，相比于被爱，他们更加注重得到尊重。具有领导者天赋，但有自己的道义，绝非为了目的可以不择手段前进的人，对生命发自内心地热爱，下意识地远离人性中那些最复杂、阴暗的一面，保留最为纯粹的心思，这一点最为可贵！

红色性格在现实生活中非常醒目，会给人的生活带来极大的冲击和影响。拥有红色性格的人看起来永远都是那么生龙活虎、不知疲倦。一旦与他们相处久了，就连自己也会不知不觉地受到感染，变得更加阳光，开心。这也是“主角光环”对于群体的正面效用。他们的出场也必然能够让在场的所有人都眼前一亮。也正是由于这一特质，他们更能受到他人的喜爱和欢迎。

拥有红色性格的人说风即雨，等待对于他们来说就是煎熬。他们天生就是要成为一个引领者，希望别人也能跟上自己的脚步，带有几分强势。

《西游记》里的孙悟空、《水浒传》里的武松，都是红色性格的典型代表。

总而言之，红色性格的人内心积极永葆童真，总是看到世界的美好；用热忱感化大多数身边人；用温暖的心来体谅一切。

职业专业建议：与人打交道的工作较为适合，如市场营销、人力资源管理、国际贸易、艺术策划、艺术表演、教育教学、创业等。

### （二）左下角象限，蓝色性格解析

蓝色和红色是完完全全相反的两个颜色。蓝色给人的感觉是文静、理智而又安详，同时又有着无尽的广博与辽阔。拥有蓝色性格的人往往给人安宁祥和、安静深沉的感觉，但在他们内心，又有着不同于红色性格的波澜起伏。拥有蓝色性格的人看起来总是与智慧、灵魂、精神等一类词语相关。拥有蓝色性格的人中，也的确出现过很多最伟大的天才。据调查，世界上绝大多数最伟大的科学家、诗人、思想家等，都属于蓝色性格。拥有蓝色性格的人对完美主义有着近乎疯狂的执着，计算机的屏幕整洁干净，手机微信短信随时删除，几乎不允许杂乱无章的感觉出现在自己的生活当中。

蓝色性格盛产“暖男”，善于关怀和理解他人。蓝色性格的人爱心满满，也因为内心的这份柔情，他们总是羞于表达，在别人浑然不觉的情况下，默默付出自己的爱。

有一对夫妻，妻子是典型的红色性格，丈夫是典型的蓝色性格。看图 4-2 我们就可以知道，红色和蓝色是位于对角线的两种性格类型，所以这样的色彩婚姻搭配是非常有意思的。就拿早上洗脸、刷牙、挤牙膏这件事情来说：不拘小节红色性格的妻子挤牙膏随意随性，随便拿起来就挤，因此牙膏被挤得非常“拧巴”。而完美主义倾向的蓝色性格丈夫就会觉得牙膏应该是从下面一点一点挤上去，整齐妥帖。可是，拥有蓝色性格的丈夫不会直接去给拥有红色性格的妻子表达他的意思，而是希望通过自己日复一日的行为(整理牙膏，希望被妻子意会)来“感化”自己的妻子，而相反，拥有红色性格的妻子大大咧咧，根本不会注意到这些细节。

想要走进拥有蓝色性格人的内心很不容易，但他们很好相处。他们具有真诚、守时、和善、仁爱这些人性之中最为光辉的一面。蓝色性格偏向于内敛，为别人考虑得太多，对人情看得太重。理智、沉静，自我要求极高，注重灵魂共鸣，专一而慢热。

职业专业建议：与物打交道的工作，信息科学与技术、土木工程、造价工程、计算机、编辑、网络编程、技术工程师等。

### （三）左上角象限，黄色性格解析

我们可以看出这个小人儿双手叉腰，一副高高在上、严肃、权威的模样。关键词是：奋斗之中乐趣无穷。

如果用一句话来描述黄色性格，就是：只要身体还未倒下，就永远走在前行的路上。“行者无疆”四个字，是对他们一生最佳的概括。黄色，在中国古代是皇权的象征、权力的象征。黄色性格的人是有力的指挥者，通常具有很强的责任感、决策力和自信心。万事都希望由他来做主，这类人深层次的驱动力来自对目标的实现和完成，一般具有前瞻性和领导能力。再看图 4-2，其中黄色性格是外向而理性的，在拥有黄色性格的人眼里，只有成功才是真，在关键问题上他们总是想要能够主导全局。

我们来试想一个场景，一个拥有红色性格的同学、一个拥有黄色性格的同学都和老师下棋。拥有黄色性格的同学第一盘下输了，他会说：“老师，你别走，我们再来一盘。”如果第二次又输了，他会继续说：“老师，你别走，我们再来一盘。”如此反复，一直要下到他获胜为止。而拥有红色性格的同学如果下输了，她就会站起来把棋盘一扫，说道：“不玩了，不玩了，这个一点都不好玩。”由此，大家就可以明显地感觉到黄色性格那种求胜欲望的强烈和执着。

职业专业建议：与人及数据资料打交道的工作，管理者、职业经理人、投资人、创业等。

### （四）右下角象限，绿色性格解析

我们可以看出这个小人儿双手合十，盘膝而坐，一副悠然自得的样子。绿色性格的关键词是：和平由我守护。

绿色，是春的色彩。大自然中的绿色，总能带给人清新、安宁、平和、舒缓的感觉。在与拥有绿色性格的人相处的过程中，总能有如沐春风的感觉。他们从来不与人争，像是不知进取，但拥有绿色性格的人最能体会到幸福的含义。在和拥有绿色性格的人相处的时候，人们都能感受到发自内心的诚挚，因为拥有绿色性格的人，凡事都是以人际关系为导向的。在他们看来，人与人的关系，人的生命安全才是最应该关注的。因此，在

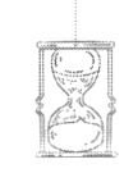

职场当中、人际交往当中，拥有绿色性格的人是人缘最好的，相比喧闹的红色、刚硬的黄色、忧郁的蓝色，他们总是让人最为舒适。

《道德经》里有一句话：柔弱胜刚强。温文尔雅的绿色，是这句话最好的诠释者。他们不瘟不火，泰然自若，他们知足、敦厚、接纳、淡然，知足常乐，正所谓——“大家好才是真的好”。

《西游记》里的唐僧师徒西天取经，沙和尚就是一个不折不扣的老好人，在团队中默默地挑着担子走在最后，很多时候扮演了调解分歧的角色。在经典的电视剧《西游记》中，沙和尚的经典语录：①“大师兄，不好了，师傅被妖怪抓走了。”②“大师兄，二师兄说得对。”③“大师兄，不好了，二师兄和师傅被妖怪抓走了。”④“师傅不要怕，大师兄一定会来救我们的。”⑤“师傅，你不要赶大师兄走啊。”

职业专业建议：客户服务类、教育辅导类、文职类等。

## 第二节　活动实践

在实际生活和工作中，不同性格类型的人在决策风格、习惯化行为方式、时间管理、压力管理等方面都存在很大的区别。根据性格选择相应的职业方向，更能得心应手地发挥自己的聪明才智和一技之长，性格与职业的最佳匹配能使每个人成为最有效的工作者。

### 一、教具准备

(1)“花开在眼前”之“FPA”性格测试卡。

(2) MBTI 简易量表，FPA 性格色彩测试空白表单等。

### 二、活动目的

(1) 了解自己的性格类型。

(2) 分析自己的性格优势和劣势。

(3) 了解不同性格类型适合的职业方向。

### 三、设计思路

(1) 通过“卡牌故事接龙”暖场，分析不同类型性格的行为方式。

(2) 用 FPA 性格色彩测试空白表单现场作答，根据每个成员在四个选项中选出的个数最多的选项，重新分成四个小组，分享和解析各自行为模式的特点和优劣势。

(3) 构建 MBTI 和 FPA 性格象限模型。

## 四、操作流程

### 活动一：卡牌故事接龙

(1) 以生涯幻游为故事接龙的主题，每组使用一套“花花卡”和“潜意识投射卡”，将两套牌打散。首先由小组里第一位同学开始盲抽一张卡牌，依照牌面内容与自己产生联结，根据设定的主题开始讲故事，一般轮到讲故事的同学说三到四句故事内容，然后顺时针依次往下，边上的同学继续盲抽卡牌，根据卡牌上所看到的，与前一位同学的故事有所联结，继续讲故事。编故事的流程不必想得太多，讲出脑海中最先浮现出的那一到四句话就可以了。团队伙伴按顺时针轮流抽卡，接着前面的故事情节，参考自己所抽牌面来承接故事内容。抽最后一张卡牌的人，要为这个故事做一个结尾。根据人数情况，进行两到三轮的抽牌，每个人抽出的牌接龙后都放在自己的桌面上。

如果教师还想就故事接龙活动让学生做更深的自我探索，可以在故事接龙这个环节结束后，让学生把刚才几轮自己所抽到的卡牌放在自己面前，然后再回想一下，除去组里其他人的故事内容，刚才自己都讲了些什么故事内容，自己当时为什么想到这些内容？假如根据自己抽到的这几张牌再用一句话连起来，你又会讲怎样的一句话？

(2) 故事接龙结束后，引导学生回顾一下刚才讲的故事内容，让他们判断自己属于下面三种接龙类型中的哪一种。

是不是有些人讲述的故事总是开创故事的新局面，让故事变得有趣；

是不是有些人讲述的故事很注意细节，总是不断补充故事的完整性；

是不是有些参与者讲述的故事，如果拿掉的话也不影响整个故事。

如果大家要为今天这个故事取个名字，会是什么？你刚才所讲的内容，与自己最近的生涯状态有联结吗？会是什么？

(3) 每个小组用两分钟的时间分享。

**【活动点睛】**

如果你属于上述三种不同的接龙类型，你会受到什么启发呢？这个故事接龙中，不同叙事风格的成员是否体现了不同的性格特点？两到三轮抽到的卡牌跟你描述的内容是否相关，这个环节看起来像是团队协作的部分，似乎在描述别人的故事，团队的故事，想想，其实是不是也是在讲述你自己的故事。卡牌加一系列有力的发问，就会让团队成员在玩卡牌的过程中，多了思考。

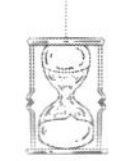

### 活动二：我的色彩

(1) 发放性格色彩测试简易量表(详见第三节教辅材料)，每人一张，独立作答。

(2) 凭自己的第一直觉进行单选，不需要考虑过多其他因素。

(3) 每个人作答完成后，自行统计 A、B、C、D 四个选项中每一个选项的个数，按照个数最多的选项重新分成 A、B、C、D 四个小组，如果有并列最高选项，遵从自己的内心选择组别。

(4) 新组合成的每个小组，根据超过半数同意的方式，选出符合本组同学的词条，在小组中进行分享。这些词条代表了本组同学的一些共同特性，其他小组的同学听了以后可以发表自己的感想，哪些词条是自己也具备的，哪些词条是自己从来没想过的，哪些词条是自己完全不具备的。

**【活动点睛】**

A、B、C、D 四个小组对应红、黄、蓝、绿四种色彩，教师对应讲解各种颜色的性格特点，可以让学生结合自己成长过程中的案例，来进行性格特点的故事分享。

### 活动三：向左转、向右转

全体成员起立，每个小组围成一个封闭的圈，根据老师提出的四个问题，选择 A 的向左转，选择 B 的向右转。

题目一：想象十年后同学聚会的场景。

A 准备的时候很激动，到达现场主动跟同学打招呼，现场很活跃，主动调动气氛，主动加同学的微信和留下联系方式，聚会结束后已经在策划着下一次的聚会了。

B 准备的时候觉得不是特别激动，只想见到想见的那几个人，到达现场的时候见到久未联系的同学也不会主动打招呼，都是被动地跟同学加微信或留下联系方式，接触的基本都是原本一直有联系的同学，聚会结束后想着以后还是只跟熟悉的几个同学保持联络就好。

题目二：想象你站在沙滩上，你会如何描绘你面前的这片海。

A 感叹大海波澜壮阔、一望无际、海天相接。

B 夸赞海水干净、沙石细腻、远处有海鸥、游轮。

题目三：想象一下，你是一个篮球队的队长，你必须选择一名队员荣称为“年度篮球先生”，最后有两个候选人，A 和 B，那么你倾向于哪一个？

A 很明显，他是一个明星队员。虽然他还是一个低年级学生，但是他为球队赢得了许多分数，并使得全队获得年度金奖。虽然说 A 是天生的运动健将，但他还是尽力打好每场比赛。所以，出于公平起见，选择必须仅仅根据赛场表现来做出。否则，就会有偏袒，会开一个不好的先例。当然，相信所有的人都会毫无异议地同意 A 获得这个荣誉。

B 虽然不是最佳的球手，但是他付出了超出常人的努力去练球，总是拿出 150%的努力打好每场比赛。每一场比赛他都热情高涨，并且很好地鼓动其他队友共同努力。而且B是高年级学生，因为家境问题，高中毕业后就得找份工作，而不能进入大学学习。所以，这次可能是他唯一一次获得这类荣誉的机会。奖金还可能使他有机会继续读书。

题目四：你不是特别喜欢的某一科目的老师布置了一项作业，要求一周后交，那么你会怎么安排？

A 计划这两天就及时完成，其他时间安排好其他科目的学习。

B 不是很喜欢的科目，等到要交的前一天再临时抱佛脚吧。

【活动点睛】

这四个题目其实对应的正是MBTI分析性格的四个维度。在向左转和向右转的过程中，当有同学与你面对面时，代表他跟你的选项不一样，可以互相交流一下你们选择不同选项的理由，分享和交流自己做出不同选项的观点和想法。

### 活动四：当MBTI遇上FPA

(1) 绘制四象限、八端点的生涯工具表单(图4-3)，找出自己所对应的象限，列举自己具备哪些性格特征。

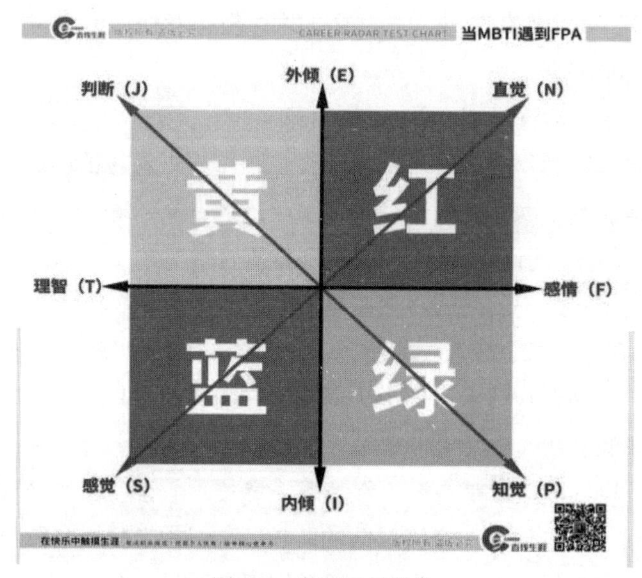


图4-3　生涯工具表单

(2) 小组分享彼此所在象限的性格特点，分析目前自己所在团队中的性格组合。

(3) 小组分析《西游记》中师徒四人的性格代码。唐僧INTJ，孙悟空ENFP，猪八戒ESFP，沙和尚ISTJ，分析他们在企业中分别适合从事职业的特点。

【活动点睛】

(1) 结合MBTI和FPA性格探索工具，察觉自己过往经历中的性格特点和处事风

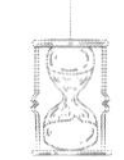

格，找到在此工具表单中所处的位置，更好地理解自我。

(2) 通过小组内团队成员相互分享，看到人与人之间性格的异同，理解习惯化了的行为方式中表现出来的人格特征。

(3) 情景模拟，将大家耳熟能详的《西游记》中的经典人物代入 MBTI 和 FPA 表单中，通过人物在企业中的职业定位和角色适配，团队成员可以更直观地理解性格和职业的关系。

## 五、重点难点

(1) 中国有句古语，“江山易改，本性难移”。理论家们不断寻找着定义个人行为模式的方法，可以说性格这门学科历史悠久而且从来没有离开过我们的生活。说起性格分析，这个领域可谓“百家争鸣”，比如 MBTI、DISC，最早的九型人格分析，以及我们现在社会上流行的以色彩分类的 FPA 性格色彩理论。

(2) 我们天生有自己擅长的一面，也有自己不擅长的一面，性格就如同我们的左右手，没有好坏对错之分。这一点尤为重要，进行教学交流的时候一定要首先明确这一点，你可以用性格类型去理解和原谅自己，但不能以它作为你做或者不做任何事情的借口。不要让性格类型左右你选择任何事业、活动或人际关系。

(3) 要留意自己对性格类型的偏见，避免负面地把别人定型。

## 六、案例分享

### （一）卡牌活动

(1) 每组各一套“花花卡”和“潜意识投射卡”，打散后放到小组的桌子中间。

(2) 每人盲抽一张卡牌，然后找一个搭档，两两一组开始介绍：从抽的这张卡牌上我看到了什么？父母眼中的我？朋友眼中的我？真实的我？

(3) 记住自己手中的牌面，然后所有人将卡牌放回桌子中间，洗牌后，重新抽取，抽到上一轮谁拿到的牌，就去评价他(她)，或者赞美他(她)。大家会发现，一个人对另一个人的评价通常都是在描述性格：温柔、大方、开朗、热情等，从而会引出性格这一主题。

### （二）分析孙悟空的MBTI性格类型

孙悟空的 MBTI 性格类型代码是 ENFP。他的第一份工作是在御马监上班，又称弼马温，是他一辈子的痛，ENFP 性格的人被分配 ISTJ 型工作，导致孙悟空上了一天的班，就不上了。四个代码完全不一样，匹配性很低。第二份工作是蟠桃园主管，类型是 ESTJ，四个代码有三个是不一样的。第三份工作是回花果山创业，ENTP 型，四个代码有三个

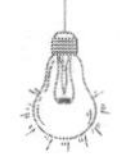



是一样的，所以他在花果山如鱼得水，安排妥善，日子过得悠然自得。

孙悟空若想西天成佛，需要变得内向一点，也就是转变为 INFP 型。由此可见，人职匹配是多么的重要！

### （三）从性格类型分析看人生目标制定

从荣格的心理类型论开始，一直到迈尔斯的类型理论，我们根据采取行动的方式，把人分成了两种：一种是判断型的人，他们天生就喜欢制定一个目标，并且不断地去调整行动，促进自己，管理自己，去接近目标。这种为什么叫判断型的人呢？因为他随时都在判断他的目标在哪里，他的行为跟目标是否保持一致。另一种是知觉型的人，他们并不愿意设立目标，而且就算设立了目标，他们也不会按这个目标去做，相反，目标对他们来说是个限制，所以那些总是认为自己缺乏目标的人，可以先问问自己，你是真的需要一个目标，还是没有目标是你逃避努力的一个借口。你可以回顾一下以往的成长经历，哪些时候是你真的制定了目标，并且去努力地接近和实现目标的经历。有这些经历，你再来说目标的事；如果没有这些经历，其实你就会发现，你并不适合目标和行动这样的处理方式。

两种不同性格类型的人也就带来了两种不同的人生观，一种人生观是制定目标，努力行动；另一种人生观是活在当下，不惧未来。

对于第一种判断型的人，他们表现出来的就是心理学上所说的意志力——人们有意识地设置目标，并且在这个过程中不断地调整和完善自己。意志力是他在接近目标的过程中所表现出来的综合心理品质。第二种知觉型的人，他们更多地坚信我只要把当下我该做的事情都尽力做到，我的目标就水到渠成了。知觉型的人要扪心自问一下，你是否把当下的每一件事情都尽心尽力做好了？因为知觉型人的优势就是比较灵活，所以给知觉型的人的建议就是：不虚当下，不惧未来，把当下的事都做好。

### （四）DISC不同性格特质对应性格色彩类型的优劣势比较

DISC 不同性格特质对应性格色彩类型的优劣势比较见表 4-1。

表4-1　DISC不同性格特质对应性格色彩类型的优劣势比较

| | 优势 | 劣势 |
|---|---|---|
| D 型(对应性格色彩黄色类型)：力量型 | 具有强烈的进取心，同时也有强烈的好胜心；喜欢挑战权威，不畏惧强权；勇于承担具有挑战性的工作与任务；喜欢享受工作带来的成就感；凡事自动自发，不需要别人催促；有积极性，对自己的未来规划很现实，也很明确；设定的目标总是比较严格；是一个非常主动争取的人，而且常常想带头，也很容易争取到别人的信服，是个天生的领导者 | 过犹不及，说话很直，容易伤人；大胆冒险；刚愎自用；没有耐心；太强势(在表达意见时，常会说得好像就是毋庸置疑的结果) |

续表

| | | |
|---|---|---|
| I 型(对应性格色彩红色类型)：活泼型 | 天生具有强大的亲和力，口才也不错；反应快，有创新意识，易交友，随遇而安；乐观、乐天，是人群中的焦点，是大家的开心果和军师；热情，并能很快感染别人；随时准备接受新事物，并很快就能感染别人；决策果断 | 知道与感兴趣的事太多了，样样通，样样松，不容易精通专业；无足够的耐心，太情绪化；不擅长拒绝别人的要求；太注意面子，太容易相信别人；太容易感情用事，也有点粗心大意 |
| S 型(对应性格色彩绿色类型)：和平型 | 安分守己，能够忍辱负重；做事细致，按部就班，不疾不徐；脚踏实地，不羡慕别人，心态稳定；性情善良，尊重传说，礼貌待人；喜欢处在团队中一起工作，互相帮助；对自己的专业会钻研得很深入，是个优良的指导者；凡事都会做好计划 | 缺乏适应变化的能力，只能适应熟悉的环境；不善于表现自己，对自己缺乏信心 |
| C 型(对应性格色彩蓝色类型)：完美型 | 专注，独立，专业，客观，按规定办事；不思强权，具有强大的忠诚心，忠诚于组织与各种规范；不会感情用事，会精确地依照规则办事，追求完美；能很长时间地从事连续的工作或职务，不会积极地想要自己出头 | 优柔寡断，抓不到重点；不太好相处，过分注重细节；缺乏优秀的口才 |

### （五）性格色彩类型对应DISC性格特质的类型分析

性格色彩类型对应 DISC 性格特质的类型分析见表 4-2。

表4-2　性格色彩类型对应DISC性格特质的类型分析

| 黄色(对应 D 型)： | 红色(对应 I 型)： |
|---|---|
| 1. 不断进取的人生，现实主义，注重影响力；<br>2. 内心希望别人对他尊重且认可其能力，工作能力是他们的财富和责任；<br>3. 以目标和结果为导向，头脑清晰，不失去理智地判别和抓住重要的事情，富有效率，不拖泥带水；<br>4. 对值得帮助的人才出手帮助；<br>5. 追逐自己生命中本能想要的东西，容易忽略尊重他人的情绪反应，重视效率，批判性强，容易让他人的工作或生活步调紧张，说话有时候咄咄逼人；<br>6. 对于结果过分关注而忽略过程中的乐趣；<br>“我还需要分析吗？”<br>“用什么猫捉不重要，捉到老鼠最重要。”<br>“居安思危，不进则退。” | 1. 丰富多变的情感，浪漫主义；<br>2. 喜欢交友，热情和开放，散发出更具个性魅力的感染力，把幸福和快乐视为人生的目标，对事情有很高的兴致。虽然也会被一些事情困扰，但是可以本能地分辨出包袱并甩开它；可以选择性地忘记痛苦的记忆，在自己头脑中保存美好；<br>3. 虽无英雄打虎之胆，常怀自告奋勇之心；有过多的人生兴趣和目标；<br>4. 喜欢被赞美，更容易去改变，情绪波动大起大落；<br>5. 以为自己可以控制事情的进展却不具备这种能力，太喜欢变化会让他们在职业选择上缺少一种安宁的幸福感；<br>6. 欠缺思考、重在当下。如果逼他们去承认痛苦，他们会试着把痛苦合理化，然后逃避开，容易原谅自己；<br>“是吗，那你分析分析我是什么颜色的呀？”<br>“捉老鼠并不重要，捉老鼠好不好玩最重要。”<br>“今朝有酒今朝醉，明日再担明日忧。” |

续表

| 蓝色(对应 C 型)：<br>1. 含蓄而深沉的思想，古典主义；<br>2. 喜欢将东西摆放整齐，看到散乱的一面就有强烈的意愿去调整；<br>3. 没有意愿帮助无关的人，但一旦承诺必将完成而后释然；<br>4. 善于分析，富有条理，喜欢小群体的碰撞和互动，不愿意被关注；<br>5. 喜欢一切事情都按照预期发展；<br>6. 容易怀疑和精神过度紧张，会将别人的每句话进行技术分解，常活在历史和过去当中；<br>在他人看来无关痛痒的细节，具有蓝色性格的人会以高度敏感的侦查力捕捉到，不知不觉地说教和上纲上线，喜好批判和挑剔；<br>“人如此复杂，是颜色能分析出来的吗？”<br>“捉到老鼠很重要，用什么猫捉和怎么捉同样重要。”<br>“天下本无事，庸人自扰之。” | 绿色(对应 S 型)：<br>1. 随和顺从的内心，稳妥主义；<br>2. 强调平衡、宁静、愉悦，对生命提出的要求不多，不吝啬付出，带着温柔的肯定，具备选择性倾听能力，能够回避很多其他性格无法忍受的冲突，能够接纳生活中的任何人；<br>3. 和善的天性及圆滑的手段，凭借他们与人相处的技巧和与世无争的心态为自己赢得忠诚的友谊；<br>4. 迎合他人，不善于拒绝，宁可自己吃亏和忍受痛苦，期待事情自动解决，被动守望；<br>5. 心理上处于一种什么事也不想做的闲散状态中，莫名地害怕人际的冲突；<br>“哦，性格分析，不错啊，嗯，有点意思。”<br>“无论风吹雨打，我自岿然不动。” |
|---|---|

# 第三节　教辅材料

无论是哪种性格测试表单，都只用于衡量个人性格类型偏好(倾向)。所谓偏好，是一种天生的倾向性和一种特定的行为和思考方式。这些偏好就如同我们的左右手，没有好与坏的区别，却形成了人与人之间的不同。

## 一、MBTI简易量表

性格没有好与坏，测试的目的是反映最真实的自己，而不是别人所期待的你。请最大程度放松下来，选择当你面临下述这些情况时不由自主的、自然的和不假思索的决定或倾向。

第一维度：能量获得途径。

(1) 获得及发泄心理能量的方向。

(2) 个体与外界相互作用的程度。

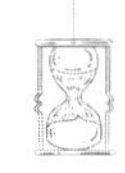

| 外向型(E) | 内向型(I) |
|---|---|
| 与他人相处时精力充沛 | 独处时精力充沛 |
| 行动先于思考 | 思考先于行动 |
| 喜欢边想边说出声 | 在心中思考问题 |
| 易于“读”和了解，随意地分享个人情况 | 更封闭，更愿意在经挑选的小群体中分享个人的情况 |
| 说的多于听的 | 听的多于说的 |
| 高度热情地社交 | 不把兴奋说出来 |
| 反应快，喜欢快节奏 | 仔细考虑后，才有所反应 |
| 重于广度而不是深度 | 喜欢深度而不是广度 |

第二维度：注意力的指向。

(1) 个体在收集信息时注意力的指向。

(2) 个体接收信息的方式。

| 感觉型(S) | 直觉型(N) |
|---|---|
| 相信确定和有形的东西 | 相信灵感或推理 |
| 对概念和理论兴趣不大，除非它们有实际的效用 | 对概念和理论感兴趣 |
| 重视现实性和常情 | 重视可能性和独创性 |
| 喜欢使用和琢磨已知的技能 | 喜欢学习新技能，但掌握之后很容易就厌倦了 |
| 留意具体的、特定的事物，进行细节描述 | 留意事物的整体概况、普遍规律及象征含义，用概括、隐喻等方式进行表述 |
| 循序渐进地讲述有关情况 | 跳跃性地展现事实 |
| 着眼于现实 | 着眼于未来，留意事物的变化趋势，惯于从长远角度看待事物 |

第三维度：决策判断方式。

(1) 做决定或下结论的方式。

(2) 做决定或下结论的主要依据。

| 思考型(T) | 情感型(F) |
|---|---|
| 退后一步思考，对问题进行客观的、非个人立场的分析 | 超前思考，考虑行为对他人的影响 |
| 重视符合逻辑、公正、公平的价值，一视同仁 | 重视同情与和睦，重视准则的例外性 |
| 被认为冷酷、麻木、漠不关心 | 被认为感情过多，缺少逻辑性，软弱 |

续表

| 思考型(T) | 情感型(F) |
| --- | --- |
| 认为坦率比圆通更重要 | 认为圆通比坦率更重要 |
| 只有当情感符合逻辑时，才认为它可取 | 无论是否有意义，认为任何情感都可取 |
| 被“获取成就”所激励 | 被“获得欣赏”所激励 |
| 很自然地看到缺点，倾向于批评 | 惯于迎合他人，着重维护人脉资源 |

第四维度：采取行动方式。

(1) 个体为完成任务而采取的行动方式。

(2) 个体喜好的生活方式。

| 判断型(J) | 知觉型(P) |
| --- | --- |
| 做了决定后最为高兴 | 当各种选择都存在时，感到高兴 |
| “工作原则”：工作第一，玩乐其次 | “玩的原则”：现在享受，然后再完成工作(如果有时间的话) |
| 建立目标，准时完成 | 随着新信息的获取，不断改变目标 |
| 愿意知道他们将面对的情况 | 喜欢适应新情况 |
| 着重结果(重点在于完成任务) | 着重过程(重点在于如何完成工作) |
| 满足感来源于完成计划 | 满足感来源于计划的开始 |
| 把时间看作有限的资源，认真地对待最后期限 | 认为时间是可更新的资源，而且最后期限也是可调整的 |

## 二、MBTI职业性格测试(迈尔斯—布里格斯类型指标)

(1) 参加测试的人员请务必诚实、独立地回答问题，只有如此，才能得到有效的结果。

(2) 本测试的结果展示的是你的性格倾向，而不是你的知识、技能、经验。

(3) MBTI 提供的性格类型描述仅供测试者确定自己的性格类型。性格类型没有好坏，只有不同。每一种性格特征都有其价值和优点，也有缺点和需要注意的地方。清楚地了解自己的性格优劣势，有利于更好地发挥自己的特长，尽可能地在为人处世中避免自己性格中的劣势，更好地和他人相处，更好地做出重要的决策。

(4) 本测试分为四部分，共 93 题；需时约 18 分钟。所有答案没有对错之分，请根据自己的实际情况选择。将你选择的 A 或 B 右边的○涂黑，例如：●。

只要你是认真、真实地填写了测试问卷，那么通常情况下你都能得到一个确实和你的性格相匹配的类型。希望你能从中或多或少地获得一些有益的信息。

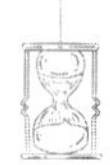

维度一：下列哪一个答案能最贴切地描绘你一般的感受或行为?

| 序号 | 问题描述 | 选项 | E | I | S | N | T | F | J | P |
|---|---|---|---|---|---|---|---|---|---|---|
| 1 | 当你要外出一整天，你会<br>A. 计划你要做什么和在什么时候做<br>B. 说去就去 | A | | | | | | | ○ | |
| | | B | | | | | | | | ○ |
| 2 | 你认为自己是一个<br>A. 较为随兴所至的人<br>B. 较为有条理的人 | A | | | | | | | | ○ |
| | | B | | | | | | | ○ | |
| 3 | 假如你是一位老师，你会选择讲授<br>A. 以事实为主的课程<br>B. 涉及理论的课程 | A | | | ○ | | | | | |
| | | B | | | | ○ | | | | |
| 4 | 你通常<br>A. 与人容易混熟<br>B. 比较沉静或矜持 | A | ○ | | | | | | | |
| | | B | | ○ | | | | | | |
| 5 | 一般来说，你和哪些人比较合得来？<br>A. 富于想象力的人<br>B. 现实的人 | A | | | | ○ | | | | |
| | | B | | | ○ | | | | | |
| 6 | 你是否经常让<br>A. 你的情感支配你的理智<br>B. 你的理智主宰你的情感 | A | | | | | | ○ | | |
| | | B | | | | | ○ | | | |
| 7 | 处理许多事情上，你喜欢<br>A. 按照兴致行事<br>B. 按照计划行事 | A | | | | | | | | ○ |
| | | B | | | | | | | ○ | |
| 8 | 你<br>A. 容易让人了解<br>B. 难以让人了解 | A | ○ | | | | | | | |
| | | B | | ○ | | | | | | |
| 9 | 按照程序表做事<br>A. 合你心意<br>B. 令你感到束缚 | A | | | | | | | ○ | |
| | | B | | | | | | | | ○ |
| 10 | 当你有一份特别的任务，你会喜欢<br>A. 开始前小心组织计划<br>B. 边做边找须做什么 | A | | | | | | | ○ | |
| | | B | | | | | | | | ○ |

续表

| 序号 | 问题描述 | 选项 | E | I | S | N | T | F | J | P |
|---|---|---|---|---|---|---|---|---|---|---|
| 11 | 在大多数情况下，你会选择<br>A. 顺其自然<br>B. 按程序表做事 | A | | | | | | | | ○ |
| | | B | | | | | | | ○ | |
| 12 | 大多数人会说你是一个<br>A. 重视自我隐私的人<br>B. 非常坦率开放的人 | A | | ○ | | | | | | |
| | | B | ○ | | | | | | | |
| 13 | 你宁愿被人认为是一个<br>A. 实事求是的人<br>B. 机灵的人 | A | | | ○ | | | | | |
| | | B | | | | ○ | | | | |
| 14 | 在一大群人当中，通常是<br>A. 你介绍大家认识<br>B. 别人介绍你 | A | ○ | | | | | | | |
| | | B | | ○ | | | | | | |
| 15 | 你会跟哪些人做朋友？<br>A. 常提出新主意的<br>B. 脚踏实地的 | A | | | | ○ | | | | |
| | | B | | | ○ | | | | | |
| 16 | 你倾向<br>A. 重视感情多于逻辑<br>B. 重视逻辑多于感情 | A | | | | | | ○ | | |
| | | B | | | | | ○ | | | |
| 17 | 你比较喜欢<br>A. 根据事情发展做计划<br>B. 很早就做计划 | A | | | | | | | | ○ |
| | | B | | | | | | | ○ | |
| 18 | 你喜欢花很多的时间<br>A. 一个人独处<br>B. 和别人在一起 | A | | ○ | | | | | | |
| | | B | ○ | | | | | | | |
| 19 | 与很多人一起会<br>A. 令你活力倍增<br>B. 常常令你心力交瘁 | A | ○ | | | | | | | |
| | | B | | ○ | | | | | | |
| 20 | 你比较喜欢<br>A. 很早便把约会、社交聚会等事情安排妥当<br>B. 无拘无束，看当时什么好玩就做什么 | A | | | | | | | ○ | |
| | | B | | | | | | | | ○ |

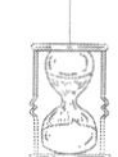

续表

| 序号 | 问题描述 | 选项 | E | I | S | N | T | F | J | P |
|---|---|---|---|---|---|---|---|---|---|---|
| 21 | 计划一个旅程时，你较喜欢<br>A. 大部分的时间都是跟着当天的感觉行事<br>B. 事先知道大部分的日子会做什么 | A | | | | | | | | ○ |
| | | B | | | | | | | ○ | |
| 22 | 在社交聚会中，你<br>A. 有时感到郁闷<br>B. 常常乐在其中 | A | | ○ | | | | | | |
| | | B | ○ | | | | | | | |
| 23 | 你通常<br>A. 和别人容易混熟<br>B. 趋向于独处一隅 | A | ○ | | | | | | | |
| | | B | | ○ | | | | | | |
| 24 | 哪些人会更吸引你？<br>A. 一个思维敏捷且非常聪颖的人<br>B. 实事求是，具备丰富常识的人 | A | | | | ○ | | | | |
| | | B | | | ○ | | | | | |
| 25 | 在日常工作中，你会<br>A. 颇为喜欢处理迫使你分秒必争的突发事件<br>B. 通常预先计划，以免要在压力下工作 | A | | | | | | | | ○ |
| | | B | | | | | | | ○ | |
| 26 | 你认为别人一般<br>A. 要花很长时间才认识你<br>B. 用很短的时间便认识你 | A | | ○ | | | | | | |
| | | B | ○ | | | | | | | |
| | 每项总分 | | | | | | | | | |

维度二：在下列每一对词语中，哪一个词语更合你心意？请仔细想想这些词语的意义，而不要理会它们的字形或读音。

| 序号 | 问题描述 | 选项 | E | I | S | N | T | F | J | P |
|---|---|---|---|---|---|---|---|---|---|---|
| 27 | A 注重隐私　　B 坦率开放 | A | | ○ | | | | | | |
| | | B | ○ | | | | | | | |
| 28 | A 预先安排的　B 无计划的 | A | | | | | | | ○ | |
| | | B | | | | | | | | ○ |
| 29 | A 抽象　　　　B 具体 | A | | | | ○ | | | | |
| | | B | | | ○ | | | | | |

续表

| 序号 | 问题描述 | 选项 | E | I | S | N | T | F | J | P |
|---|---|---|---|---|---|---|---|---|---|---|
| 30 | A 温柔　　B 坚定 | A | | | | | | ○ | | |
| | | B | | | | | ○ | | | |
| 31 | A 思考　　B 感受 | A | | | | | ○ | | | |
| | | B | | | | | | ○ | | |
| 32 | A 事实　　B 意念 | A | | | ○ | | | | | |
| | | B | | | | ○ | | | | |
| 33 | A 冲动　　B 决定 | A | | | | | | | | ○ |
| | | B | | | | | | | ○ | |
| 34 | A 热衷　　B 文静 | A | ○ | | | | | | | |
| | | B | | ○ | | | | | | |
| 35 | A 文静　　B 外向 | A | | ○ | | | | | | |
| | | B | ○ | | | | | | | |
| 36 | A 有系统　　B 随意 | A | | | | | | | ○ | |
| | | B | | | | | | | | ○ |
| 37 | A 理论　　B 肯定 | A | | | | ○ | | | | |
| | | B | | | ○ | | | | | |
| 38 | A 敏感　　B 公正 | A | | | | | | ○ | | |
| | | B | | | | | ○ | | | |
| 39 | A 令人信服　　B 感人的 | A | | | | | ○ | | | |
| | | B | | | | | | ○ | | |
| 40 | A 声明　　B 概念 | A | | | ○ | | | | | |
| | | B | | | | ○ | | | | |
| 41 | A 不受约束　　B 预先安排 | A | | | | | | | | ○ |
| | | B | | | | | | | ○ | |
| 42 | A 矜持　　B 健谈 | A | | ○ | | | | | | |
| | | B | ○ | | | | | | | |
| 43 | A 有条不紊　　B 不拘小节 | A | | | | | | | ○ | |
| | | B | | | | | | | | ○ |
| 44 | A 意念　　B 实况 | A | | | | ○ | | | | |
| | | B | | | ○ | | | | | |

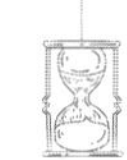

续表

| 序号 | 问题描述 | 选项 | E | I | S | N | T | F | J | P |
|---|---|---|---|---|---|---|---|---|---|---|
| 45 | A 同情怜悯　　B 远见 | A | | | | | | ○ | | |
| | | B | | | | | ○ | | | |
| 46 | A 利益　　B 祝福 | A | | | | | ○ | | | |
| | | B | | | | | | ○ | | |
| 47 | A 务实的　　B 理论的 | A | | | ○ | | | | | |
| | | B | | | | ○ | | | | |
| 48 | A 朋友不多　　B 朋友众多 | A | | ○ | | | | | | |
| | | B | ○ | | | | | | | |
| 49 | A 有系统　　B 即兴 | A | | | | | | | ○ | |
| | | B | | | | | | | | ○ |
| 50 | A 富有想象的　　B 以事论事 | A | | | | ○ | | | | |
| | | B | | | ○ | | | | | |
| 51 | A 亲切的　　B 客观的 | A | | | | | | ○ | | |
| | | B | | | | | ○ | | | |
| 52 | A 客观的　　B 热情的 | A | | | | | ○ | | | |
| | | B | | | | | | ○ | | |
| 53 | A 建造　　B 发明 | A | | | ○ | | | | | |
| | | B | | | | ○ | | | | |
| 54 | A 文静　　B 合群 | A | | ○ | | | | | | |
| | | B | ○ | | | | | | | |
| 55 | A 理论　　B 事实 | A | | | | ○ | | | | |
| | | B | | | ○ | | | | | |
| 56 | A 富有同情　　B 合逻辑 | A | | | | | | ○ | | |
| | | B | | | | | ○ | | | |
| 57 | A 具分析力　　B 多愁善感 | A | | | | | ○ | | | |
| | | B | | | | | | ○ | | |
| 58 | A 合情合理　　B 令人着迷 | A | | | ○ | | | | | |
| | | B | | | | ○ | | | | |
| | 每项总分 | | | | | | | | | |

## 维度三：哪一个答案能最贴切地描绘你一般的感受或行为？

| 序号 | 问题描述 | 选项 | E | I | S | N | T | F | J | P |
|---|---|---|---|---|---|---|---|---|---|---|
| 59 | 当你要在一个星期内完成一个大项目，你在开始的时候会<br>A. 把要做的不同工作依次列出<br>B. 马上动工 | A | | | | | | | ○ | |
| | | B | | | | | | | | ○ |
| 60 | 在社交场合中，你经常会感到<br>A. 与某些人很难打开话匣和保持对话<br>B. 与多数人都能从容地长谈 | A | | ○ | | | | | | |
| | | B | ○ | | | | | | | |
| 61 | 要做许多人也做的事，你比较喜欢<br>A. 按照一般认可的方法去做<br>B. 构想一个自己的想法 | A | | | ○ | | | | | |
| | | B | | | | ○ | | | | |
| 62 | 你刚认识的朋友能否说出你的兴趣？<br>A. 马上可以<br>B. 要待他们真正了解你之后才可以 | A | ○ | | | | | | | |
| | | B | | ○ | | | | | | |
| 63 | 你通常较喜欢的科目是<br>A. 讲授概念和原则的<br>B. 讲授事实和数据的 | A | | | | ○ | | | | |
| | | B | | | ○ | | | | | |
| 64 | 哪个是较高的赞誉，或你被称为<br>A. 一贯感性的人<br>B. 一贯理性的人 | A | | | | | | ○ | | |
| | | B | | | | | ○ | | | |
| 65 | 你认为按照程序表做事<br>A. 有时是需要的，但一般来说你不大喜欢这样做<br>B. 大多数情况下有帮助且是你喜欢的 | A | | | | | | | | ○ |
| | | B | | | | | | | ○ | |
| 66 | 和一群人在一起，你通常会选<br>A. 跟你很熟悉的个别人谈话<br>B. 参与大伙儿的谈话 | A | | ○ | | | | | | |
| | | B | ○ | | | | | | | |
| 67 | 在社交聚会上，你会<br>A. 是说话很多的一个<br>B. 让别人多说话 | A | ○ | | | | | | | |
| | | B | | ○ | | | | | | |

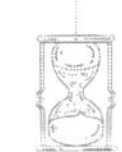

续表

| 序号 | 问题描述 | 选项 | E | I | S | N | T | F | J | P |
|---|---|---|---|---|---|---|---|---|---|---|
| 68 | 把周末期间要完成的事列清单，这个主意会<br>A. 合你意<br>B. 使你提不起劲 | A | | | | | | | ○ | |
| | | B | | | | | | | | ○ |
| 69 | 哪个是较高的赞誉，或你被称为<br>A. 能干的<br>B. 富有同情心的 | A | | | | | ○ | | | |
| | | B | | | | | | ○ | | |
| 70 | 你通常喜欢<br>A. 事先安排你的社交约会<br>B. 随兴之所至做事 | A | | | | | | | ○ | |
| | | B | | | | | | | | ○ |
| 71 | 总的说来，要做一个大型作业时，你会选<br>A. 边做边想该做什么<br>B. 首先把工作按步骤细分 | A | | | | | | | | ○ |
| | | B | | | | | | | ○ | |
| 72 | 你能否滔滔不绝地与人聊天<br>A. 只限于跟你有共同兴趣的人<br>B. 几乎跟任何人都可以 | A | | ○ | | | | | | |
| | | B | ○ | | | | | | | |
| 73 | 你会<br>A. 跟随一些证明有效的方法<br>B. 分析还有什么毛病，以及尚未解决的难题 | A | | | ○ | | | | | |
| | | B | | | | ○ | | | | |
| 74 | 为乐趣而阅读时，你会<br>A. 喜欢奇特或创新的表达方式<br>B. 喜欢作者直话直说 | A | | | | ○ | | | | |
| | | B | | | ○ | | | | | |
| 75 | 你宁愿替哪一类上司(或者老师)工作?<br>A. 天性淳良，但常常前后不一的<br>B. 言辞尖锐但永远合乎逻辑的 | A | | | | | ○ | | | |
| | | B | | | | ○ | | | | |
| 76 | 你做事多数是<br>A. 按当天心情去做<br>B. 照拟好的程序表去做 | A | | | | | | | | ○ |
| | | B | | | | | | | ○ | |

续表

| 序号 | 问题描述 | 选项 | E | I | S | N | T | F | J | P |
|---|---|---|---|---|---|---|---|---|---|---|
| 77 | 你<br>A. 可以和任何人按需求从容地交谈<br>B. 只是对某些人或在某种情况下才可以畅所欲言 | A | ○ | | | | | | | |
| | | B | | ○ | | | | | | |
| 78 | 要做决定时，你认为比较重要的是<br>A. 根据事实衡量<br>B. 考虑他人的感受和意见 | A | | | | | ○ | | | |
| | | B | | | | | | ○ | | |
| | 每项总分 | | | | | | | | | |

维度四：在下列每一对词语中，哪一个词语更合你心意？

| 序号 | 问题描述 | 选项 | E | I | S | N | T | F | J | P |
|---|---|---|---|---|---|---|---|---|---|---|
| 79 | A. 想象的 | A | | | | ○ | | | | |
| | B. 真实的 | B | | | ○ | | | | | |
| 80 | A. 仁慈慷慨的 | A | | | | | | ○ | | |
| | B. 意志坚定的 | B | | | | | ○ | | | |
| 81 | A. 公正的 | A | | | | | ○ | | | |
| | B. 有关怀心 | B | | | | | | ○ | | |
| 82 | A. 制作 | A | | | ○ | | | | | |
| | B. 设计 | B | | | | ○ | | | | |
| 83 | A. 可能性 | A | | | | ○ | | | | |
| | B. 必然性 | B | | | ○ | | | | | |
| 84 | A. 温柔 | A | | | | | | ○ | | |
| | B. 力量 | B | | | | | ○ | | | |
| 85 | A. 实际 | A | | | | | ○ | | | |
| | B. 多愁善感 | B | | | | | | ○ | | |
| 86 | A. 制造 | A | | | ○ | | | | | |
| | B. 创造 | B | | | | ○ | | | | |
| 87 | A. 新颖的 | A | | | | ○ | | | | |
| | B. 已知的 | B | | | ○ | | | | | |
| 88 | A. 同情 | A | | | | | | ○ | | |
| | B. 分析 | B | | | | | ○ | | | |

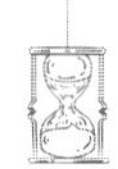

续表

| 序号 | 问题描述 | 选项 | E | I | S | N | T | F | J | P |
|---|---|---|---|---|---|---|---|---|---|---|
| 89 | A. 坚持己见 | A | | | | | ○ | | | |
| | B. 温柔有爱心 | B | | | | | | ○ | | |
| 90 | A. 具体的 | A | | | ○ | | | | | |
| | B. 抽象的 | B | | | | ○ | | | | |
| 91 | A. 全心投入 | A | | | | | | ○ | | |
| | B. 有决心的 | B | | | | | ○ | | | |
| 92 | A. 能干 | A | | | | | ○ | | | |
| | B. 仁慈 | B | | | | | | ○ | | |
| 93 | A. 实际 | A | | | | ○ | | | | |
| | B. 创新 | B | | | | | ○ | | | |
| | 每项总分 | | | | | | | | | |

（五）评分规则

(1) 当你将●涂好之后，把 8 项(**E**、**I**、**S**、**N**、**T**、**F**、**J**、**P**)分别加起来，并将总和填在每项最下方的方格内。

(2) 请复查你的计算是否准确，然后将各项总分填在下面对应的方格内。

每项总分

| | | | | | |
|---|---|---|---|---|---|
| 外向 | **E** | | | **I** | 内向 |
| 实感 | **S** | | | **N** | 直觉 |
| 思考 | **T** | | | **F** | 情感 |
| 判断 | **J** | | | **P** | 知觉 |

（六）确定类型的规则

(1) MBTI 以四个组别来评估你的性格类型倾向。

**“E-I”“S-N”“T-F”**和**“J-P”**，请你比较四个组别的得分。每个组别中，获得较高分数的那个类型，就是你的性格类型倾向。例如：你的得分是 **E**(外向)12 分，**I**(内向)9 分，那你的类型倾向便是 **E**(外向)了。

(2) 将代表获得较高分数的类型的英文字母，填在下方的方格内。如果在一个组别中，两个类型得分相同，则依据下边表格中的规则来决定你的类型倾向。

| 评估类型 | | | | | |
|---|---|---|---|---|---|
| | | | | | |

同分处理规则：　假如 **E=I**　请填上 **I**
　　　　　　　　假如 **S=N**　请填上 **N**
　　　　　　　　假如 **T=F**　请填上 **F**
　　　　　　　　假如 **J=P**　请填上 **P**

## 三、DISC性格测试题

20 世纪 20 年代，美国心理学家威廉·莫尔顿·马斯顿创建了一个理论来解释人的情绪反应。在此之前，这种研究主要局限于精神病患者或精神失常人群，而马斯顿博士则希望扩大这个研究范围，以包含健康的普通人群，因此，马斯顿博士将他的理论构建为一个体系，即“正常人的情绪”(the emotions of normal people)。

为了检验他的理论，马斯顿博士需要采用某种心理测评的方式来衡量人群的情绪反应——“人格特征”。因此，他采用了四个他认为非常典型的人格特质因子，即 Dominance(支配)，Influence(影响)，Steady(稳健)，以及 Compliance(服从)。而 DISC，正是代表了这四个英文单词的首字母。在 1928 年，马斯顿博士在他的《正常人的情绪》一书中，提出了 DISC 测评，以及理论说明。

目前，DISC 理论已被广泛应用于世界 500 强企业的人才招聘，历史悠久、专业性强、权威性高。以下是 DISC 性格测试题的完整版，让我们自己动手测一下，看看自己属于哪一种人格特质。在每道题的四个选项中，只选择一个最符合你自己的，并在英文字母后面做记号。一共 40 题。不能遗漏。

注意：请按第一印象做出最快的选择，如果不能确定，可回忆童年时的情况，或者以你最熟悉的人对你的评价来从中选择。

**第一题**

1. 富于冒险：愿意面对新事物并敢于下决心掌握的人；D
2. 适应力强：轻松自如适应任何环境；S
3. 生动：充满活力，表情生动，多手势；I
4. 善于分析：喜欢研究各部分之间的逻辑和正确的关系。C

**第二题**

1. 坚持不懈：要完成现有的事才能做新的事；C
2. 喜好娱乐：开心，充满乐趣与幽默感；I
3. 善于说服：用逻辑和事实而不用威严和权力服人；D
4. 平和：在冲突中不受干扰，保持平静。S

**第三题**

1. 顺服：易接受他人的观点和喜好，不坚持己见；S
2. 自我牺牲：为他人利益愿意放弃个人意见；C
3. 善于社交：认为与人相处是好玩的，而不是挑战或者商业机会；I
4. 意志坚定：决心以自己的方式做事。D

**第四题**

1. 使人认同：因人格魅力或性格使人认同；I
2. 体贴：关心别人的感受与需要；C
3. 竞争性：把一切当作竞赛，总是有强烈的赢的欲望；D
4. 自控性：控制自己的情感，极少流露。S

**第五题**

1. 使人振作：给他人清新振奋的刺激；I
2. 尊重他人：对人诚实尊重；C
3. 善于应变：对任何情况都能做出有效的反应；D
4. 含蓄：自我约束情绪与热忱。S

**第六题**

1. 生机勃勃：充满生命力与兴奋；I
2. 满足：容易接受任何情况与环境；S
3. 敏感：对周围的人事过分关心；C
4. 自立：独立性强，只依靠自己的能力、判断和才智。D

**第七题**

1. 计划者：先做详尽的计划，并严格按计划进行，不想改动；C
2. 耐性：不因延误而懊恼，冷静且能容忍；S
3. 积极：相信自己有转危为安的能力；D
4. 推动者：运用性格魅力或鼓励别人参与。I

**第八题**

1. 肯定：自信，极少犹豫或者动摇；D
2. 无拘无束：不喜欢预先计划，或者被计划牵制；I
3. 羞涩：安静，不善于交谈；S

4. 有时间性：生活处事依靠时间表，不喜欢计划被人干扰。C

**第九题**

1. 迁就：改变自己以与他人协调，短时间内按他人要求行事；S
2. 井井有条：有系统、有条理安排事情的人；C
3. 坦率：毫无保留，坦率发言；I
4. 乐观：令他人和自己相信任何事情都会好转。D

**第十题**

1. 强迫性：发号施令，强迫他人听从；D
2. 忠诚：一贯可靠，忠心不移，有时毫无根据地奉献；C
3. 有趣：风趣，幽默，把任何事物都能变成精彩的故事；I
4. 友善：不主动交谈，不爱争论。S

**第十一题**

1. 勇敢：敢于冒险，无所畏惧；D
2. 体贴：待人得体，有耐心；S
3. 注意细节：观察入微，做事情有条不紊；C
4. 可爱：开心，与他人相处充满乐趣。I

**第十二题**

1. 令人开心：充满活力，并将快乐传于他人；I
2. 文化修养：爱好艺术，如戏剧、交响乐；C
3. 自信：确信自己个人能力与成功；D
4. 贯彻始终：情绪平稳，做事情坚持不懈。S

**第十三题**

1. 理想主义：以自己完美的标准来设想衡量新事物；C
2. 独立：自给自足，独立自信，不需要他人帮忙；D
3. 无攻击性：不说或者做可能引起别人不满和反对的事情；S
4. 富于激励：鼓励别人参与、加入，并把每件事情变得有趣。I

**第十四题**

1. 感情外露：从不掩饰情感、喜好，交谈时常身不由己地接触他人；I
2. 深沉：深刻并常常内省，对肤浅的交谈、消遣会厌恶；C
3. 果断：有很快做出判断与结论的能力；D
4. 幽默：语气平和而有冷静的幽默。S

**第十五题**

1. 调解者：经常居中调解不同的意见，以避免双方的冲突；S
2. 音乐性：爱好参与并有较深的鉴赏能力，因音乐的艺术性，而不是因为表演的乐

趣；C

3. 发起人：高效率的推动者，是他人的领导者，闲不住；D

4. 喜交朋友：喜欢周旋聚会中，善交新朋友，不把任何人当陌生人。I

**第十六题**

1. 考虑周到：善解人意，帮助别人，记住特别的日子；C

2. 执着：不达目的，誓不罢休；D

3. 多言：不断地说话、讲笑话以娱乐他人，觉得应该避免沉默带来的尴尬；I

4. 容忍：易接受别人的想法和看法，不需要反对或改变他人。S

**第十七题**

1. 聆听者：愿意听别人倾诉；S

2. 忠心：对自己的理想、朋友、工作都绝对忠实，有时甚至不需要理由；C

3. 领导者：天生的领导，不相信别人的能力比得上自己；D

4. 精力充沛：充满活力，精力充沛。I

**第十八题**

1. 知足：满足自己拥有的，很少羡慕别人；S

2. 首领：要求领导地位及别人跟随；D

3. 制图者：用图表数字来组织生活，解决问题；C

4. 惹人喜爱：人们注意的中心，令人喜欢。I

**第十九题**

1. 完美主义者：对自己、对别人都高标准，一切事物有秩序；C

2. 和气：易相处，易说话，易让人接近；S

3. 勤劳：不停地工作和完成任务，不愿意休息；D

4. 受欢迎：聚会时的灵魂人物，受欢迎的宾客。I

**第二十题**

1. 跳跃性：充满活力和生气；I

2. 无畏：大胆前进，不怕冒险；D

3. 规范性：时时坚持自己的举止合乎认同的道德规范；C

4. 平衡：稳定，走中间路线。S

**第二十一题**

1. 乏味：死气沉沉，缺乏生气；S

2. 忸怩：躲避别人的注意力，在众人注意下不自然；C

3. 露骨：好表现，华而不实，声音大；I

4. 专横：喜命令支配，有时略显傲慢。D

**第二十二题**

1. 散漫：生活任性无秩序；I
2. 无同情心：不易理解别人的问题和麻烦；D
3. 缺乏热情：不易兴奋，经常感到好事难做；S
4. 不宽恕：不易宽恕和忘记别人对自己的伤害，易嫉妒。C

**第二十三题**

1. 保留：不愿意参与，尤其是当事情复杂时；S
2. 怨恨：把实际或者自己想象的别人的冒犯经常放在心中；C
3. 逆反：抗拒，或者拒不接受别人的方法，固执己见；D
4. 唠叨：重复讲同一件事情或故事，忘记已经重复多次，总是不断找话题说话。I

**第二十四题**

1. 挑剔：坚持琐事细节，总喜欢挑不足；C
2. 胆小：经常感到强烈的担心、焦虑、悲戚；S
3. 健忘：缺乏自我约束，导致健忘，不愿意回忆无趣的事情；I
4. 率直：直言不讳，直接表达自己的看法。D

**第二十五题**

1. 没耐性：难以忍受等待别人；D
2. 无安全感：感到担心且无自信心；S
3. 优柔寡断：很难做决定；C
4. 好插嘴：一个滔滔不绝的发言人，不是好听众，不注意别人的说话。I

**第二十六题**

1. 不受欢迎：由于强烈要求完美，而拒人千里；C
2. 不参与：不愿意加入，不参与，对别人生活不感兴趣；S
3. 难预测：时而兴奋，时而低落，或总是不兑现诺言；I
4. 缺乏同情心：很难当众表达对弱者或者受难者的情感。D

**第二十七题**

1. 固执：坚持照自己的意见行事，不听取不同意见；D
2. 随性：做事情没有一贯性，随意做事情；I
3. 难于取悦：因为要求太高而使别人很难取悦；C
4. 行动迟缓：迟迟才行动，不易参与或者行动总是慢半拍。S

**第二十八题**

1. 平淡：平实淡漠，中间路线，无高低之分，很少表露情感；S
2. 悲观：尽管期待最好但往往首先看到事物不利之处；C
3. 自负：自我评价高，认为自己是最好的人选；D

4. 放任：允许别人做他喜欢做的事情，为的是讨好别人，令别人鼓吹自己。I

**第二十九题**

1. 易怒：善变，孩子性格，易激动，过后马上就忘了；I
2. 无目标：不喜欢目标，也无意定目标；S
3. 好争论：易与人争吵，不管对何事都觉得自己是对的；D
4. 孤芳自赏：容易感到被疏离，经常没有安全感或担心别人不喜欢和自己相处。C

**第三十题**

1. 天真：孩子般单纯，不理解生命的真谛；I
2. 消极：往往看到事物的消极面和阴暗面，而少有积极的态度；C
3. 鲁莽：充满自信，有胆识，但总是不恰当；D
4. 冷漠：漠不关心，得过且过。S

**第三十一题**

1. 担忧：时时感到不确定、焦虑、心烦；S
2. 不善交际：总喜欢挑人毛病，不被人喜欢；C
3. 工作狂：为了回报或者成就感，不是为了完美，而设立雄伟目标不断工作，耻于休息。D
4. 喜获认同：需要旁人认同赞赏，像演员。I

**第三十二题**

1. 过分敏感：对事物过分反应，被人误解时感到被冒犯；C
2. 不圆滑老练：经常用冒犯或考虑不周的方式表达自己的意思；D
3. 胆怯：遇到困难退缩；S
4. 喋喋不休：难以自控，滔滔不绝，不能倾听别人。I

**第三十三题**

1. 腼腆：事事不确定，对所做的事情缺乏信心；S
2. 生活紊乱：缺乏安排生活的能力；I
3. 跋扈：冲动地控制事物和别人，指挥他人；D
4. 抑郁：常常情绪低落。C

**第三十四题**

1. 缺乏毅力：反复无常，互相矛盾，情绪与行动不合逻辑；I
2. 内向：活在自己的世界里，思想和兴趣放在心里；C
3. 不容忍：不能忍受他人的观点、态度和做事的方式；D
4. 无异议：对很多事情漠不关心。S

**第三十五题**

1. 杂乱无章：生活环境无秩序，经常找不到东西；I

2. 情绪化：情绪不易高涨，感到不被欣赏时很容易低落；C
3. 喃喃自语：低声说话，不在乎说不清楚；S
4. 喜操纵：精明处事，操纵事情，使对自己有利。D

**第三十六题**

1. 缓慢：行动思想均比较慢，过分麻烦；S
2. 顽固：决心依自己的意愿行事，不易被说服；D
3. 好表现：要吸引人，需要自己成为被人注意的中心；I
4. 有戒心：不易相信，对语言背后的真正的动机存在疑问。C

**第三十七题**

1. 孤僻：需要大量的时间独处，避开人群；C
2. 统治欲：毫不犹豫地表示自己的正确或控制能力；D
3. 懒惰：总是先估量事情要耗费多少精力，能不做最好；S
4. 大嗓门：说话声和笑声总盖过他人。I

**第三十八题**

1. 拖延：凡事起步慢，需要推动力；S
2. 多疑：凡事怀疑，不相信别人；C
3. 易怒：行动不快或不能完成指定工作时易烦躁和发怒；D
4. 不专注：无法专心致志或者集中精力。I

**第三十九题**

1. 报复性：记恨并惩罚冒犯自己的人；C
2. 烦躁：喜新厌旧，不喜欢长时间做相同的事情；I
3. 勉强：不愿意参与或者投入；S
4. 轻率：因没有耐心，不经思考，草率行动。D

**第四十题**

1. 妥协：为避免矛盾，即使自己是对的也不惜放弃自己的立场；S
2. 好批评：不断地衡量和判断，经常考虑提出反对意见；C
3. 狡猾：精明，总是有办法达到目的；D
4. 善变：像孩子般注意力短暂，需要各种变化，怕无聊。I

答案统计表

| 序号 | D | I | S | C |
|---|---|---|---|---|
| 第一题 | 1 | 3 | 2 | 4 |
| 第二题 | 3 | 2 | 4 | 1 |
| 第三题 | 4 | 3 | 1 | 2 |

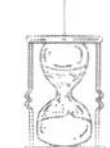

续表

| 序号 | D | I | S | C |
|---|---|---|---|---|
| 第四题 | 3 | 1 | 4 | 2 |
| 第五题 | 3 | 1 | 4 | 2 |
| 第六题 | 4 | 1 | 2 | 3 |
| 第七题 | 3 | 4 | 2 | 1 |
| 第八题 | 1 | 2 | 3 | 4 |
| 第九题 | 4 | 3 | 1 | 2 |
| 第十题 | 1 | 3 | 4 | 2 |
| 第十一题 | 1 | 4 | 2 | 3 |
| 第十二题 | 3 | 1 | 4 | 2 |
| 第十三题 | 2 | 4 | 3 | 1 |
| 第十四题 | 3 | 1 | 4 | 2 |
| 第十五题 | 3 | 4 | 1 | 2 |
| 第十六题 | 2 | 3 | 4 | 1 |
| 第十七题 | 3 | 4 | 1 | 2 |
| 第十八题 | 2 | 4 | 1 | 3 |
| 第十九题 | 3 | 4 | 2 | 1 |
| 第二十题 | 2 | 1 | 4 | 3 |
| 第二十一题 | 4 | 3 | 1 | 2 |
| 第二十二题 | 2 | 1 | 3 | 4 |
| 第二十三题 | 3 | 4 | 1 | 2 |
| 第二十四题 | 4 | 3 | 2 | 1 |
| 第二十五题 | 1 | 4 | 2 | 3 |
| 第二十六题 | 4 | 3 | 2 | 1 |
| 第二十七题 | 1 | 2 | 4 | 3 |
| 第二十八题 | 3 | 4 | 1 | 2 |
| 第二十九题 | 3 | 1 | 2 | 4 |
| 第三十题 | 3 | 1 | 4 | 2 |
| 第三十一题 | 3 | 4 | 1 | 2 |
| 第三十二题 | 2 | 4 | 3 | 1 |
| 第三十三题 | 3 | 2 | 1 | 4 |
| 第三十四题 | 3 | 1 | 4 | 2 |

续表

| 序号 | D | I | S | C |
|---|---|---|---|---|
| 第三十五题 | 4 | 1 | 3 | 2 |
| 第三十六题 | 2 | 3 | 1 | 4 |
| 第三十七题 | 2 | 4 | 3 | 1 |
| 第三十八题 | 3 | 4 | 1 | 2 |
| 第三十九题 | 4 | 2 | 3 | 1 |
| 第四十题 | 3 | 4 | 1 | 2 |

**【测试结果的使用说明】**

计算你的各项得分，超过10 分称为显性因子，可以作为性格测评的判断依据。低于10 分称为隐性因子，对性格测评没有实际指导意义，可以忽略。如果有两项及以上得分超过 10，说明你同时具备那两项特征。

**Dominance——支配型/控制者**

高 D 型特质的人可以称为“天生的领袖”。

在情感方面，D 型性格的人坚定果敢，酷爱变化，喜欢控制，干劲十足，独立自主，超级自信。可是，由于比较不会顾及别人的感受，所以显得粗鲁、霸道、没有耐心、穷追不舍、不会放松。D 型性格的人不习惯与别人进行感情上的交流，不会恭维人，不喜欢眼泪，缺乏同情心。

在工作方面，D 型性格的人是一个务实和讲究效率的人，目标明确，眼光全面，组织力强，行动迅速，解决问题不过夜，果敢坚持到底，在反对声中成长。但是，因为过于强调结果，D 型性格的人往往容易忽视细节，处理问题不够细致。爱管人、喜欢支使他人的特点使得 D 型性格的人能够带动团队进步，但也容易激起同事的反感。

在人际关系方面，D 型性格的人喜欢为别人做主，虽然这样能够帮助别人做出选择，但也容易让人有强迫感。由于关注自己的目标，D 型性格的人在乎的是别人的可利用价值，喜欢控制别人，不会说对不起。

描述性词语：积极进取、争强好胜、强势、爱追根究底、直截了当、主动的开拓者、坚持意见、自信、直率。

**Influence——活泼型/社交者**

高 I 型特质的人通常是较为活泼的团队活动组织者。

I 型性格的人是情感丰富而外露的人，性格活跃，爱说，爱讲故事，幽默，彩色记忆，能抓住听众，常常是聚会的中心人物。I 型性格的人是天才演员，天真无邪，热情诚挚，喜欢送礼和接受礼物，看重人缘。情绪化的特点使得 I 型性格的人容易兴奋，喜欢吹牛、说大

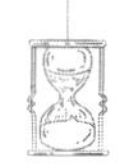

话，天真，永远长不大，富有喜剧色彩。但是，I 型性格的人似乎也很容易生气，爱抱怨，大嗓门，不成熟。

在工作方面，I型性格的人是一个热情的推动者，总有新主意，色彩丰富，说干就干，能够鼓励和带领他人一起积极投入工作。可是，I 型性格的人似乎总是情绪决定一切，想哪儿说哪儿，而且说得多干得少，遇到困难容易失去信心，杂乱无章，做事不彻底，爱走神，爱找借口。I 型性格的人喜欢轻松友好的环境，非常害怕被拒绝。

在人际关系方面，I 型性格的人容易交上朋友，朋友也多。关爱朋友，也被朋友称赞；爱当主角，喜欢控制谈话内容。可是，喜欢即兴表演的特点使得 I 型性格的人常常不能仔细理解别人，而且健忘多变。

描述性词语：有影响力、有说服力、友好、善于言辞、健谈、乐观积极、善于交际。

### Steadiness——稳定型/支持者

高 S 型特质的人通常较为平和，知足常乐，不愿意主动前进。

在情感方面，S 型性格的人是一个温和主义者，悠闲，平和，有耐心，感情内藏，待人和蔼，乐于倾听，遇事冷静，随遇而安。S 型性格的人喜欢使用一句口头禅："不过如此。"这个特点使得 S 型性格的人总是缺乏热情，不愿改变。

在工作方面，S 型性格的人能够按部就班地管理事务、胜任工作，而且能够持之以恒。奉行中庸之道，平和可亲，一方面习惯于避免冲突，另一方面也能处变不惊。但是，S 型性格的人似乎总是慢吞吞的，很难被鼓动，懒惰，马虎，得过且过。由于害怕承担风险和责任，宁愿站在一边旁观。很多时候，S 型性格的人总是有话不说，或折中处理。

在人际关系方面，S 型性格的人容易相处，喜欢观察人、琢磨人，乐于倾听，愿意支持。可是，由于对人际关系不以为意，S 型性格的人也可能显得漠不关心，或者喜欢嘲讽别人。

描述性词语：可靠、深思熟虑、亲切友好、有毅力、坚持不懈、善倾听、全面周到、自制力强。

### Compliance——完美型/服从者

高 C 型特质的人通常是喜欢追求完美的专业型人才。

在情感方面，C 型性格的人是一个性格深沉者，严肃认真，目的性强，善于分析，愿意思考人生与工作的意义，喜欢美丽，对他人敏感，理想主义。但是，C 型性格的人总是习惯于记住负面的东西，容易情绪低落，过分自我反省，自我贬低，离群索居，有忧郁症倾向。

在工作方面，C 型性格的人是一个完美主义者，高标准，计划性强，注重细节，讲究条理，整洁，能够发现问题并制定解决问题的办法，喜欢图表和清单，坚持己见，善始善终。但是，C 型性格的人也很可能是一个优柔寡断的人，习惯于收集信息资料和做分析，却很难投入到实际运作的工作中来。C 型性格的人容易自我否定，因此需要别人的认同。同时，也习惯于挑剔别人，不能忍受别人的工作做不好。

对待人际关系方面，C 型性格的人一方面在寻找理想伙伴，另一方面却交友谨慎。C 型性格的人能够深切地关怀他人，善于倾听抱怨，帮助别人解决困难。但是，C 型性格的人似乎始终有一种不安全感，感情内向，容易退缩，怀疑别人，喜欢批评人事，却不喜欢别人的反对。

描述性词语：遵从、仔细、有条不紊、严谨、准确、完美主义者、逻辑性强。

## 四、性格色彩测试简化版

性格色彩分析可与对应的 DISC 测试一并使用，其中 D 型性格类型可对应性格色彩中的黄色类型；I 型性格类型可对应性格色彩中的红色类型；S 型性格类型可对应性格色彩的绿色类型；C 型性格类型可对应性格色彩的蓝色类型。

量表简单易操作，时间可控制在 10 分钟内，方便在课堂进行随堂测试。

请在每行中挑选一个与你最相近的形容词(每题必须选一个并且只能选一个)。这不是考试，没有对错，你只需依直觉诚实作答。若你在某一题上实在无法判断，请考虑 3 个月前自己的特征作答。

1. A. 活泼生动　B 富于冒险　C. 善于分析　D. 适应性强
2. A. 喜好娱乐　B. 善于说服　C. 坚持不懈　D. 平和
3. A. 善于社交　B. 意志坚定　C. 自我牺牲　D. 较少争辩
4. A. 使人认同　B. 喜竞争胜　C. 体贴　D. 自控性好
5. A. 使人振作　B. 善于应变　C. 令人尊敬　D. 含蓄
6. A. 生机勃勃　B. 自立　C. 敏感　D. 满足
7. A. 积极　B. 推动者　C. 计划者　D. 耐性
8. A. 无拘无束　B. 肯定　C. 时间性　D. 羞涩
9. A. 乐观　B. 坦率　C. 井井有条　D. 迁就
10. A. 有趣　B. 强迫性　C. 忠诚　D. 友善
11. A. 可爱　B. 勇敢　C. 注意细节　D. 外交手腕
12. A. 让人高兴　B. 自信　C. 文化修养　D. 贯彻始终
13. A. 富激励性　B. 独立　C. 理想主义　D. 无攻击性
14. A. 情感外露　B. 果断　C. 深沉　D. 淡然幽默
15. A. 喜交朋友　B. 发起者　C. 喜欢音乐　D. 调解者
16. A. 多言　B. 执着　C. 考虑周到　D. 容忍
17. A. 精力充沛　B. 领导者　C. 忠心　D. 聆听者

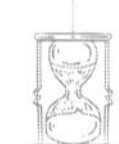

18. A. 让人喜爱　B. 首领　C. 喜欢制图分析　D. 知足
19. A. 受欢迎　B. 勤劳　C. 完美主义者　D. 和气
20. A. 跳跃型　B. 无畏　C. 规范型　D. 平衡
21. A. 露骨　B. 专横　C. 乏味　D. 忸怩
22. A. 散漫　B. 缺乏同情心　C. 不宽恕　D. 缺乏热情
23. A. 唠叨　B. 逆反　C. 怨恨　D. 保留
24. A. 健忘　B. 率直　C. 挑剔　D. 胆小
25. A. 好插嘴　B. 没耐性　C. 优柔寡断　D. 无安全感
26. A. 情绪不稳　B. 直截了当　C. 过于严肃　D. 不参与
27. A. 即兴　B. 固执　C. 难于取悦　D. 犹豫不决
28. A. 放任　B. 自负　C. 悲观　D. 平淡
29. A. 易怒　B. 好争吵　C. 孤芳自赏　D. 无目标
30. A. 天真　B. 鲁莽　C. 消极　D. 冷漠
31. A. 喜获认同　B. 工作狂　C. 不善交际　D. 担忧
32. A. 喋喋不休　B. 不圆滑老练　C. 过分敏感　D. 胆怯
33. A. 杂乱无章　B. 跋扈　C. 抑郁　D. 腼腆
34. A. 缺乏毅力　B. 不容忍　C. 内向　D. 无主见
35. A. 零乱　B. 喜操纵　C. 情绪化　D. 喃喃自语
36. A. 好表现　B. 顽固　C. 有戒心　D. 缓慢
37. A. 大嗓门　B. 统治欲　C. 孤僻　D. 懒惰
38. A. 不专注　B. 易怒　C. 多疑　D. 拖延
39. A. 烦躁　B. 轻率　C. 报复性　D. 勉强
40. A. 善变　B. 狡猾　C. 好批评　D. 妥协

**【测试结果的使用说明】**

作答完成后，自行统计 A、B、C、D 四个选项的个数，按照个数从高到低的顺序排序，A 选项最多对应的是红色性格色彩特征，B 选项最多对应的是黄色性格色彩特征，C 选项最多对应的是蓝色性格色彩特征，D 选项最多对应的是绿色性格色彩特征，如有并列选项，可同时参考；如有并列选项且处于对角线象限的(详见图 4-2)，在日常工作和生活中易表现出纠结、难决策等性格特性。

# 参考文献

[1] 苗丹民，皇甫恩. MBTI 人格类型量表的效度分析[J]. 第四军医大学学报，1999，32(2)：324-331.

[2] 贺琼. MBTI 人格理论在企业招聘中的应用[J]. 人口与经济，2009(S1).

[3] 乐嘉. 跟乐嘉学性格色彩[M]. 长沙：湖南文艺出版社，2011.

[4] 贾杰. 活得明白：生涯咨询的十八个典型[M]. 北京：北京大学出版社，2015.

# 第五章 带着卡牌去逛岛

无论我们能力高低

无论外界评价如何

我们依然

乐此不疲

【本章导读】

运用兴趣探索练习和标准化测试等多种形式帮助学生对兴趣类型进行探索和分类，使学生学会使用“霍兰德职业索引”等工具来进行职业探索，以及评估其与个人职业兴趣的适配度。

# 第一节 理论背景

约翰·霍兰德(John Holland)是美国约翰·霍普金斯大学心理学教授，美国著名的职业指导专家。他于1959年提出了具有广泛社会影响的职业兴趣理论，认为人的人格类型、兴趣与职业密切相关，兴趣是人们活动的巨大动力，凡是人们感兴趣的职业，都可以提高他们的积极性，促使他们积极地、愉快地从事该职业，且职业兴趣与人格之间存在很高的相关性。霍兰德认为人的兴趣类型可分为实际型(realistic)、研究型(investigative)、艺术型(artistic)、社会型(social)、企业型(enterprising)和事务型(conventional)六种类型。

### （一）实际型(R)

共同特点：愿意使用工具从事操作性工作，动手能力强，做事手脚灵活，动作协调。偏好于具体任务，不善言辞，做事保守，较为谦虚。缺乏社交能力，通常喜欢独立做事。

典型职业：与物件、机器、工具、运动器材、植物、动物有关的职业，需具备相应的能力，包括操作技能、体力、机械方面的才能等，如：技术性职业(计算机硬件人员、摄影师、制图员、机械装配工)，技能性职业(木匠、厨师、技工、修理工、农民、一般劳动者)。

### （二）研究型(I)

共同特点：思想家而非实干家，抽象思维能力强，求知欲强，肯动脑，善思考。喜欢独立的和富有创造性的工作。知识渊博，有学识才能，不善于领导他人。考虑问题理性，做事喜欢精确，喜欢逻辑分析和推理，不断探讨未知的领域。

典型职业：智力的、抽象的、分析的、独立的定向工作，要求具备相应的智力或分析才能，以满足观察、估测、衡量、形成理论、最终解决问题的需要，如科学研究人员、教师、工程师、计算机编程人员、医生、系统分析员。

### （三）艺术型(A)

共同特点：有创造力，乐于创造新颖、与众不同的成果，渴望表现自己的个性，实现自身的价值。做事理想化，追求完美，不重实际。具有一定的艺术才能和个性。善于表达、怀旧、心思较为复杂。

典型职业：要求具备艺术修养、创造力、表达能力和直觉能力，能够将其用于语言、行为、声音、颜色和形式的审美、思索和感受，如艺术方面(演员、导演、艺术设计师、雕刻家、建筑师、摄影家、广告制作人)，音乐方面(歌唱家、作曲家、乐队指挥)，文学

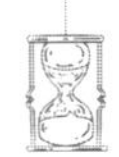

方面(小说家、诗人、剧作家)。

### (四) 社会型(S)

共同特点：喜欢与人交往、不断结交新的朋友、善言谈、愿意教导别人。关心社会问题、渴望发挥自己的社会作用。寻求广泛的人际关系，比较看重社会义务和社会道德。

典型职业：要求与人打交道的工作，需具备相应的能力，能够不断结交新的朋友，从事提供信息、启迪、帮助、培训、开发或治疗等事务，如：教育工作者(教师、教育行政人员)，社会工作者(咨询人员、公关人员)。

### (五) 企业型(E)

共同特点：追求权力、权威和物质财富，具有领导才能。喜欢竞争、敢冒风险、有野心、抱负。为人务实，习惯以利益得失，权力、地位、金钱等来衡量做事的价值，做事有较强的目的性。

典型职业：要求具备经营、管理、劝服、监督和领导才能，以实现机构、政治、社会及经济目标的工作，如项目经理、销售人员、营销管理人员、政府官员、企业领导、法官、律师。

### (六) 事务型(C)

共同特点：尊重权威和规章制度，喜欢按计划办事，细心、有条理，习惯接受他人的指挥和领导，自己不谋求领导职务。喜欢关注实际和细节情况，通常较为谨慎和保守，缺乏创造性，不喜欢冒险和竞争，富有自我牺牲精神。

典型职业：要求注意细节、精确度，有系统、有条理的工作，比如记录、归档、根据特定要求或程序组织数据和文字信息，需具备相应能力，如：秘书、办公室人员、记事员、会计、行政助理、图书馆管理员、出纳员、打字员、投资分析员。

然而，大多数人都并非只有一种性向(比如，一个人的性向中很可能同时包含社会性向、实际性向和研究性向这三种)。霍兰德认为，这些性向越相似，相容性越强，则一个人在选择职业时所面临的内在冲突和犹豫就会越少。为了帮助描述这种情况，霍兰德建议将这六种性向分别放在一个正六边形的每一角(图 5-1)。

霍兰德的兴趣类型理论提供了一个重要的生涯辅导理念：把个人特质和适合这种特质的工作联系起来。生涯辅导强调生涯探索，包括对自我能力、兴趣、价值以及工作世界的探索，而霍兰德巧妙地拉近了自我与工作世界的距离。借助霍兰德兴趣代码，当事人能迅速地、有系统和有所依据地在一个特定的职业群里进行探索活动。令人称道的是，通过霍兰德兴趣代码，能够提供和个人兴趣相近且内容互有关联的一群职业，而不只是冒险地去建议个人选择一种特殊的职业或工作。

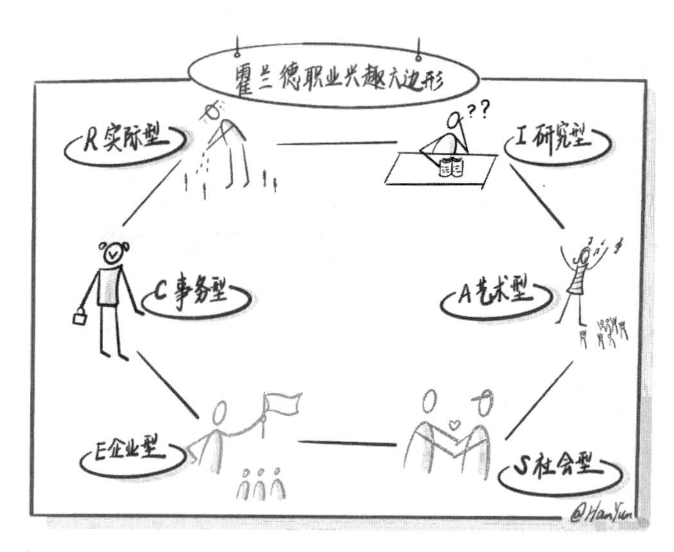


图 5-1 霍兰德的兴趣类型

此外，在生涯咨询中，霍兰德的职业性向论也可以出其不意地引导当事人走向一个主动、积极的行动方向，进行动态探索。得到自己的代码和有关的职业群名称后，当事人得以“起而行之”地探查和自己将来有可能选择的职业的各种事务，包括工作内容、薪资收入、工作所需条件等。

根据霍兰德的理念，人的内在本质必须在职业生涯的领域中得以充分扩展，期待人们能在适当的生涯舞台上充分地展现自我、实现自我。在此舞台上，人们不仅能安身，更能立命。他的目标就是协助当事人从迷惑中找到“人之所是”的立命之所。

职业兴趣是职业选择中最重要的因素之一，是一种强大的精神力量。职业兴趣类型测试可以有效地帮助个体明确自己的主观性向。

# 第二节 活动实践

职业兴趣探索是一个拓宽、探究、整合调节的过程，此过程经过循环反复最终趋于稳定。本节通过“上岛游”等活动设计，可以让学生了解某种职业或进行某种职业的心理倾向测评，使学生表现出对某种职业在选择态度或积极性上的情绪反应，增强学生的职业适应力，使他们更快地适应职业环境和职业角色。

## 一、教具准备

(1) 水彩笔每组一盒。

(2) 大白纸每组一张。

(3) 兴趣卡每组一套(多于 100 人的课堂建议使用两盒兴趣卡)。

## 二、活动目的

(1) 通过霍兰德职业兴趣六边形模型，了解霍兰德的六种兴趣类型。

(2) 引导学生进行自我认知，探索自己的兴趣类型和与自己兴趣类型相匹配的职业方向。

## 三、设计思路

(1) 通过六个兴趣岛屿的展示，进行各个兴趣代码类型特点的讲解，引导学生进行自我探索，并知晓自己的霍兰德职业兴趣代码。

(2) 各小组开发“上岛游”旅游项目、制作“上岛游”宣传海报，让团队成员去感受彼此的兴趣特点，以及不同兴趣特点的成员在团队中分别能发挥什么不同的作用。

(3) 第一轮，小组代表抽取本小组的代码卡牌，用于活跃课堂气氛；第二轮，教师给每个小组发放该组代码的所有卡牌，使得学生更加了解该代码所代表的兴趣偏好和特点。

(4) 团队成员可以通过其他组分享的海报和自己组的“上岛游”设计，了解霍兰德职业兴趣六边形的所有代码所代表的兴趣偏好。

## 四、操作流程

### 活动一：我是岛主

(1) 教师依次展示 6 个兴趣岛，分别如下。

- R 岛——自然原始岛：岛上保留有热带的原始植物林，自然生态保护得很好，也有相当规模的动物园、植物园、水族馆。岛上居民以手工见长，自己种植花果蔬菜、修理房屋、打造器物，制作各种工具。
- I 岛——深思冥想岛：岛上人迹较少，建筑物多偏处一隅，平川绿野，适合夜观星象。岛上有多处天文馆、科博馆、科学图书馆等。岛上居民喜好沉思、追求真知，喜好和来自各地的科学家、哲学家、心理学家等交换心得。
- A 岛——美丽浪漫岛：岛上充满了美术馆、音乐厅，弥漫着浓厚的艺术文化气息。同时，当地的原住民还保留了传统的舞蹈、音乐与绘画，许多艺术和文艺界的朋友都喜好在这里找寻灵感。

- S岛——温暖和善岛：岛上居民个性温和、十分友善、乐于助人，社区均自成一个密切互动的服务网络，人们互助合作，重视教育，充满人文气息。
- E岛——显赫富庶岛：岛上居民热情豪爽，善于经营和贸易。岛上的经济高度发展，处处是高级饭店、俱乐部、高尔夫球场。来往者多是企业家、经理人、政治家、律师等，衣香鬓影、夜夜笙歌。
- C岛——现代井然岛：岛上建筑十分现代化，是进步的都市形态，以完善的户政管理、地政管理、金融管理见长。岛民个性冷静保守，处事有条不紊，善于组织规划。

(2) 让学生从这6个岛中选择3个岛，并将所代表的字母进行排序。

**【活动点睛】**

教师分别进行各个代码特点的讲解，主要引导学生深入自我了解，探索和澄清自己的霍兰德职业兴趣代码。

### 活动二："上岛游"旅游项目开发

(1) 一个组自成一个旅行社，每组选派代表抽取兴趣卡，RIASEC每个代码一张卡牌，每组对应一个代码。抽取到哪个代码，该组成员就要讨论、策划、开发该岛的"上岛游"旅游项目。

(2) 教师根据每组抽取的卡牌代码，将"兴趣卡"中该代码的所有卡牌发给该组。要求学生在自己理解代码的基础上，结合并参考"兴趣卡"中词语的兴趣特点，思考如何能够更好地设计出风格迥异、特色鲜明、引人注目的旅游项目，吸引更多的人上岛旅游。

(3) 参考兴趣卡词语，在大白纸上设计海报，内容应包括：标志设计、口号标语、主题活动、主打产品、营销方案等(详见图5-2)。

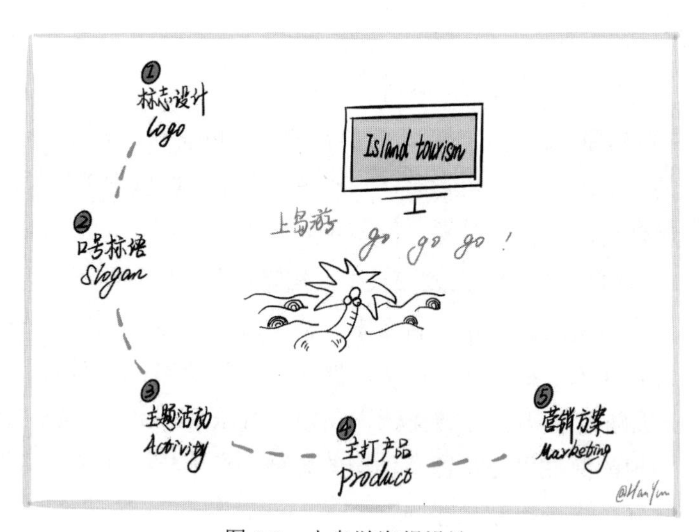


图5-2 上岛游海报设计

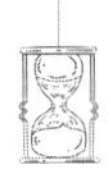

(4) 举行项目推广会。每个旅行社根据自己选择的方式进行推广，方式和人数不限，要有自己岛屿的推广特色，每个旅行社 5 分钟时间。

(5) 推广会之后，其他旅行社为除自己小组之外的其他组打分，按照 10 分制，最高 10 分，最低 2 分。首先进行推广的两个组会得到老师的 2 个额外加分，并且得到相应分值的课程币。

【活动点睛】

每节课都可以将每个小组的分数即时公布，分数采用累计积分制，这样做的好处是：每节课每个小组的同学都会知道自己团队目前的分数，胜者更努力，落后者紧追。同时确保每一小组分享的同时，其他小组的成员都能认真投入地倾听，这样才能更客观公正地给出分值。

## 五、重点难点

(1) 以往很多老师的做法是让学生选择自己心仪的兴趣岛，然后全班同学按照自己的首选代码临时分成 6 个小组。这样的操作方法往往会导致有的岛屿人特别多，有的岛屿人特别少。岛上人多的组势必就会出现部分同学“搭便车”的现象，他们容易游离于团队之外。

(2) 这个旅行社项目开发的活动设计，可以让所有团队成员通过其他组的分享和自己组的设计，了解霍兰德职业兴趣六边形的所有代码的兴趣偏好。

(3) 兴趣卡在操作的过程中要注意：上面的词语描述有一些类似于能力的词语，比如：高效、有条理……我们在帮助同学们探索兴趣的时候，要注意引导学生在选卡时关注自己喜欢什么，而不是考虑自己是否拥有这样的能力，也就是说，不考虑能力的高低，只考虑自己喜不喜欢。

## 六、案例分享

### 1. 角色扮演中的兴趣性向体现

在整个团队协作制作“上岛游”海报的过程中，团队成员事实上已经感受到彼此的兴趣特点，有的人明显扮演了企业型人的角色(E)，善于安排统筹、分工明确等；有的人扮演了艺术型人的角色(A)，善于出谋划策、创新创意、绘画涂色等；有的人扮演了社会型人的角色(S)，和别的组取经讨论、借用绘图彩笔等其他临时工具等；有的人扮演了事务型人的角色(C)，提醒时间、记录发言等；有的人扮演了实际型人的角色(R)，裁剪海报、动手操作等；有的人扮演了研究型人的角色(I)，深度思考、研究策略、给出建议等。

**2. 兴趣卡的使用**

第一轮，小组代表抽取本小组的代码卡牌，活跃课堂气氛；第二轮，教师给每个组发放该组代码的所有卡牌，使得学生更加了解该代码所代表的兴趣偏好和特点特征。如：有一组抽取了R，兴趣卡中的R代码的词卡包括：执着、矫健、直率、脚踏实地、动作协调、手工制作、独立做事等。学生在设计自己的“上岛游”海报时，就会充分考虑对该岛感兴趣的人的偏好和特点，在主打活动和特色项目部分设计手工DIY、独立的操作空间、安静不受打扰的休闲场域等，所有的设计和广告词更加聚焦、更加贴切。

**3. 霍兰德兴趣类型论应用于具体的工作环境**

员工的工作满意度与流动倾向性，取决于个体的人格特点与职业环境的匹配程度。当人格和职业相匹配时，会产生最高的满意度和最低的流动率。例如，社会型的个体适合从事社会型的工作，社会型的工作对实际型的人则可能不合适。这一模型的关键在于：①个体之间在人格方面存在着本质差异；②个体具有不同的类型；③当工作环境与人格类型协调一致时，会产生更高的工作满意度和更低的离职可能性。

# 第三节　教辅材料

为了更加科学地探索职业兴趣，很多心理专家和职业指导专家编制了职业兴趣测验。1927年，斯特朗编制的“斯特朗职业兴趣调查表”，是最早的职业兴趣测验。库德在1939年编制了“库德爱好调查表”。霍兰德兴趣理论提出以后，有许多被广泛使用的测评工具都以霍兰德的兴趣类型理论为依据。经过测评，经常会得到一个由三个字母组成的霍兰德代码，以及与这一代码相匹配的一些职业方向。这些测评工具都可以作为个人进行自我探索的有效工具。

## 一、职业倾向自我探索SDS量表

**【量表使用说明】**

本量表旨在帮助你探索可能从事的职业。如果你已经考虑好了一个职业，测验的结果可能会支持你的想法或者对其他的可能性提出建议。如果你还没有确定未来的职业，本量表也可能会帮你圈定出一小部分职业，以便于你做进一步考虑。大多数人发现填答本量表既有帮助又充满乐趣。如果你仔细遵循每一页的引导，你应该会有同样的体验。不必匆忙，仔细地完成本测验题目将有更多的收获。请用铅笔填写，以便修改。

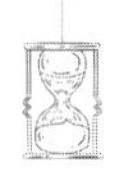

### 第一部分　职业白日梦

请列举你已经思考过的未来可能从事的职业、你曾空想过的职业或者那些你与其他人一块考虑过的职业。请尝试着思考“白日梦”背后的故事。将你最近思考的职业写在第一行，然后用倒叙的方式，由近及远，把考虑过的工作依次写在横线上。

职业

(1) ________________________________

(2) ________________________________

(3) ________________________________

(4) ________________________________

(5) ________________________________

(6) ________________________________

(7) ________________________________

(8) ________________________________

### 第二部分　偏好选择

下面列举了各种活动，请就这些活动判断你的偏好。L 代表“喜欢”，D 代表“不喜欢”或者“无所谓”。请在相应的○里打 √。

| R | L | D |
|---|---|---|
| 修理或组装电子产品 | ○ | ○ |
| 修理自行车 | ○ | ○ |
| 修理或组装机械产品 | ○ | ○ |
| 用木头做东西 | ○ | ○ |
| 参加技术教育或手工制作课程 | ○ | ○ |
| 参加机械制图课程 | ○ | ○ |
| 参加木工技术课程 | ○ | ○ |
| 参加自动化机械课程 | ○ | ○ |
| 与杰出的机械师或者技术人员一起工作 | ○ | ○ |
| 在室外工作 | ○ | ○ |
| 操作自动化机器或者设备 | ○ | ○ |
| | L 的总数 | (　　) |

| I | L | D |
|---|---|---|
| 阅读科学书籍和杂志 | ○ | ○ |
| 在研究室或实验室工作 | ○ | ○ |

| | L | D |
|---|---|---|
| 从事一项科学项目 | ○ | ○ |
| 研究一个科学理论 | ○ | ○ |
| 从事与化工品有关的工作 | ○ | ○ |
| 应用数学解决实际问题 | ○ | ○ |
| 上物理课 | ○ | ○ |
| 上化学课 | ○ | ○ |
| 上数学课 | ○ | ○ |
| 上生物课 | ○ | ○ |
| 研究学术或者技术问题 | ○ | ○ |
| | **L 的总数** | **(　　)** |

| **A** | **L** | **D** |
|---|---|---|
| 素描/制图/绘画 | ○ | ○ |
| 设计家具、服装或者海报 | ○ | ○ |
| 在乐队/管弦乐队/其他组团中演奏 | ○ | ○ |
| 练习乐器 | ○ | ○ |
| 创造肖像或者拍照 | ○ | ○ |
| 写小说或者戏剧 | ○ | ○ |
| 上艺术课 | ○ | ○ |
| 编曲或者谱曲(不限曲种) | ○ | ○ |
| 与有天赋的艺术家、作家或者雕塑家一起工作 | ○ | ○ |
| 为他人表演(跳舞、唱歌、小品等) | ○ | ○ |
| 阅读艺术、文学或者音乐类文章 | ○ | ○ |
| | **L 的总数** | **(　　)** |

| **S** | **L** | **D** |
|---|---|---|
| 会见重要的教育家或者咨询师 | ○ | ○ |
| 阅读社会学文章和书籍 | ○ | ○ |
| 为慈善团体工作 | ○ | ○ |
| 帮助他人解决他们的个人问题 | ○ | ○ |
| 研究青少年的犯罪问题 | ○ | ○ |
| 阅读心理学文章或者书籍 | ○ | ○ |
| 上人类关系课程 | ○ | ○ |
| 在高中教书 | ○ | ○ |
| 照看有精神疾病的病人 | ○ | ○ |
| 给成年人讲课 | ○ | ○ |

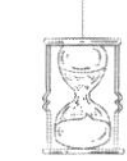

| | | |
|---|---|---|
| 从事志愿者的工作 | ○ | ○ |
| | L 的总数 | (　　) |

| E | L | D |
|---|---|---|
| 学习商业成功的策略 | ○ | ○ |
| 创业 | ○ | ○ |
| 参加销售会议 | ○ | ○ |
| 参加行政管理或领导力的短期课程 | ○ | ○ |
| 担任任何组织的负责人 | ○ | ○ |
| 监督管理其他人的工作 | ○ | ○ |
| 会晤重要的执行长官或者领导 | ○ | ○ |
| 领导一个团队实现某个目标 | ○ | ○ |
| 参加政治竞选 | ○ | ○ |
| 担任某一组织或者企业的顾问 | ○ | ○ |
| 阅读商业杂志或文章 | ○ | ○ |
| | L 的总数 | (　　) |

| C | L | D |
|---|---|---|
| 填写收入报税表 | ○ | ○ |
| 在交易或记账时进行加、减、乘、除的计算 | ○ | ○ |
| 使用办公设备 | ○ | ○ |
| 坚持做详细的开支记录 | ○ | ○ |
| 建立记录系统(如记录钱、人员、原材料等) | ○ | ○ |
| 上会计课 | ○ | ○ |
| 上商业数学课 | ○ | ○ |
| 建立生活用品或商品的清单 | ○ | ○ |
| 检查文案或者产品中的错误或瑕疵 | ○ | ○ |
| 更新记录或文档 | ○ | ○ |
| 在办公室内工作 | ○ | ○ |
| | L 的总数 | (　　) |

### 第三部分　能力选择

Y 代表你完全能做或者能做得很好的活动，N 代表从来没做过或者做得很差的活动。请在相应的○里打√。

| R | Y | N |
|---|---|---|
| 我能使用电锯、车床或磨砂机等木工工具 | ○ | ○ |

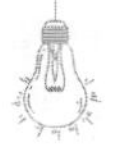


| | Y | N |
|---|---|---|
| 我能画有比例要求的图纸 | ○ | ○ |
| 我能给汽车加油或者换轮胎 | ○ | ○ |
| 我能使用电钻、磨床或缝纫机等电动工具 | ○ | ○ |
| 我能给家具或木制品刷漆 | ○ | ○ |
| 我能修理简单的电器用品 | ○ | ○ |
| 我能修理家具 | ○ | ○ |
| 我能使用很多手工工具 | ○ | ○ |
| 我能简单地修理水管 | ○ | ○ |
| 我能制造简单的木工作品 | ○ | ○ |
| 我能粉刷房间 | ○ | ○ |
| | **Y 的总数** | **(　　)** |

| **I** | **Y** | **N** |
|---|---|---|
| 我能使用代数解决数学问题 | ○ | ○ |
| 我能执行一项科学实验或者调查 | ○ | ○ |
| 我明白放射性元素的半衰期 | ○ | ○ |
| 我能使用对数表 | ○ | ○ |
| 我能使用计算机研究一个科学问题 | ○ | ○ |
| 我能描述白细胞的功能 | ○ | ○ |
| 我能解释简单的化学方程式 | ○ | ○ |
| 我明白为什么人造卫星不会坠落到地球上 | ○ | ○ |
| 我能写一篇科学报告 | ○ | ○ |
| 我明白宇宙大爆炸理论 | ○ | ○ |
| 我明白 DNA 在遗传中的作用 | ○ | ○ |
| | **Y 的总数** | **(　　)** |

| **A** | **Y** | **N** |
|---|---|---|
| 我能演奏乐器 | ○ | ○ |
| 我能参加两部或四部合唱 | ○ | ○ |
| 我能独唱 | ○ | ○ |
| 我能演戏 | ○ | ○ |
| 我能朗诵 | ○ | ○ |
| 我能画画(油画或水彩)或雕塑 | ○ | ○ |
| 我能创作或者编曲 | ○ | ○ |
| 我能设计衣服、海报或者家具 | ○ | ○ |
| 我会写很不错的故事或诗 | ○ | ○ |

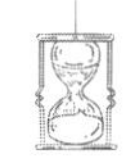

| | | |
|---|---|---|
| 我能写一篇演讲稿 | ○ | ○ |
| 我能拍摄很吸引人的照片 | ○ | ○ |
| | **Y 的总数** | **(　　)** |

| **S** | **Y** | **N** |
|---|---|---|
| 我发现与不同类型的人交谈很容易 | ○ | ○ |
| 我擅长向其他人解释或说明一些事情 | ○ | ○ |
| 我能做一个有亲和力的组织者 | ○ | ○ |
| 人们常向我诉说他们的困扰 | ○ | ○ |
| 我能很轻松地教小孩子 | ○ | ○ |
| 我能很轻松地教成年人 | ○ | ○ |
| 我擅长帮助感到不安或者困扰的人们 | ○ | ○ |
| 我对社会关系有很好的理解 | ○ | ○ |
| 我擅长教别人 | ○ | ○ |
| 我擅长使别人感到轻松 | ○ | ○ |
| 相比物和观念，我更擅长与人打交道 | ○ | ○ |
| | **Y 的总数** | **(　　)** |

| **E** | **Y** | **N** |
|---|---|---|
| 我知道如何成为一个成功的领导 | ○ | ○ |
| 我是一个优秀的公共演说者 | ○ | ○ |
| 我能组织某个销售活动 | ○ | ○ |
| 我能组织其他人的工作 | ○ | ○ |
| 我是一个有抱负而且意志坚定的人 | ○ | ○ |
| 我擅长让别人按照我的方式做事 | ○ | ○ |
| 我有很好的推销能力 | ○ | ○ |
| 我有很强的辩论能力 | ○ | ○ |
| 我非常有说服力 | ○ | ○ |
| 我有很不错的规划技能 | ○ | ○ |
| 我具有某些领导力 | ○ | ○ |
| | **Y 的总数** | **(　　)** |

| **C** | **Y** | **N** |
|---|---|---|
| 我能将函件或其他文件分门别类管理 | ○ | ○ |
| 我能从事办公室工作 | ○ | ○ |
| 我能使用自动化的办公设备(如打印机、复印机、计算机等) | ○ | ○ |
| 我能很快地完成大量的文案工作 | ○ | ○ |

| | | |
|---|---|---|
| 我能使用简单的数据处理设备 | ○ | ○ |
| 我能进行收支记录 | ○ | ○ |
| 我能准确地记录付款和销售额 | ○ | ○ |
| 我能使用计算机输入信息 | ○ | ○ |
| 我能撰写商业信函 | ○ | ○ |
| 我能完成一些常规的办公室工作 | ○ | ○ |
| 我是一个细心而且有条理的人 | ○ | ○ |
| | **Y 的总数** | **(　　)** |

## 第四部分　职业选择

如果某个职业你很喜欢或者感兴趣，则在相应的 Y 下面的○上画 √；如果你不喜欢或者没兴趣，则在 N 下面的○上画 √。

| **R** | **Y** | **N** |
|---|---|---|
| 飞机机械师 | ○ | ○ |
| 汽车机械师 | ○ | ○ |
| 木工技师 | ○ | ○ |
| 汽车司机 | ○ | ○ |
| 测量工程师 | ○ | ○ |
| 建筑工地现场监理员 | ○ | ○ |
| 无线电机械师 | ○ | ○ |
| 交通机车(如火车)工程师 | ○ | ○ |
| 机械技术员 | ○ | ○ |
| 电器技术员 | ○ | ○ |
| 农业技术员 | ○ | ○ |
| 飞机驾驶员 | ○ | ○ |
| 电子技术员 | ○ | ○ |
| 焊接技术员 | ○ | ○ |
| | **Y 的总数** | **(　　)** |

| **I** | **Y** | **N** |
|---|---|---|
| 气象学科研人员 | ○ | ○ |
| 生物学科研人员 | ○ | ○ |
| 天文学科研人员 | ○ | ○ |
| 医学科研人员 | ○ | ○ |
| 人类学科研人员 | ○ | ○ |

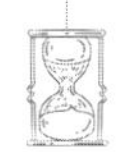

| | Y | N |
|---|---|---|
| 化学科研人员 | ○ | ○ |
| 独立的研究科学家 | ○ | ○ |
| 科学书籍的作家 | ○ | ○ |
| 地质学科研人员 | ○ | ○ |
| 植物学科研人员 | ○ | ○ |
| 科研技术员 | ○ | ○ |
| 物理学科研人员 | ○ | ○ |
| 社会科学研究人员 | ○ | ○ |
| 环境分析学者 | ○ | ○ |
| | **Y 的总数** | **(  )** |

| **A** | **Y** | **N** |
|---|---|---|
| 诗人 | ○ | ○ |
| 音乐家 | ○ | ○ |
| 小说家 | ○ | ○ |
| 演员 | ○ | ○ |
| 自由职业作家 | ○ | ○ |
| 编曲家 | ○ | ○ |
| 新闻学家 / 记者 | ○ | ○ |
| 艺术家 | ○ | ○ |
| 歌唱家 | ○ | ○ |
| 作曲家 | ○ | ○ |
| 雕刻家 | ○ | ○ |
| 剧作家 | ○ | ○ |
| 漫画家 | ○ | ○ |
| 娱乐节目的艺人 | ○ | ○ |
| | **Y 的总数** | **(  )** |

| **S** | **Y** | **N** |
|---|---|---|
| 职业咨询师 | ○ | ○ |
| 社会学者 | ○ | ○ |
| 高中教师 | ○ | ○ |
| 物质依赖(如对酒精、药物等依赖)治疗师 | ○ | ○ |
| 青少年犯罪专家 | ○ | ○ |
| 语言治疗师 | ○ | ○ |
| 婚姻咨询师 | ○ | ○ |

| | | |
|---|---|---|
| 临床心理学家 | ○ | ○ |
| 人文社会课教师 | ○ | ○ |
| 私人咨询师 | ○ | ○ |
| 青少年野营主管 | ○ | ○ |
| 社会工作者 | ○ | ○ |
| 残障人康复咨询师 | ○ | ○ |
| 儿童乐园主管 | ○ | ○ |
| | **Y 的总数** | **(　　)** |

| **E** | **Y** | **N** |
|---|---|---|
| 采购员 | ○ | ○ |
| 广告宣传主管 | ○ | ○ |
| 工厂管理者 | ○ | ○ |
| 商业贸易主管 | ○ | ○ |
| 晚会或仪式主持人 | ○ | ○ |
| 销售人员 | ○ | ○ |
| 房地产销售员 | ○ | ○ |
| 百货商场经理 | ○ | ○ |
| 销售经理 | ○ | ○ |
| 公共关系主管 | ○ | ○ |
| 电视台经理 | ○ | ○ |
| 小企业主 | ○ | ○ |
| 法官 | ○ | ○ |
| 机场经理 | ○ | ○ |
| | **Y 的总数** | **(　　)** |

| **C** | **Y** | **N** |
|---|---|---|
| 账目记录员 | ○ | ○ |
| 预算规划员 | ○ | ○ |
| 注册会计师 | ○ | ○ |
| 金融信用调查员 | ○ | ○ |
| 银行出纳员 | ○ | ○ |
| 税务专家 | ○ | ○ |
| 物品管理员 | ○ | ○ |
| 计算机操作员 | ○ | ○ |
| 金融分析员 | ○ | ○ |

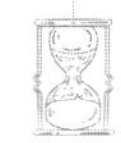

| | | |
|---|---|---|
| 成本估算员 | ○ | ○ |
| 工资结算员 | ○ | ○ |
| 银行督察员 | ○ | ○ |
| 会计职员 | ○ | ○ |
| 审计职员 | ○ | ○ |

**Y 的总数　（　　）**

## 第五部分　自我评估

下面列出 6 种能力，请与自己的同龄人比较一下，对自己的实际情况进行评估。在最适合自己的等级数字上画圈，尽量避免对每项能力的打分相同。

**自我评估(1)**

| | 机械操作能力 | 科学研究能力 | 艺术创作能力 | 教授讲解能力 | 商业推销能力 | 事务管理能力 |
|---|---|---|---|---|---|---|
| 高 | 7 | 7 | 7 | 7 | 7 | 7 |
| | 6 | 6 | 6 | 6 | 6 | 6 |
| | 5 | 5 | 5 | 5 | 5 | 5 |
| 中 | 4 | 4 | 4 | 4 | 4 | 4 |
| | 3 | 3 | 3 | 3 | 3 | 3 |
| | 2 | 2 | 2 | 2 | 2 | 2 |
| 低 | 1 | 1 | 1 | 1 | 1 | 1 |
| | R | I | A | S | E | C |

**自我评估(2)**

| | 动手能力 | 数学能力 | 音乐能力 | 理解他人能力 | 管理能力 | 行政能力 |
|---|---|---|---|---|---|---|
| 高 | 7 | 7 | 7 | 7 | 7 | 7 |
| | 6 | 6 | 6 | 6 | 6 | 6 |
| | 5 | 5 | 5 | 5 | 5 | 5 |
| 中 | 4 | 4 | 4 | 4 | 4 | 4 |
| | 3 | 3 | 3 | 3 | 3 | 3 |
| | 2 | 2 | 2 | 2 | 2 | 2 |
| 低 | 1 | 1 | 1 | 1 | 1 | 1 |
| | R | I | A | S | E | C |

**组织你的填答**

将偏好、能力、职业和自我评估各个分项中 6 个领域(R、I、A、S、E、C)中的 L 的

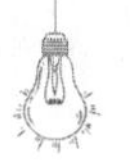



总数和 Y 的总数分别填在如下对应的横线上。

| | | | | | | |
|---|---|---|---|---|---|---|
| 偏好选择 | ____ | ____ | ____ | ____ | ____ | ____ |
| | R | I | A | S | E | C |
| 能力选择 | ____ | ____ | ____ | ____ | ____ | ____ |
| | R | I | A | S | E | C |
| 职业选择 | ____ | ____ | ____ | ____ | ____ | ____ |
| | R | I | A | S | E | C |
| 自我评估(1) | ____ | ____ | ____ | ____ | ____ | ____ |
| | R | I | A | S | E | C |
| 自我评估(2) | ____ | ____ | ____ | ____ | ____ | ____ |
| | R | I | A | S | E | C |
| 综合得分 | ____ | ____ | ____ | ____ | ____ | ____ |
| (将各项纵向相加) | R | I | A | S | E | C |

| | 第一位 | 第二位 | 第三位 |
|---|---|---|---|
| 综合职业码(从综合得分中选出三个得分高的，由高到低排列，记入字母) | | | |

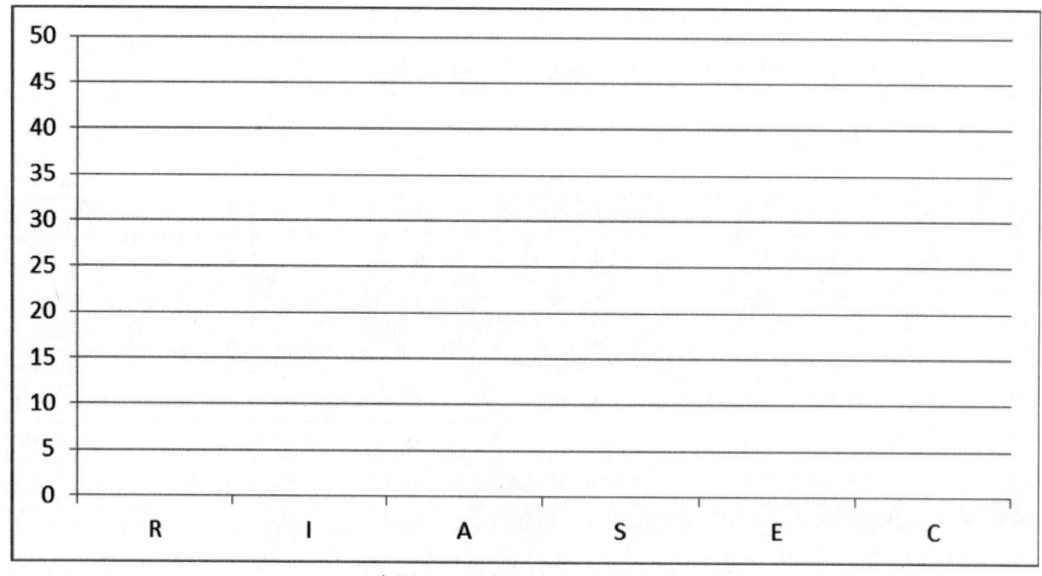


(本测评工具的原著者是 John L. Holland, PhD.，中文译者是金蕾莅)

## 二、霍兰德职业索引——职业兴趣代码与其相应的职业对照表

**R(实际型)：**木匠、农民、操作 X 光的技师、工程师、飞机机械师、鱼类和野生动物专家、自动化技师、机械工(车工、钳工等)、电工、无线电报务员、火车司机、长途公共汽车司机、机械制图员、修理机器、电器师。

**I(研究型)：**气象学者、生物学者、天文学家、药剂师、动物学者、化学家、科学报刊编辑、地质学者、植物学者、物理学者、数学家、实验员、科研人员、科技作者。

**A(艺术型)：**室内装饰专家、图书管理专家、摄影师、音乐教师、作家、演员、记者、诗人、作曲家、编剧、雕刻家、漫画家。

**S(社会型)：**社会学者、导游、福利机构工作者、咨询人员、社会工作者、社会科学教师、学校领导、精神病工作者、公共保健护士。

**E(企业型)：**推销员、进货员、商品批发员、旅馆经理、饭店经理、广告宣传员、调度员、律师、政治家、零售商。

**C(事务型)：**记账员、会计、银行出纳、法庭速记员、成本估算员、税务员、核算员、打字员、办公室职员、统计员、计算机操作员、秘书。

用三个字母组成的代号表示职业兴趣类型，根据你的职业兴趣代号，在下文中找出相应的职业，如果你的职业兴趣代号是 RIA，那么牙科技术员、陶工等是适合你兴趣的职业。然后寻找与你职业兴趣代号相近的职业，如果你的职业兴趣代号是 RIA，那么其他由这三个字母组合成的代号(如 IRA、IAR、ARI 等)对应的职业，也较适合你的兴趣。

RIA：牙科技术员、陶工、建筑设计员、模型工、细木工、制作链条人员。

RIS：厨师、林务员、跳水员、潜水员、染色员、电器修理、眼镜制作、电工、纺织机器装配工、服务员、装玻璃工人、发电厂工人、焊接工。

RIE：建筑和桥梁工程、环境工程、航空工程、公路工程、电力工程、信号工程、电话工程、一般机械工程、自动工程、矿业工程、海洋工程、交通工程技术人员、制图员、家政经济人员、计量员、农民、农场工人、农业机械操作、清洁工、无线电修理、汽车修理、手表修理、管工、线路装配工、工具仓库管理员。

RIC：船上工作人员、接待员、杂志保管员、牙医助手、制帽工、磨坊工、石匠、机器制造、机车(火车头)制造、农业机器装配、汽车装配工、缝纫机装配工、钟表装配和检验、电动器具装配、鞋匠、锁匠、货物检验员、电梯机修工、托儿所所长、钢琴调音员、装配工、印刷工、建筑钢铁工作、卡车司机。

RAI：手工雕刻、玻璃雕刻、制作模型人员、家具木工、制作皮革品、手工绣花、手工钩针纺织、排字工作、印刷工作、图画雕刻、装订工。

RSE：消防员、交通巡警、警察、门卫、理发师、房间清洁工、屠夫、锻工、开凿

工人、管道安装工、出租汽车驾驶员、货物搬运工、送报员、勘探员、娱乐场所的服务员、起卸机操作工、灭害虫者、电梯操作工、厨房助手。

RSI：纺织工、编织工、农业学校教师、某些职业课程教师(诸如艺术、商业、技术、工艺课程)、雨衣上胶工。

REC：抄水表员、保姆、实验室动物饲养员、动物管理员。

REI：轮船船长、航海领航员、大副、试管实验员。

RES：旅馆服务员、家畜饲养员、渔民、渔网修补工、水手长、收割机操作工、搬运行李工人、公园服务员、救生员、登山导游、火车工程技术员、建筑工人、铺轨工人。

RCI：测量员、勘测员、仪表操作者、农业工程技术员、化学工程技师、民用工程技师、石油工程技师、资料室管理员、探矿工、煅烧工、烧窖工、矿工、保养工、磨床工、取样工、样品检验员、纺纱工、炮手、漂洗工、电焊工、锯木工、刨床工、制帽工、手工缝纫工、油漆工、染色工、按摩工、木匠、农民建筑工人、电影放映员、勘测员助手。

RCS：公共汽车驾驶员、一等水手、游泳池服务员、裁缝、建筑工作、石匠、烟囱修建工、混凝土工、电话修理工、爆炸手、邮递员、矿工、裱糊工人、纺纱工。

RCE：打井工、吊车驾驶员、农场工人、邮件分类员、铲车司机、拖拉机司机。

IAS：普通经济学家、农场经济学家、财政经济学家、国际贸易经济学家、实验心理学家、工程心理学家、心理学家、哲学家、内科医生、数学家。

IAR：人类学家、天文学家、化学家、物理学家、医学病理学家、动物标本剥制者、化石修复者、艺术品管理者。

ISE：营养学家、饮食顾问、火灾检查员、邮政服务检查员。

ISC：侦查员、电视播音室修理员、电视修理服务员、验尸室人员、编目录者、医学实验室技师、调查研究者。

ISR：水生生物学者、昆虫学者、微生物学家、配镜师、矫正视力者、细菌学家、牙科医生、骨科医生。

ISA：实验心理学家、普通心理学家、发展心理学家、教育心理学家、社会心理学家、临床心理学家、目录学家、皮肤病学家、精神病学家、妇产科医师、眼科医生、五官科医生、医学实验室技术专家、民航医务人员、护士。

IES：细菌学家、生理学家、化学专家、地质专家、地理物理学专家、纺织技术专家、医院药剂师、工业药剂师、药房营业员。

IEC：档案保管员、保险统计员。

ICR：质量检验技术员、地质学技师、工程师、法官、图书馆技术辅导员、计算机操作员、医院听诊员、家禽检查员。

IRA：地理学家、地质学家、声学物理学家、矿物学家、古生物学家、石油学家、地震学家、声学物理学家、原子和分子物理学家、电学和磁学物理学家、气象学家、设

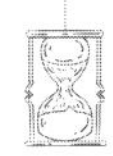

计审核员、人口统计学家、数学统计学家、外科医生、城市规划家、气象员。

IRS：流体物理学家、物理海洋学家、等离子体物理学家、农业科学家、动物学家、食品科学家、园艺学家、植物学家、细菌学家、解剖学家、动物病理学家、植物病理学家、药物学家、生物化学家、生物物理学家、细胞生物学家、临床化学家、遗传学家、分子生物学家、质量控制工程师、地理学家、兽医、放射性治疗技师。

IRE：化验员、化学工程师、纺织工程师、食品技师、渔业技术专家、材料和测试工程师、电气工程师、土木工程师、航空工程师、行政官员、冶金专家、原子核工程师、陶瓷工程师、地质工程师、电力工程师、口腔科医生、牙科医生。

IRC：飞机领航员、飞行员、物理实验室技师、文献检查员、农业技术专家、动植物技术专家、生物技师、油管检查员、工商业规划者、矿藏安全检查员、纺织品检验员、照相机修理者、工程技术员、计算机编程者、工具设计者、仪器维修工。

CRI：簿记员、会计、计时员、铸造机操作工、打字员、按键操作工、复印机操作工。

CRS：仓库保管员、档案管理员、缝纫工、讲述员、收款人。

CRE：标价员、实验室工作者、广告管理员、自动打字机操作员、电动机装配工、缝纫机操作工。

CIS：记账员、顾客服务员、报刊发行员、土地测量员、保险公司职员、会计师、估价员、邮政检查员、外贸检查员。

CIE：打字员、统计员、支票记录员、订货员、校对员、办公室工作人员。

CIR：校对员、工程职员、海底电报员、检修计划员、发报员。

CSE：接待员、通讯员、电话接线员、卖票员、旅馆服务员、私人职员、商学教师、旅游办事员。

CSR：运货代理商、铁路职员、交通检查员、办公室通信员、簿记员、出纳员、银行财务职员。

CSA：秘书、图书管理员、办公室办事员。

CER：邮递员、数据处理员、办公室办事员。

CEI：推销员、经济分析家。

CES：银行会计、记账员、法人秘书、速记员、法院报告人。

ECI：银行行长、审计员、信用管理员、地产管理员、商业管理员。

ECS：信用办事员、保险人员、各类进货员、海关服务经理、售货员，购买员、会计。

ERI：建筑物管理员、工业工程师、农场管理员、护士长、农业经营管理人员。

ERS：仓库管理员、房屋管理员、货栈监督管理员。

ERC：邮政局局长、渔船船长、机械操作领班、木工领班、瓦工领班、驾驶员领班。

EIR：科学、技术和有关周期出版物的管理员。

EIC：专利代理人、鉴定人、运输服务检查员、安全检查员、废品收购人员。

EIS：警官、侦查员、交通检验员、安全咨询员、合同管理者、商人。

EAS：法官、律师、公证人。

EAR：展览室管理员、舞台管理员、播音员、驯兽员。

ESC：理发师、裁判员、政府行政管理员、财政管理员、工程管理员、职业病防治、售货员、商业经理、办公室主任、人事负责人、调度员。

ESR：家具售货员、书店售货员、公共汽车的驾驶员、日用品售货员、护士长、自然科学和工程的行政领导。

ESI：博物馆管理员、图书馆管理员、古迹管理员、饮食业经理、地区安全服务管理员、技术服务咨询者、超级市场管理员、零售商品店店员、批发商、出租汽车服务站调度。

ESA：博物馆馆长、报刊管理员、音乐器材售货员、导游、(轮船或班机上的)事务长、飞机上的服务员、船员、法官、律师。

ASE：戏剧导演、舞蹈教师、广告撰稿人、报刊专栏作者、记者、演员、英语翻译。

ASI：音乐教师、乐器教师、美术教师、管弦乐指挥，合唱队指挥、歌星、演奏家、哲学家、作家、广告经理、时装模特。

AER：新闻摄影师、电视摄影师、艺术指导、录音指导、丑角演员、魔术师、木偶戏演员、骑士、跳水员。

AEI：音乐指挥、舞台指导、电影导演。

AES：流行歌手、舞蹈演员、电影导演、广播节目主持人、舞蹈教师、口技表演者、喜剧演员、模特。

AIS：画家、剧作家、编辑、评论家、时装艺术大师、新闻摄影师、男演员、文学作者。

AIE：花匠、皮衣设计师、工业产品设计师、剪影艺术家、复制雕刻品大师。

AIR：建筑师、画家、摄影师、绘图员、环境美化工、雕刻家、包装设计师、陶器设计师、绣花工、漫画工。

SEC：社会活动家、退伍军人服务官员、工商会事务代表、教育咨询者、宿舍管理员、旅馆经理、饮食服务管理员。

SER：体育教练、游泳指导。

SEI：大学校长、学院院长、医院行政管理员、历史学家、家政经济学家、职业学校教师、资料员。

SEA：娱乐活动管理员、国外服务办事员、社会服务助理、一般咨询者、宗教教育工作者。

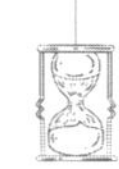

SCE：部长助理、福利机构职员、生产协调人、环境卫生管理人员、戏院经理、餐馆经理、售票员。

SRI：外科医师助手、医院服务员。

SRE：体育教师、职业病治疗者、体育教练、专业运动员、房管员、儿童家庭教师、警察、引座员、传达员、保姆。

SRC：护理员、护理助理、医院勤杂工、理发师、学校儿童服务人员。

SIA：社会学家、心理咨询者、学校心理学家、政治科学家、大学或学院的系主任、大学或学院的教育学教师、大学农业教师、大学工程和建筑课程的教师、大学法律教师、大学数学(或医学、物理、社会科学和生命科学)的教师、研究生助教、成人教育教师。

SIE：营养学家、饮食学家、海关检查员、安全检查员、税务稽查员、校长。

SIC：描图员、兽医助手、诊所助理、体检检查员、监督缓刑犯的工作者、娱乐指导者、咨询人员、社会科学教师。

SIR：理疗员、救护队工作人员、手足病医生、职业病治疗助手。

# 参考文献

[1] 理查德，尼尔森，鲍尔斯. 你的降落伞是什么颜色[M]. 陈玮等，译. 北京：中信出版社，2002.

[2] 霍兰德职业兴趣理论. 工众网. 2013-03-01.

# 第六章 生涯源流

被量化的人生如此跃然纸上

是否想到那些不期而遇的温暖和生生不息的希望

下一个格子

你如何度过

**【本章导读】**

本章的活动旨在促进学生为生涯目标做准备的意识，帮助学生树立利用各类资源实现生涯目标的意识，在行动中逐步增强自我效能感和决策行动力。

# 第一节　理论背景

社会认知理论是社会心理学的重要理论之一，它是一种用来解释社会学习过程的理论，社会认知理论家们将个体描绘为积极地处理事件和发展的人。该理论于 20 世纪 70 年代末由美国心理学家班杜拉提出，20 世纪 90 年代得到迅猛发展。班杜拉在传统的行为主义人格理论中加入认知成分，形成了自己的社会认知理论。

根据班杜拉的理论，关于行为强化对个体期望，比这个行为以前是否受到过强化更为重要。此外，他认为强化历史对个体的认知没有直接的作用，相反它是通过个人的记忆、解释和偏见筛选出来的。社会认知理论对于个人的生涯发展及生涯适应力提升也是一个重要的理论基础，它包括三个部分的内容。

## 一、三元交互决定论

行为到底是由外部力量决定的还是由内部力量决定的，长期以来存在两种决定论：个人决定论和环境决定论。

个人决定论强调人的内部心理因素对行为的调节和控制，环境决定论强调外部因素对行为的控制。班杜拉在批判前人的基础上提出了自己的理论，他的理论在于探讨环境、人及其行为之间的动态的相互决定关系。将环境因素、行为、人的主体因素三者视为相互独立、同时又相互作用从而相互决定的理论实体。其中，个人的主体因素包括行为主体的生理反应能力、认知能力等身心机能。所谓相互决定，是指环境、行为、人三者之间互为因果，每二者之间都具有双向的互动和决定关系。

在三元交互决定论中，一方面，人的主体因素如信念、动机等往往强有力地支配并引导其行为，行为及其结果反过来又影响并最终决定思维的内容与形式以及行为主体的情绪反应；另一方面，个体可以通过自己的主体特征如性格、社会角色等引起或激活不同的环境反应；再者，行为作为人与环境之间的中介，是人用以改变环境，使之适合人的需要而达到生存的目的，并改善人与环境之间的适应关系的手段，它不仅受人的需要支配，同时也受环境的现实条件的制约。

## 二、观察学习

班杜拉认为，观察学习，亦称为替代学习，是指一个人通过观察他人的行为及其强化结果习得某些新的反应，或使他已经具有的某种行为反应特征得到矫正。他按信息加工的模式对观察学习进行了分析，认为观察学习是由 4 个相互关联的子过程组成的，即注意过程、保持过程、产出过程、动机过程。

(1) 第一个过程是注意过程，指的是在观察时将心理资源开通的过程，它决定着观察者选择什么样的示范原型。

(2) 第二个过程是对示范活动的保持，要对示范活动进行保持就必须以符号的形式把它表象化，从而保留在记忆中。观察学习主要依存于视觉表象和言语编码两个系统，其中，言语编码较之视觉表象在观察学习时更具有确定性。

(3) 第三个过程是产出过程，也就是把符号表象转换成物理形式的外显行为的过程。

(4) 最后一个过程是动机过程，是观察者在特定的情境条件下由于某种诱因的作用而表现示范行为的过程。

总之，观察学习只有在这四个过程都完成的基础上才能实现。

## 三、自我效能感

自我效能感是个体对自己与环境发生相互作用效验的一种自我判断。自我效能感强的人能对新的问题更容易产生兴趣并全力投入其中，能不断努力去战胜困难，而且在这个过程中自我效能也将会不断地得到强化与提高。相反，自我效能感差的人总是怀疑自己什么都做不好，遇到困难时一味地退缩和逃避。

班杜拉认为，个体在活动中是通过四个方面的信息来获得或形成自我效能感的。

(1) 实践的成败经验。实践成败经验即个体对自己的实践活动过程中所取得的成就水平的感知，成功经验增强其自我效能感，反之降低自我效能感。

(2) 替代性经验。替代性经验的效能信息，是指看到能力等人格特征和自己相似的他人，在活动中取得了成功的观察结果，能够使观察者相信自己处于类似活动情境时也能获得同样的成功，从而提高观察者的自我效能感。

(3) 言语的劝导。言语的劝导是指接受别人认为自己具有执行某一任务的能力的语言鼓励而相信自己的效能。值得注意的是，说服性的言语必须实事求是，可以调动个体的积极性，那些虚幻的、华而不实的劝导不但起不了作用，反而会适得其反。

(4) 身心状态。身心状态会影响自我效能的水平。个体在追求目标时，自我效能通过生理唤醒来影响行为的改变。乐观积极的自我肯定信念能创造积极情感，消极情绪会产生挫败情感，所以要将消极情感转变为乐观心态。

由此可以看到，个体自我效能感是可以在社会环境中培养的。所以在生涯教育中注重引导受教育者，直面困难而不是逃避，通过一次次迎难而上来证明自己的坚强，使自己的自我效能得到强化。

# 第二节　活动实践

合理的生涯目标具有激励和调节个体行为的作用，这种目标既要有挑战性，又要与学生的生涯发展性相一致，通过学生的努力和他人的适当指导能够达成。清晰、具体的目标有助于学生实现目标，从而提高生涯适应性和自我效能感。

## 一、教具准备

(1) “花花卡”“潜意识投射卡”。

(2) A4 纸，按照团队人数每人一张。

(3) 彩色画笔，每组一盒。

## 二、活动目的

(1) 了解生涯目标的产生和确立。

(2) 理解自己的生涯和家人的关系。

(3) 通过自我效能感的提升，建构学生的生涯自信。

## 三、设计思路

(1) 通过“我的角落”暖场，探索生涯的内外联结和目标的产生。

(2) 用卡牌做“家庭职业树”分享，同时分享自己姓名的由来，探索兴趣。

(3)“我眼中的你”，从“周哈里窗”的视角来了解自己。

## 四、操作流程

### 活动一：我的角落(详见图6–1)

(1) 团队成员手牵手站成一个封闭的圈，每个人环顾四周，不做任何言语交流，用眼神在教室选择一个自己最喜欢的角落。

(2) 全体成员始终要保持在一个完整的圈中，手牵手去触碰自己想去的那个角落，在这个过程不能将手放开，也不能有言语沟通。

教师引导语：

(1) 有没有人感受到凝聚力？如果目前这个团队的团队感不是特别强，每个人都去自己想去的那个角落，在团队中就容易出现拉扯。

(2) 有没有出现团队成员想去的角落有挑战性或难度特别大的地方，团队是否进行了集体协商并且达成了目标？如果完成了当下的任务就能对团队产生很大的鼓舞。

(3) 团队中有没有成员因为同伴之间的牵绊而产生目标变化？有哪些人的目标是改变的?什么是最重要的?你会根据什么进行目标的变化或者取舍？

(4) 目标的产生。目标是自己最初选定的，还是随大流产生的？团队是否产生了领导者？如果你是这个团队的管理者，是先关注任务的达成还是团队成员个人目标的实现？你触碰到了你最初选定的那个目标吗？

**【活动点睛】**

所有的人之间都是有联结的，生涯不是一个人的事情，永远和外界有联结。你是如何克服或者利用联结达到你所设定的生涯目标的？

图 6-1　活动“我的角落”

### 活动二：种下一棵家庭职业树

(1) 假如你的家族是一棵茁壮成长的树，你觉得会是怎样一棵树，这棵树有你家族职业的特点，将它画在 A4 纸上。

(2) 每位成员选出四张“潜意识投射卡”，放在树的根基处，从左往右分别代表与你的爷爷、奶奶、外公、外婆有某个特质相似，这一轮不做和职业相关的联结，先在建立关系的基础上进行选择(详见图 6-2)。

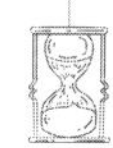

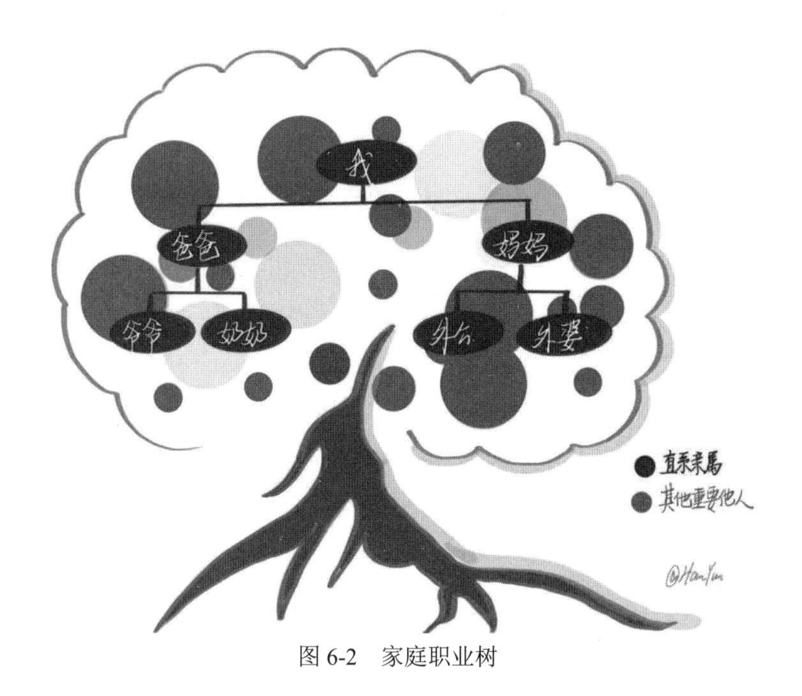


图 6-2　家庭职业树

(3) 根据父母的职业特征，分别选出两张卡牌放在树干处，左边这张代表父亲，右边这张代表母亲。在每张牌的下方写上与职业相关的关键词。

(4) 在家庭中如果还有对你的未来职业规划影响深刻的 1～2 个人，可再选出卡牌，放在“家庭职业树”上并在牌的下方写上关键词。

(5) 引导小组自行选取“家庭职业树”问题清单进行讨论。

① 我认为其中最满意最羡慕的是谁的职业？

② 他们给我的影响是什么？

③ 他们对我的职业期待是什么？

④ 我会在未来的职业规划中做些什么，从而可以和他们一样？

⑤ 我家庭中最多人从事的职业是什么？我想要从事这种职业吗？为什么？

⑥ 爸爸如何形容他的职业？爸爸平时会提到哪些职业？他是怎么说的？爸爸的想法对我的影响是？

⑦ 妈妈如何形容她的职业？妈妈平时会提到哪些职业？她是怎么说的？妈妈的想法对我的影响是？

⑧ 家庭中还有谁对职业的想法对我影响深刻？他们怎么说？

⑨ 家庭中彼此羡慕的职业是？满意或羡慕的理由是什么？对他们的想法我觉得？

⑩ 家人对各职业的评价往往表现了他们的好恶，我的家人最常提到有关职业的事是什么？

⑪ 我觉得家人对我未来选择职业的影响是？

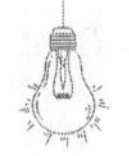

⑫ 哪些职业我绝不考虑？

⑬ 哪些职业是我的选择范围？我目前的职业(专业)和这个范围的关系是？

⑭ 选择职业时，我还重视哪些条件？

**【活动点睛】**

回答完这份清单，你的感觉是？你的发现是？

(6) 课后可布置家庭成员职业访谈作业，并在课堂上以小组为单位绘制“生涯人物访谈”海报并分享(可参考图 6-3、图 6-4、图 6-5)，内容如下。

① 基本数据：对象、日期、职业、访问地点；

② 工作概况(工作性质内容、工作环境、乐趣与困难)；

③ 工作时间(每天工时及休假)及待遇(薪水、红利、福利、考绩)；

④ 工作所需资格条件(学历、证照、条件、能力)；

⑤ 教育与训练(进修机会、升迁情形)；

⑥ 工作心得与未来展望。

图 6-3　生涯人物访谈小组手绘海报(1)

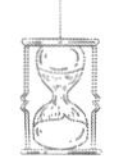

图 6-4　生涯人物访谈小组手绘海报(2)

图 6-5　生涯人物访谈小组手绘海报(3)

**活动三：我眼中的你**

(1) 根据小组人数，每位团队成员分发相应份数的小纸片。

(2) 其中一张纸片上写的是对自己的评价(三个优点)，剩下的纸片上匿名写上对小组其他成员的评价(三个优点)，由小组统一收齐后，再匿名投递给相应的组员。

**【活动点睛】**

(1) 写自己三个优点和写别人三个优点的时候有什么区别？

(2) 社会交往、社会认同中重要的品质，哪些是常常被自己忽视的部分？

(3) 什么样的品牌是你期望传达给周边的人的？你身上有什么品牌是社会所期许的？

(4) 如何稳定自己的品牌？如何强化和增强自己的品牌效应？

## 五、重点难点

(1) 目标确立的过程中不能有交流，要凭借自己的个人意向完成。

(2) 分享生涯和家人的关系时要注意分享自愿和分享保密原则。

(3) 引导学生结合个人的兴趣类型进行相关行业领域的生涯人物访谈。

## 六、案例分享

### (一) 榜样的力量

(1) 从出生到现在，无论是真实的生活接触，还是通过书籍、报刊、影视作品、网络信息等途径，很多人走进了你的生活，给你留下了深刻的印象。

(2) 现在，请你仔细回想一下，所有的这些人，无论是你的亲朋好友、同学同事，还是历史人物、歌星明星，甚至包括那些影视作品里的角色、传奇故事里的人物等，你最欣赏、羡慕或者崇拜的人，排在前五名的都有谁？他们身上的哪些特点或品质吸引了你？

① ________： ______、 ________、 ______、 ________、 ______

② ________： ______、 ________、 ______、 ________、 ______

③ ________： ______、 ________、 ______、 ________、 ______

④ ________： ______、 ________、 ______、 ________、 ______

⑤ ________： ______、 ________、 ______、 ________、 ______

(3) 思考：出现频率最高的三个关键词是什么？这三个关键词与你过往的经历有什么关系？在你未来的人生发展道路上，他们将起到什么样的作用？假如有一天，你也成为别人欣赏、羡慕或者崇拜的对象，你希望别人用哪三个关键词来概括你吸引他们的原因？

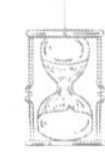

【活动点睛】

通过分析榜样身上具备的品质特点，以及他们解决问题的决策风格，来帮助团队成员反思自己追求什么样的品质，这些品质里有没有父母的期待？有没有社会加在你身上的要求？有没有你对自己生命意义的诠释？有没有你对某种生活的向往？有没有你一直缺少的某种东西？这会是一个很好的自我觉察。

# 第三节　教辅材料

以下两个表单能帮助学生了解到职业岗位和具体的生涯详情，可单独使用或结合使用。

## 一、各行各业表单

【表单使用说明】

请从表 6-1 中选出 10 个你喜欢的职业，并说说理由；有哪些职业，是你非常排斥的，为什么？有哪些职业，对你来说是完全陌生的？你能想到通过哪些途径去了解关于职业的信息？

表6-1　职业分类

| | | |
|---|---|---|
| 1. 机械工程师 | 17. 社会服务部主任 | 33. 统计学家 |
| 2. 戏剧演员 | 18. 运动选手 | 34. 财务分析员 |
| 3. 兽医 | 19. 药剂师 | 35. 精神科医生 |
| 4. 生理学家 | 20. 动、植物学家 | 36. 哲学家 |
| 5. 新闻记者 | 21. 汽车机械师 | 37. 土木工程师 |
| 6. 服装设计师 | 22. 珠宝商 | 38. 飞行员 |
| 7. 地理学家 | 23. 航空导航员 | 39. 生理学家 |
| 8. 园艺学家 | 24. 海洋学家 | 40. 外交人员 |
| 9. 会计师 | 25. 遗传学家 | 41. 警官、侦探 |
| 10. 气象学家 | 26. 社会学家 | 42. 广告设计师 |
| 11. 航空工程师 | 27. 导游 | 43. 化学工程师 |
| 12. 牙医师 | 28. 历史学家 | 44. 法院观护人 |
| 13. 进口商 | 29. 音乐家 | 45. 电机工程师 |
| 14. 专业护士 | 30. 外语翻译员 | 46. 化学家 |
| 15. 编辑 | 31. 职业辅导员 | 47. 作家 |
| 16. 系统分析员 | 32. 冶金工程师 | 48. 房地产销售员 |

续表

| | | |
|---|---|---|
| 49. 计算机程序设计员 | 70. 天文学家 | 91. 大专教授 |
| 50. 农艺学家 | 71. 病理学家 | 92. 地质学家 |
| 51. 采矿工程师 | 72. 物理学家 | 93. 景观设计师 |
| 52. 中小学老师 | 73. 节目主持人 | 94. 体育教练 |
| 53. 美容师 | 74. 林务人员 | 95. 生态学家 |
| 54. 外贸办事员 | 75. 都市计划设计师 | 96. 秘书 |
| 55. 人事主管 | 76. 汽车商 | 97. 戏剧导演 |
| 56. 钢琴调音师 | 77. 时装模特 | 98. 室内装潢师 |
| 57. 艺术家 | 78. 花卉商 | 99. 外科医生 |
| 58. 计算机操作员 | 79. 铁路工程师 | 100. 航空服务员 |
| 59. 劳工代表 | 80. 厨师 | 101. 农牧场主人 |
| 60. 电视播音员 | 81. 数学家 | 102. 出租车司机 |
| 61. 保险业者 | 82. 工业工程师 | 103. 政治家 |
| 62. 图书管理员 | 83. 银行家 | 104. 出纳员 |
| 63. 律师、法官 | 84. 家政学家 | 105. 户政人员 |
| 64. 生化学家 | 85. 内科医生 | 106. 旅行社业务员 |
| 65. 零售商 | 86. 人事 | 107. 股票经纪商 |
| 66. 营养专家 | 87. 贸易部经理 | 108. 电子工程师 |
| 67. 建筑师 | 88. 细菌学家 | 109. 海关稽查员 |
| 68. 摄影师 | 89. 政府官员 | 110. (其他，请注明) |
| 69. 人类学家 | 90. 经济学家 | |

## 二、生涯人物访谈说明

### 1. 目的

(1) 生涯人物访谈的目标是收集使你做出明智职业生涯决策的信息。

(2) 不要利用生涯人物访谈来找工作或开展职业面试，这样不但会使你感到尴尬，也会使潜在雇主反感。

### 2. 意义

获得具体职业生涯详情最有效的方法之一，是与处在你感兴趣职位的人进行访谈。生涯人物访谈可以帮助你。

(1) 获取最新的职业信息。

(2) 扩大你的职业人际关系网。

(3) 树立工作面试的信心。

(4) 确定你的专业实力和不足。

(5) 从内部了解组织。

### 3. 准备

提前准备好生涯人物访谈是非常重要的。了解自己有助于你深入地进行访谈。你对自己了解越多，在做生涯人物访谈时就会越专业，也就越有可能找到既开心又令人满意的工作。列出你所感兴趣的组织和可访谈人。

### 4. 安排生涯人物访谈

(1) 访谈前，打电话给你要访谈的人，进行自我介绍并说明意图，提一下你是如何找到他的名字的。尽管有些人采用电子邮件或书信的形式，但电话联系的效果更好。

(2) 说明调研中你感兴趣的工作类型、原因以及进行访谈所需要的时间(通常20到30分钟)。如果你要访谈的人不能和你见面，就问问他们能否给出五分钟左右的时间进行电话访谈。如果他们还是很忙，就请求他们介绍一位与他所做工作相似的人。

(3) 感谢他能够接受访谈并确认访谈的日期、时间和地点。如果他不能见你，就表示遗憾。如果得到了被推荐人的名字，应表示感激。

### 5. 开展生涯人物访谈

你在生涯人物访谈中可以提的问题举例如下。

(1) 在这个工作岗位上，每天都做些什么？

(2) 最近，这项工作因科技、市场、竞争等发生变化了吗？

(3) 你是如何找到这份工作的？

(4) 你是如何看待该领域工作的变化趋势的？

(5) 你的工作是如何为实现组织的总体目标或使命贡献力量的？

(6) 你所在领域的“职业生涯通道”是什么？

(7) 本职业需要什么样的人？

(8) 到本领域工作所需的基本前提是什么？

(9) 就你的工作而言，你最喜欢什么？最不喜欢什么？

(10) 什么样的初级工作最有益于学到尽可能多的知识？

(11) 本领域初级职位和略高级别职位的薪水是多少？

(12) 在工作中采取行动和解决问题的自由度如何？

(13) 本领域有发展机会吗？

(14) 本工作的哪部分让你最满意，哪部分最有挑战性？

(15) 什么样的个人品质或能力对本工作的成功来讲是重要的？

(16) 你认为将来本领域潜在的不利因素是什么？

(17) 依你所见，在本领域工作遇到了什么样的问题？

(18) 对于一个即将进入该领域的人，你愿意提出特别建议吗？

(19) 本工作需要特别的知识、技能和经验吗？

(20) 这种工作需要什么样的教育或培训背景吗？

(21) 公司对刚进入该领域的员工提供哪种培训？

(22) 哪些渠道能帮助我深入了解该领域？

(23) 你的熟人中有谁能够成为我下次访谈的对象吗？当我打电话给他/她的时候，可以用你作推荐人吗？

(24) 根据你对我的教育背景、技能和工作经验的了解，你认为我在做出最终决定之前还应在哪个领域、什么样的工作上进行深入调查研究呢？

**6. 注意事项**

(1) 一次访谈问的问题不要太多，一般 5～10 个。

(2) 问题一定要简洁，不要浪费他人时间，并且按约定的时间结束。

(3) 给访谈对象留出提供其他信息的机会。

(4) 为自己准备一个“30 秒的广告”，因为在访谈过程中，别人可能会问到你的职业兴趣和目标。

(5) 一定要迅速发送感谢信(访谈结束后一天之内)。

# 参考文献

[1] 任朝霞，陈萍. 班杜拉社会学习理论及其在教育中的应用[J]. 山东省农业管理干部学院学报，2004.

[2] 易莉，徐惠. 社会学习理论中的榜样教育[J]. 江西教育，2006.

[3] 史超. 刍议社会认知理论在思想政治教育中的应用[J]. 大观周刊，2011.

[4] Stipek D，田 Ben，社会认知理论[J]. 国际高等教育研究，2003.

# 第七章

# 价值观拍卖

迷茫源于对自己的未知

魔镜魔镜告诉我

人生如戏我是谁

**【本章导读】**

本章引导团队成员了解价值观对个人生活的意义，将价值观与未来人生选择产生联结，促进团队成员提高行动力，去塑造更能满足自己核心价值观的生活，进而引发自身行动的改变。

# 第一节　理论背景

追求是由价值观所决定的，而职业中的追求就是由职业价值观来决定的。价值观在个人职业生涯中起着决定性的作用。它是一种内心尺度，支配着人的行为、态度、信念等，为人自认为的正当行为提供充足的理由。

## 一、价值观

### （一）价值观简介

价值观是基于人的一定的思维感官之上而做出的认知、理解、判断或抉择，也就是人认定事物、辨别是非的一种思维或取向，从而体现出人、事、物一定的价值或作用。

### （二）价值观特点

价值观具有稳定性和持久性、历史性和选择性、主观性的特点。价值观对动机有导向的作用，同时反映人们的认知和需求状况。对于价值观较著名的研究包括奥尔波特等人的价值观研究、M.莫里斯的生活方式问卷、M.罗克奇的价值观调查表等。

#### 1. 稳定性和持久性

价值观具有相对的稳定性和持久性。在特定的时间、地点、条件下，人们的价值观总是相对稳定和持久的。比如，对某种人或事物的好坏总有某种看法和评价，在条件不变的情况下这种看法也不会改变。

#### 2. 历史性和选择性

在不同时代、不同社会生活环境中形成的价值观是不同的。一个人的价值观是从出生开始，在家庭和社会的影响下，逐步形成的。一个人所处社会的生产方式及其经济地位，对其价值观的形成有决定性的影响。当然，报刊、电视和广播等宣传的观点以及父母、老师、朋友和公众名人的观点与行为，对一个人的价值观也有不可忽视的影响。

#### 3. 主观性

用以区分好与坏的标准是根据个人内心的尺度进行衡量和评价的，这些标准都可以称为价值观。

### （三）价值观作用

价值观对人们自身行为的定向和调节起着非常重要的作用。价值观决定人的自我认识，它直接影响和决定一个人的理想、信念、生活目标和追求方向。价值观的作用大致体现在以下两个方面。

#### 1. 价值观对动机有导向的作用

价值观有时是一种需要的缺乏。人们的行为动机受价值观的支配和制约，价值观对动机模式有重要影响。在同样的客观条件下，具有不同价值观的人，其动机模式不同，产生的行为也不相同。动机的目标方向受价值观的支配，只有那些经过价值判断被认为是可取的动机，才能转换为行为的动机，并以此为目标引导人们的行为。

#### 2. 价值观反映人们的认知和需求状况

价值观是人们对客观世界及行为结果的评价和看法，是我们在生活和工作中所看重的原则、标准和品质，因而，它从某个方面反映了人们的人生观和世界观，反映了人的主观认知世界。它指向我们一生中最重要的东西，因此它也是一套自我激励机制。

## 二、职业价值观

### （一）职业价值观简介

职业价值观是指人生目标和人生态度在职业选择方面的具体表现，也就是一个人对职业的认识和态度以及他对职业目标的追求和向往，是个体对某种工作结果重要性的看法，对于通过工作所获得回报内容的期望。职业价值观测评会有助于职业决策和提高工作满意度。

理想、信念、世界观对职业的影响，集中体现在职业价值观上。

由于个人的身心条件、年龄阅历、教育状况、家庭影响、兴趣爱好等方面的不同，人们对各种职业有着不同的主观评价。从社会层面来讲，由于社会分工的发展和生产力水平的相对落后，各种职业在劳动性质和内容上，在劳动难度和强度上，在劳动条件和待遇上，在所有制形式和稳定性等诸多问题上，都存在着差别。再加上传统的思想观念等的影响，各类职业在人们心目中的声望地位便也有好坏高低之分。这些评价都形成了人的职业价值观，并影响着人们对就业方向和具体职业岗位的选择。

每种职业都有各自的特性，不同的人对职业意义有不同的认识，对职业好坏有不同的评价和取向，这就是职业价值观。职业价值观决定了人们的职业期望，影响着人们对职业方向和职业目标的选择，决定着人们就业后的工作态度和劳动绩效水平，从而决定了人们的职业发展情况。哪个职业好？哪个岗位适合自己？从事某一项具体工作的目的是什么？这些问题都是职业价值观的具体表现。

### （二）职业价值观分类

根据不同的划分标准，人们对职业价值观的种类划分也不同。美国心理学家洛特克在其所著《人类价值观的本质》一书中，提出 13 种价值观：成就感、审美追求、挑战、健康、收入与财富、独立性、爱、家庭与人际关系、道德感、欢乐、权利、安全感、自我成长和社会交往。我国学者阚雅玲将职业价值观分为如下 12 类。

(1) 收入与财富。工作能够明显有效地改变自己的财务状况，因此可以将薪酬作为选择工作的重要依据。工作的目的或动力主要来源于对收入和财富的追求，并以此改善生活质量，显示自己的身份和地位。

(2) 兴趣特长。以自己的兴趣和特长作为选择职业最重要的因素，能够扬长避短、趋利避害、择我所爱、爱我所选，可以从工作中得到乐趣、得到成就感。在很多时候，会拒绝做自己不喜欢、不擅长的工作。

(3) 权力地位。有较高的权力欲望，希望能够影响或控制他人，使他人照着自己的意思去行动；认为有较高的权力地位会受到他人尊重，从中可以得到较强的成就感和满足感。

(4) 自由独立。工作有弹性，不想受太多的约束，可以充分掌握自己的时间和行动，自由度高，不想与太多人发生工作关系，既不想制人也不想受制于人。

(5) 自我成长。工作能够给予受培训和锻炼的机会，使自己的经验与阅历能够在一定的时间内得以丰富和提高。

(6) 自我实现。工作能够提供平台和机会，使自己的专业和能力得以全面运用和施展，实现自身价值。

(7) 人际关系。将工作单位的人际关系看得非常重要，渴望能够在一个和谐、友好甚至被关爱的环境工作。

(8) 身心健康。工作能够免于危险、过度劳累，免于焦虑、紧张和恐惧，使自己的身心健康不受影响。

(9) 环境舒适。工作环境舒适宜人。

(10) 工作稳定。工作相对稳定，不必担心经常出现裁员和辞退现象，免于经常奔波找工作。

(11) 社会需要。能够根据组织和社会的需要响应某一号召，为集体和社会做出贡献。

(12) 追求新意。希望工作的内容经常变换，使工作和生活显得丰富多彩，不单调枯燥。

### （三）职业价值观所对应的职业类型

#### 1. 自由型(非工资工作者型)

特点：不受别人指使，凭自己的能力拥有自己的小“城堡”，不愿受人干涉，想充分施展本领。

相应职业类型：室内装饰专家、图书管理专家、摄影师、音乐教师、作家、演员、记者、诗人、作曲家、编剧、雕刻家、漫画家等。

#### 2. 经济型(经理型)

特点：他们断然认为世界上的各种关系都建立在金钱的基础上，包括人与人之间的关系，甚至父母与子女之间的爱也带有金钱的烙印。这种类型的人确信，金钱可以买到世界上所有的幸福。

相应职业类型：各种职业中都有这种类型的人，商人为甚。

#### 3. 支配型(独断专行型)

特点：相当于组织的一把手，飞扬跋扈，无视他人的想法，为所欲为，且视此为无比快乐。

相应职业类型：进货员、商品批发员、旅馆经理、饭店经理、广告宣传员、调度员、律师、政治家、零售商等。

#### 4. 小康型

特点：追求虚荣，优越感也很强。很渴望能有社会地位和名誉，希望常常受到众人尊敬。欲望得不到满足时，由于过于强烈的自我意识，有时反而很自卑。

相应职业类型：记账员、会计、银行出纳、法庭速记员、成本估算员、税务员、核算员、打字员、办公室职员、统计员、计算机操作员等。

#### 5. 自我实现型

特点：不关心平常的幸福，一心一意想发挥个性，追求真理。不考虑收入、地位及他人对自己的看法，尽力挖掘自己的潜力，施展自己的本领，并视此为有意义的生活。

相应职业类型：气象学者、生物学者、天文学家、药剂师、动物学者、化学家、科学报刊编辑、地质学家、植物学者、物理学者、数学家、实验员、科研人员等。

#### 6. 志愿型

特点：富于同情心，把他人的痛苦视为自己的痛苦，不愿干表面上哗众取宠的事，把默默地帮助不幸的人视为无比快乐。

相应职业类型：社会学者、导游、福利机构工作者、咨询人员、社会工作者、社会科学教师、护士等。

### 7. 技术型

特点：性格沉稳，做事组织严密，井井有条，并且对未来充满平常心。

相应职业类型：木匠、农民、工程师、飞机机械师、野生动物专家、自动化技师、机械工、电工、火车司机、公共汽车司机、机械制图员等。

### 8. 合作型

特点：人际关系较好，认为朋友是最大的财富。

相应职业类型：公关人员、推销人员、秘书等。

### 9. 享受型

特点：喜欢安逸的生活，不愿从事任何挑战性的工作。

相应职业类型：无固定职业类型。

## 三、职业锚

### （一）职业锚简介

职业锚理论产生于美国麻省理工学院斯隆商学院、美国著名的职业指导专家埃德加·施恩(Edgar H.Schein)教授领导的专门研究小组，是在研究小组对该学院毕业生的职业生涯研究中演绎成的。斯隆管理学院的 44 名 MBA 毕业生，自愿组成一个小组接受施恩教授长达 12 年的职业生涯研究，包括面谈、跟踪调查、公司调查、人才测评、问卷等多种方式，最终分析总结出了职业锚(又称职业定位)理论。

所谓职业锚，又称职业系留点。锚，是使船只停泊定位用的铁质器具。职业锚，实际就是人们选择和发展自己的职业时所围绕的中心，是指当一个人不得不做出选择的时候，他无论如何都不会放弃的职业中的那种至关重要的东西或价值观，是自我意向的一个习得部分。个人进入早期工作情境后，职业锚由习得的实际工作经验所决定，并与其经验中自省的动机、价值观、才干相符合，是能够获得自我满足和补偿的一种稳定的职业定位。职业锚强调个人能力、动机和价值观三方面的相互作用与整合。职业锚是个人同工作环境互动作用的产物，在实际工作中是不断调整的。

### （二）职业锚类型介绍

职业锚以员工习得的工作经验为基础，产生于早期职业生涯，员工的工作经验进一步丰富发展了职业锚。1978 年，施恩教授提出的职业锚理论包括五种类型：自主型职业锚、创业型职业锚、管理能力型职业锚、技术职能型职业锚、挑战型职业锚。

由于人们逐渐发现了职业锚的研究价值，因此越来越多的人加入了研究的行列。在

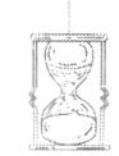

20 世纪 90 年代，又发现了三种类型的职业锚：安全稳定型、生活型、服务型职业锚。施恩教授将职业锚增加到八种类型，并推出了职业锚测试量表(表 7-1)。

技术/职能型(technical functional competence)：技术/职能型的人，追求在技术/职能领域的成长和技能的不断提高，以及应用这种技术/职能的机会。他们对自己的认可来自他们的专业水平，他们喜欢面对来自专业领域的挑战。他们通常不喜欢从事一般的管理工作，因为这意味着他们将放弃在技术/职能领域的成就。

管理型(general managerial competence)：管理型的人追求并致力于工作晋升，倾心于全面管理，可以独自负责一部分，可以跨部门整合其他人的努力成果，他们想去承担整体的责任，并将公司的成功与否看成自己的工作。具体的技术或者职能工作仅仅被看作是通向更高、更全面管理层的必经之路。

自主/独立型(autonomy independence)：自主/独立型的人希望随心所欲安排自己的工作方式、工作习惯和生活方式，追求能施展个人能力的工作环境，最大限度地摆脱组织的限制和制约。他们愿意放弃提升或工作发展的机会，也不愿意放弃自由与独立。

安全/稳定型(security stability)：安全/稳定型的人追求工作中的安全与稳定感。他们可以预测将来的成功从而感到放松。他们关心财务安全，例如：退休金和退休计划。稳定感包括诚信、忠诚、完成老板交代的工作。尽管有时他们可以达到一个高的职位，但他们并不关心具体的职位和具体的工作内容。

创造/创业型(entrepreneurial creativity)：创造/创业型的人希望使用自己的能力去创建属于自己的公司或创建完全属于自己的产品(或服务)，而且愿意去冒风险，并克服面临的障碍。他们想向世界证明公司是他们靠自己的努力创建的。他们可能正在别人的公司工作，但同时他们在学习并评估将来的机会。一旦他们感觉时机到了，他们便会走出去创建自己的事业。

服务/奉献型(service dedication to a cause)：服务/奉献型的人一直以来追求的都是他们认可的核心价值，例如：帮助他人，改善人们的安全，通过新的产品消除疾病。他们一直追寻这种机会，即使这意味着变换公司，他们也不会接受不允许他们实现这种价值的工作变换或工作提升。

挑战型(pure challenge)：挑战型的人喜欢解决看上去无法解决的问题，战胜强硬的对手，克服无法克服的困难障碍等。对他们而言，参加工作的原因就是工作允许他们去战胜各种不可能。新奇、变化和困难是他们的终极目标。如果事情非常容易，它马上变得非常令人厌烦。

生活型(lifestyle)：生活型的人喜欢平衡个人、家庭和职业的需要。他们希望将生活的各个主要方面整合为一个整体。正因为如此，他们需要一个能够提供足够的弹性让他们实现这一目标的职业环境。他们甚至可以牺牲他们职业的一些方面，如：放弃职位的提升。在他们看来，成功的定义比职业成功更广泛。他们认为自己在如何去生活、在哪里居住、如何处理家庭事务，以及在组织中的发展道路这些方面是与众不同的。

### （三）职业锚功能介绍

#### 1. 使组织获得正确的反馈

职业锚是员工经过搜索，所确定的长期职业贡献区或职业定位。这一搜索定位过程，遵循员工的需要、动机和价值观进行。所以，职业锚清楚地反映出员工的职业追求与抱负。

#### 2. 为员工设置可行有效的职业渠道

职业锚准确地反映员工职业需要及其所追求的职业工作环境。反映员工的价值观和抱负。透过职业锚，组织获得员工正确信息的反馈，这样，组织才可能有针对性地对员工职业发展设置可行的、有效的、顺畅的职业渠道。

#### 3. 增长员工工作经验

职业锚是员工职业工作的定位，不但能使员工在长期从事某项职业中增长工作经验，同时，员工职业技能也能不断增强，直接产生提高工作效率或劳动生产率的明显效益。

#### 4. 为员工做好奠定中后期工作的基础

之所以说职业锚是中后期职业工作的基础，是因为职业锚是员工在通过工作经验的积累后产生的，它反映了该员工价值观和被发现的才干。员工抛锚于某一种职业工作的过程，就是自我认知的过程，就是把职业工作与自我价值观相结合的过程，开始决定成年期的主要生活和职业选择。

# 第二节　活动实践

俗话说:“人各有志。”这个“志”表现在职业选择上就是职业价值观，它是一种具有明确目的性、自觉性和坚定性的职业选择态度和行为，对职业目标和择业动机起着决定性的作用。

## 一、教具准备

(1) A4 纸若干。

(2) 竞拍板，每组一个(也可用纸张自制纸筒等代替)。

## 二、活动目的

(1) 认识什么是价值观，什么是职业价值观。
(2) 了解价值观的影响因素有哪些。
(3) 认识到价值观对职业选择的重要性。
(4) 澄清自己的价值观，探索和觉察对自己最重要的职业价值观。

## 三、设计思路

(1) 通过“一分钟价值”暖场。
(2) 了解个人价值观以及重要价值观的取舍。
(3) 观察团体中共同价值观的产生、分析小组的决策风格。
(4) 学会如何进行生涯资源的评估。

## 四、操作流程

### 活动一：一分钟价值

(1) 一分钟时间，进行头脑风暴，在纸上写一分钟可以做多少事情。

(2) 当所有成员写完后，每个小组选派一个成员代表进行分享，向其他团队成员介绍自己组员在一分钟内可以做的事情。通过头脑风暴，会让学生惊叹，原来一分钟可以做这么多事情。

**【活动点睛】**

教师可以启发学生利用碎片化的时间进行时间管理。

### 活动二：价值观拍卖会

(1) 每个团队成员拥有 1000 元原始资本，全部资金汇总后以小组为单位进行拍卖，每次加价 100 元。每个小组挑选出一名竞拍员，只有指定的竞拍员举牌才有效。

(2) 有如下价值观词条(指导老师也可以根据需要自行增删)：归属感，物质保障(如高收入)，稳定，创造性，多样性和变化性，乐趣，自由独立(时间，工作任务)，被认可，受尊重，能帮助他人，能发挥自己的才能，成就感，成功，名誉地位，有学习/发展/成长的机会，权力，有益于社会，挑战性，符合自己的道德观，工作环境，工作与生活平衡，家庭，朋友，健康，信仰，自由……

(3) 每个团队成员先独立完成以下表单。

所列举的价值观当中，我所看重的五个分别是：

A. ______________，因为 ______________________________；

B. ______________，因为 ______________________________；

C. ______________，因为 ______________________________；

D. ______________，因为 ______________________________；

E. ______________，因为 ______________________________。

(4) 小组集体讨论，用自己小组的决策方式选出的本组想要购买的价值观先后顺序分别是：

A. ______________；

B. ______________；

C. ______________。

(5) 拍卖结束后教师引导成员进行本环节分享。

① 竞争会影响初衷吗？从想要什么到我想赢是怎样一个过程？

② 成长过程中会有很多改变，迫于竞争会有屈服的时候吗？悦纳自己的同时是否偏离了自己的初衷？

③ 如何看待生涯中人的灵活性是一种智慧？

④ 你所在的小组有没有买到最想要的？你们执行的是什么拍卖策略？与自己日常习惯的行为方式有哪些相同之处？如果能达到最优化效果，你会怎么做？

⑤ 你所在的小组是怎么进行想要的价值观的购买排序的？如果碰到有组员并不认为那是他所要的，你们小组是怎么处理的呢？小组集体商议出来的结果中，哪些是我支持要买的，因为什么？哪些是我不支持要买的，因为什么？

⑥ 组员决定想买的价值观并不是我喜欢的，我的做法或看法是：

□ 没关系啦，以大局为重，就牺牲自己吧。

□ 不管别人怎么说，我会坚持不把我手上的钱捐出去，因为那不是我真正想要的啊！而我有选择的权利。

□ 我会把我想买的告诉组员，并希望他们能体谅我，甚至帮我把它买下来。

⑦ 这个活动让我学到了什么？

(6) 教师引导成员进行思考：

① 生涯选择需要如何评估？

② 团体中共同的价值观是怎么产生的，是妥协、争取，还是让步？

③ 团体中的竞争是否表现得更极端和充分？

④ 你为了竞争是否忘了自己的初心？

⑤ 小组集体商议的哪些策略是发展性的，哪些策略是伤害性的？

⑥ 每个人有没有得到自己最想要的东西？为什么？经验和问题是什么？我们在生

活当中，又是怎样对待自己认为很重要的东西的？有没有投入更多，还是被其他东西诱惑？这对你的学习生涯有什么启发？

⑦ 你得到了几项商品？手里有没有剩下钱？对于这样的状态你自己如何反思？这对你的学习生活有什么启发吗？

⑧ 是否关注到那些与我们价值观不同的人？你对他们怎么看？如果你的价值观和大多数人不同，你对自己怎么看？这些看法会怎样影响你？未来，你会如何面对这样的影响？

【活动点睛】

拍卖的规则需要事先向团队成员明确清楚，并且要提醒大家，拍卖的目的是体验选择的过程，要将小组的资金真正当作自己一生的时间、精力和资源去珍惜和对待，避免有些团队成员纯粹出于赢得游戏的角度去完成。引导团队成员澄清愿景、激发为目标而努力的动机。

### 活动三：品鉴大餐——职业价值观探索

(1) 旋转寿司(每个人只能“吃五种寿司”，即选 5 条价值观)。

PPT 上依次呈现不同的 15 项重要的职业价值观，内容包括：利他助人、美的追求、创造发明、智力激发、独立自主、成就感、声望地位、管理权力、经济报酬、安全稳定、工作环境、上司关系、同事关系、多样变化、生活方式。

学生全体起立，当第一条职业价值观出现时，学生需要马上思考是不是自己看中的价值观，如果是，就坐下来在同种颜色的名片纸上写下该价值观。写完后起立，再呈现第二条职业价值观，以此类推。

旋转寿司环节结束后，学生讨论，是否吃到了自己想吃的寿司。是否刚开始着急，很快吃了五种寿司后，却发现后面上的才是自己最想吃的，也有学生刚开始纠结，一直等着看后面的寿司，直到最后，可能都没有吃够五种。回头想要别的，已经没有机会了。

(2) 海鲜大餐(每个人仍旧只能选吃五种，即 5 条价值观)。

PPT 上同时出现刚才那 15 项重要的职业价值观，内容包括：利他助人、美的追求、创造发明、智力激发、独立自主、成就感、声望地位、管理权力、经济报酬、安全稳定、工作环境、上司关系、同事关系、多样变化、生活方式。

学生需要仔细观察，仔细掂量获得和失去这个价值观的感受，最终挑选对自己来说最重要的 5 个。学生对照海鲜大餐这个环节挑选出来的 5 条和刚才旋转寿司环节的 5 条，看看它们之间有什么不同，在这个过程中有哪些思考和感受。

海鲜大餐环节的价值观更加趋于真实和具体，慎重思考后，引导学生更加聚焦自己的真实价值观。

(3) 价值观澄清。

请学生拿起海鲜大餐中最终确定的 5 条价值观。

如果生活发生变故，工作无法满足你全部的价值观，你不得不删除其中一个，你会删除哪个？请将这一项丢弃。

生活再次改变，你不得不再删除其中一个，你会删除哪个？请将这一项丢弃。

现实很骨感，也许你已经觉得痛苦了，但还需要你再删除一个，你会删除哪个？请将这一项丢弃。

此时，你只剩下两个对你来说非常重要的价值观了，可是人生大都渴望轰轰烈烈，但生活永远也摆脱不了平凡与琐碎，你还需要再删除一个，你会删除哪个？请将这一项丢弃。(剩一项)

最后，你捏在手里的，是否是你无论如何都不愿意放弃的？

**【活动点睛】**

可将手中剩余的价值观与别人丢弃的价值观进行交换。交换时需要拿手中的两条以上价值观交换别人的一条，因此体现想要就要付出代价，促使学生思考是否真的在意和看重。

## 五、重点难点

(1) 普遍重视的价值观要放在最后，价值观词条也可以从同学当中调查收集产生。

(2) 仔细探寻每个组的操作过程，一些细节要详细询问。比如：最初大家讨论的目标是什么？策略如何制定？具体操作过程中是否发生了变化，为什么？变化之后的结果是什么？你们满意现在的结果吗？你们从中学习到了什么？如果有机会重来，你们会有什么不同？

(3) 小组之间进行对比，帮助大家发现不同的小组特征和决策风格所带来的小组目标实现的不同状况，体察自身在生活和生涯发展中的既有模式，做出反思、认同或调整。

(4) 如果有些团队成员的行为和价值观不一致，不要进行评判，注意引导他们觉察到这种差异即可。

## 六、案例分享

### （一）处理好职业价值观与金钱的关系

金钱是一种成就的报酬，它是在确定职业价值观时首先要面对的问题。有些经济条件不太好的大学毕业生在求职时，将金钱作为首选价值观，从根本上讲这并没有错。但

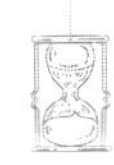

是对于有些人来说，拥有的知识、能力、经验和阅历还不足以使其一走上社会就获得大量金钱回报。怀有一夜暴富的心理是不正常的，更是危险的，容易被社会上的不法分子利用，甚至误入歧途。特别是面对严峻的就业形势，更应理性地降低对金钱的期望值，把眼光放远一些，应尽可能地将自我成长和自我实现作为毕业求职时的首选价值观。

### （二）处理好职业价值观与个人兴趣和特长的关系

职业价值观、个人兴趣和特长是人们在择业时需要考虑的最重要的三个因素。在确定价值观时，一定要考虑它是否与自己的兴趣和特长相适应。据调查，如果从事自己不喜欢的工作，有 80%的人难以在他选择的职业上成功；而如果选择了自己喜欢的工作则可以充分调动人的潜能，获得职业发展的原动力。此外，选择一项自己擅长的工作，也会事半功倍。

### （三）处理好职业价值观的排序与取舍的问题

职业价值观的特性决定人们不会只有唯一的职业价值观，人性的本能也会驱使人们希望什么都能得到，但在现实生活中鱼和熊掌是不可兼得的。然而在职业选择中，人们却不能理性对待。既然是选择，就要付出代价，只有舍，才能得。所以，要对自己的职业价值观进行排序，找出你认为最重要、次重要的方面，并提醒自己不可能什么都得到，否则就会患得患失，终其一生也不清楚自己到底想要什么，更谈不上职业生涯的成功和对社会的贡献了。

### （四）处理好职业价值观中个人与社会的关系

人不能离开社会而独立存在，个人只有在工作中为社会做贡献才能实现自己的职业价值。当然我们并不是说要忽略择业中的个人因素，只去尽社会责任，这样不但不利于个人，也是社会的损失。例如，让一个富于科学创造力、不善言辞的学者去从事普通的教师工作，可能使国家损失一项重大的发明，而社会不过是多了一个也许并不出色的老师。因此，我们反对只为个人考虑、毫不考虑国家和社会需要的职业价值观。

### （五）处理好淡泊名利与追逐名利的关系

名利是人的欲望使然，欲望可以使人成就大的事业，也可使人自我毁灭。以合理、合法、公正、公平的方式追名逐利在一定程度上对个人对社会都会有益，但它需要一定的度，该知足时则知足，该进取时则进取。

### （六）价值观探索活动之临界思考

完成以下 22 个句子。

(1) 假如我有一亿美元，我会____________，因为_____________。
(2) 我曾经听过或读过的最好观念是__________，因为__________。
(3) 我想改变世界的一件事物是_____________，因为___________。
(4) 我一生中最想要的是________________，因为_____________。
(5) 我做得最好时是当我________________，因为_____________。
(6) 我最关注的是___________________，因为_______________。
(7) 我最常幻想的是_______________，因为_________________。
(8) 我想我父母最希望我______________，因为_______________。
(9) 我一生中最大的快乐是_______________，因为___________。
(10) 我是______________的人，我期望我是_____________的人。
(11) 对我了解的人认为我是_________________________________。
(12) 我相信_______________________，因为__________________。
(13) 假如我只有24小时生命，我会___________________________。
(14) 我最喜爱的音乐类型是______________，因为_____________。
(15) 最能和我一起工作的人是____________，因为_____________。
(16) 我的工作必须给我__________________，因为_____________。
(17) 我给子女的忠告会是________________，因为_____________。
(18) 最好的电视节目是_________________，因为_______________。
(19) 我暗地里希望______________，因为_____________________。
(20) 在学校里我做得最好时是当_____________，因为__________。
(21) 假如在大火中我只能保存一样物件，将会是_____，因为_____。
(22) 假如我能改变自己一样东西，那将会是________，因为______。

思考：

(1) 以上反映了什么共同主旨？_____________________________。
(2) 从中看到以前没看到的什么？___________________________。
(3) 这对你未来的职业生涯有什么启发？______________________。
(4) 你会做些什么和以前不同的努力？________________________。

### （七）拓展价值观体系

经过十年的成长，我期望自己成为______________________的人。
这样的人具有的行为习惯是_______________________________。
他们与人发生矛盾时的处理方式是_________________________。
他们遇到挫折时会怎么应对？_____________________________。
他们期待获得什么样的事业和成就？_______________________。

你想到的“十年后的自我”的特征：________________________。

# 第三节　教辅材料

测评只是探索工作，就像医生看病一样，理论是他的病理学、药理学、诊断学，所有测评是他的评估工具。所以，测评的目的，不是得到测评结果，而是借鉴测评结果，根据职业生涯发展理论来解决个人的职业生涯发展问题。

## 一、职业锚测试表单

【表单使用说明】

对于下面给出的40个问题描述，请根据你的实际情况，从1～6中选择一个数字。数字越大，表示这种描述越符合你的实际情况。例如“我梦想成为公司的总裁”，你可以做出如下选择：

选“1”代表这种描述完全不符合你的想法；

选“2”或“3”代表你“偶尔”(或“有时”)这么想；

选“4”或“5”代表你“经常”(或“频繁”)这么想；

选“6”代表这种描述完全符合你的想法。

现在，请根据表7-1开始答题，在每一个问题右侧的六个选项中选出最符合你自身情况的答案，用圆圈画出该选项。

表7-1　职业锚测试表单

| 序号 | 问题描述 | 选项 | | | | | |
|---|---|---|---|---|---|---|---|
| | | ①从不 | ②偶尔 | ③有时 | ④经常 | ⑤频繁 | ⑥总是 |
| 1 | 我希望做我擅长的事，这样我的专业建议就会不断得到采纳 | 1 | 2 | 3 | 4 | 5 | 6 |
| 2 | 当我整合并整理其他人的工作时，我非常有成就感 | 1 | 2 | 3 | 4 | 5 | 6 |
| 3 | 我希望我的工作能够按我自己的方式、按自己的计划去开展 | 1 | 2 | 3 | 4 | 5 | 6 |
| 4 | 对我而言，安全与稳定比自由和自主更加重要 | 1 | 2 | 3 | 4 | 5 | 6 |
| 5 | 我一直在寻找可以让我创立自己事业(公司)的创意(点子) | 1 | 2 | 3 | 4 | 5 | 6 |

续表

| 序号 | 问题描述 | 选项 | | | | | |
|---|---|---|---|---|---|---|---|
| | | ①从不 | ②偶尔 | ③有时 | ④经常 | ⑤频繁 | ⑥总是 |
| 6 | 我认为只有对社会做出真正贡献的职业才算是成功的职业 | 1 | 2 | 3 | 4 | 5 | 6 |
| 7 | 在工作中，我希望去解决那些有挑战性的问题，并且胜出 | 1 | 2 | 3 | 4 | 5 | 6 |
| 8 | 我宁愿离开公司，也不愿从事需要个人和家庭做出一定牺牲的工作 | 1 | 2 | 3 | 4 | 5 | 6 |
| 9 | 将我的技术和专业水平发展到一个更具有竞争力的层次是成功职业的必要条件 | 1 | 2 | 3 | 4 | 5 | 6 |
| 10 | 我希望能够管理一个大的公司(组织)，我的决策将会影响许多人 | 1 | 2 | 3 | 4 | 5 | 6 |
| 11 | 如果职业允许自由地决定自己的工作内容、计划、过程时，我会非常满意 | 1 | 2 | 3 | 4 | 5 | 6 |
| 12 | 如果工作的结果使我丧失了自己在组织中的安全稳定感，我宁愿离开这个工作岗位 | 1 | 2 | 3 | 4 | 5 | 6 |
| 13 | 对我而言，创办自己的公司比在其他公司中争取一个高的管理位置更有意义 | 1 | 2 | 3 | 4 | 5 | 6 |
| 14 | 我的职业满足来自我可以用自己的才能去为他人提供服务 | 1 | 2 | 3 | 4 | 5 | 6 |
| 15 | 我认为职业的成就感来自克服自己面临的非常有挑战性的困难 | 1 | 2 | 3 | 4 | 5 | 6 |
| 16 | 我希望我的职业能够兼顾个人、家庭和工作的需要 | 1 | 2 | 3 | 4 | 5 | 6 |
| 17 | 对我而言，在我喜欢的专业领域内成为资深专家比做总经理更具有吸引力 | 1 | 2 | 3 | 4 | 5 | 6 |
| 18 | 只有在我成为公司的总经理后，我才认为我的职业人生是成功的 | 1 | 2 | 3 | 4 | 5 | 6 |
| 19 | 成功的职业应该允许我有完全的自主与自由 | 1 | 2 | 3 | 4 | 5 | 6 |
| 20 | 我愿意在能给我安全感、稳定感的公司中工作 | 1 | 2 | 3 | 4 | 5 | 6 |
| 21 | 当通过自己的努力或想法完成工作时，我的工作成就感最强 | 1 | 2 | 3 | 4 | 5 | 6 |

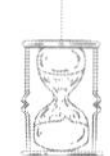

续表

| 序号 | 问题描述 | 选项 | | | | | |
|---|---|---|---|---|---|---|---|
| | | ①从不 | ②偶尔 | ③有时 | ④经常 | ⑤频繁 | ⑥总是 |
| 22 | 对我而言，利用自己的才能使这个世界变得更适合生活或居住，比争取一个高的管理职位更重要 | 1 | 2 | 3 | 4 | 5 | 6 |
| 23 | 当我解决了看上去不可能解决的问题，或者在必输无疑的竞赛中胜出时，我会非常有成就感 | 1 | 2 | 3 | 4 | 5 | 6 |
| 24 | 我认为只有很好地平衡个人、家庭、职业三者的关系，生活才能算是成功的 | 1 | 2 | 3 | 4 | 5 | 6 |
| 25 | 我宁愿离开公司，也不愿频繁接受那些不属于我专业领域的工作 | 1 | 2 | 3 | 4 | 5 | 6 |
| 26 | 对我而言，做一个全面管理者比在我喜欢的专业领域内成为资深专家更有吸引力 | 1 | 2 | 3 | 4 | 5 | 6 |
| 27 | 对我而言，用我自己的方式不受约束地完成工作，比安全、稳定更加重要 | 1 | 2 | 3 | 4 | 5 | 6 |
| 28 | 只有当我的收入和工作有保障时，我才会对工作感到满意 | 1 | 2 | 3 | 4 | 5 | 6 |
| 29 | 在我的职业生涯中，如果我能成功地创造或实现完全属于自己的产品或点子，我会感到非常成功 | 1 | 2 | 3 | 4 | 5 | 6 |
| 30 | 我希望从事对人类和社会真正有贡献的工作 | 1 | 2 | 3 | 4 | 5 | 6 |
| 31 | 我希望工作中有很多的机会，可以不断挑战我解决问题的能力(或竞争力) | 1 | 2 | 3 | 4 | 5 | 6 |
| 32 | 能很好地平衡个人生活与工作，比获得一个高的管理职位更重要 | 1 | 2 | 3 | 4 | 5 | 6 |
| 33 | 如果在工作中能经常用到我特别的技巧和才能，我会感到特别满意 | 1 | 2 | 3 | 4 | 5 | 6 |
| 34 | 我宁愿离开公司，也不愿意接受让我离开全面管理的工作 | 1 | 2 | 3 | 4 | 5 | 6 |
| 35 | 我宁愿离开公司，也不愿意接受约束我自由和自主控制权的工作 | 1 | 2 | 3 | 4 | 5 | 6 |
| 36 | 我希望有一份让我有安全感和稳定感的工作 | 1 | 2 | 3 | 4 | 5 | 6 |
| 37 | 我梦想着创建属于自己的事业 | 1 | 2 | 3 | 4 | 5 | 6 |

续表

| 序号 | 问题描述 | 选项 | | | | | |
|---|---|---|---|---|---|---|---|
| | | ①从不 | ②偶尔 | ③有时 | ④经常 | ⑤频繁 | ⑥总是 |
| 38 | 如果工作限制了我为他人提供帮助或服务，我宁愿离开公司 | 1 | 2 | 3 | 4 | 5 | 6 |
| 39 | 去解决那些几乎无法解决的难题，比获得一个高的管理职位更有意义 | 1 | 2 | 3 | 4 | 5 | 6 |
| 40 | 我一直在寻找一份能最小化个人和家庭之间冲突的工作 | 1 | 2 | 3 | 4 | 5 | 6 |

**【测试计分说明】**

(1) 现在重新看一下你给分较高的描述，从中挑出与你日常想法最为吻合的 3 个，在原来评分的基础上，将这三个题目的得分再各加上 4 分(例如：原来得分为 5 分，则调整后的得分为 9 分)，然后就可以开始评分。

(2) 按照“列”进行分数累加，得到一个总分，将每列的总分除以 5 得到平均分，将其填入表 7-2 中。

表7-2　职业锚测试计分表

| | TF<br>技术/<br>职能型 | GM<br>管理型 | AU<br>自主/<br>独立型 | SE<br>安全/<br>稳定型 | EC<br>创造/<br>创业型 | SV<br>服务/<br>奉献型 | CH<br>挑战型 | LS<br>生活型 |
|---|---|---|---|---|---|---|---|---|
| | 1(　) | 2(　) | 3(　) | 4(　) | 5(　) | 6(　) | 7(　) | 8(　) |
| | 9(　) | 10(　) | 11(　) | 12(　) | 13(　) | 14(　) | 15(　) | 16(　) |
| | 17(　) | 18(　) | 19(　) | 20(　) | 21(　) | 22(　) | 23(　) | 24(　) |
| | 25(　) | 26(　) | 27(　) | 28(　) | 29(　) | 30(　) | 31(　) | 32(　) |
| | 33(　) | 34(　) | 35(　) | 36(　) | 37(　) | 38(　) | 39(　) | 40(　) |
| Total(总分) | | | | | | | | |
| 平均分(/5) | | | | | | | | |

**【测试结果统计】**

最终的平均分就是你的自我评价的结果，最高分所在列代表最符合你“真实自我”的职业锚。具体说明参考表 7-3。

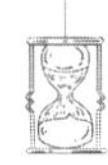

表7-3 职业锚测试统计表

| 职业锚 | 总分 | 平均分 | 说明 |
| --- | --- | --- | --- |
| TF | | | **技术/职能型职业锚**<br>这种定位的人会发现自己对某一特定工作很擅长并且很热衷。真正让他们感到自豪的是他们所具备的专业才能。<br>他们倾向于一种“专家式”的生活，一般不喜欢成为全面的管理人员，因为这将意味着他们放弃在技术/职能领域的成就。但他们愿意成为一名职能经理，因为职能经理可以更好地帮助他们在专业领域上发展 |
| GM | | | **管理型职业锚**<br>这种定位的人对管理本身具有很大的兴趣，具有成为管理人员的强烈愿望，并将此看成职业进步的标准。<br>他们有提升到全面管理职位上所需要的相关能力，并希望自己的职位不断得到提升，这样他们可以承担更大的责任，并能够做出影响成功或失败的决策 |
| AU | | | **自主/独立型职业锚**<br>这种定位的人追求自主和独立，不愿意接受别人的约束，也不愿受程序、工作时间、着装方式以及在任何组织中都不可避免的标准规范的制约。<br>无论什么样的工作，他们都希望能用自己的方式、工作习惯、时间进度和自己的标准来完成 |
| SE | | | **安全/稳定型职业锚**<br>安全与稳定是这种类型的人选择职业最基本、最重要的需求。他们需要“把握自己的发展”，只有在职业的发展可以预测、可以达到或实现的时候，他们才会真正感觉放松 |
| EC | | | **创造/创业型职业锚**<br>这种定位的人，最重要的是建立或设计某种完全属于自己的东西；建立或投资新的公司；收购其他公司，并按照自己的意愿进行改造。创造并不仅仅是发明家或艺术家所做的事，创业者也需要创造的激情和动力。<br>他们有强烈的冲动向别人证明：通过自己的努力能够创建新的企业、产品或服务，并使之发展下去。当在经济上获得成功后，赚钱便成为他们衡量成功的标准 |

续表

| 职业锚 | 总分 | 平均分 | 说明 |
|---|---|---|---|
| SV | | | **服务/奉献型职业锚**<br>这种定位的人希望职业能够体现个人价值观，他们关注工作带来的价值，而不在意是否能发挥自己的才能或能力。他们的职业决策通常基于能否让世界变得更加美好 |
| CH | | | **挑战型职业锚**<br>这种定位的人认为他们可以征服任何事情或任何人，并将成功定义为“克服不可能克服的障碍，解决不可能解决的挑战，或战胜非常强硬的对手”。随着自己的进步，他们喜欢寻找越来越强硬的“挑战”，希望在工作中面临越来越艰巨的任务 |
| LS | | | **生活型职业锚**<br>这种定位的人喜欢允许他们平衡个人的需要、家庭的需要和职业的需要的工作环境。他们希望将生活的各个主要方面整合为一个整体。正因为如此，他们需要一个能够提供足够的弹性让他们实现这一目标的职业环境。甚至可以牺牲他们职业的一些方面，如：提升带来的职业转换。他们将成功定义得比职业成功更广泛。他们认为自己在如何生活、在哪里居住、如何处理家庭事务，以及在组织中的发展道路这些方面是与众不同的 |

## 二、人生价值清单

**【表单使用说明】**

(1) 在表 7-4 中，根据重要程度给每一选项打分。

(2) 选出这一生对你来说最重要的三个选项，并说出这样选择的原因。

(3) 假如只能留下一个最重要的选项，那是什么？为什么？

(4) 当你面临人生的重大决策时，这些选项是如何影响你的？

**表7-4　人生价值清单**

| 选　项 | 重要程度 | | | | |
|---|---|---|---|---|---|
| | 1 | 2 | 3 | 4 | 5 |
| 1. 有一个幸福美满的家庭 | | | | | |
| 2. 赚大钱 | | | | | |
| 3. 健康而长寿 | | | | | |

续表

| 选　项 | 重要程度 | | | | |
|---|---|---|---|---|---|
| | 1 | 2 | 3 | 4 | 5 |
| 4. 持续学习 | | | | | |
| 5. 有一些知心朋友 | | | | | |
| 6. 从事自己感兴趣又可发挥专长的工作 | | | | | |
| 7. 有一栋舒适又漂亮的房子 | | | | | |
| 8. 成为国家公务员 | | | | | |
| 9. 有充裕的金钱与休闲时间 | | | | | |
| 10. 拥有完美的爱情 | | | | | |
| 11. 和喜欢的人长久相伴 | | | | | |
| 12. 拥有自己的公司 | | | | | |
| 13. 到处旅游，体验不同的生活方式 | | | | | |
| 14. 成立慈善机构，服务他人 | | | | | |
| 15. 享受结交新朋友的乐趣 | | | | | |
| 16. 工作富有挑战性和创造性 | | | | | |
| 17. 成为名人 | | | | | |
| 18. 随心所欲地布置自己的环境 | | | | | |
| 19. 无拘无束地生活 | | | | | |
| 20. 具有一定的社会声望 | | | | | |

## 三、十三项重要工作价值观

美国心理学家米尔顿・罗克奇(Milton Rokeach )在《人类价值观的本质》(*The Nature of Human Values*)一书中提出了 13 种价值观。

(1) 成就感：提升社会地位，得到他人和社会认同；对工作的完成和挑战成功感到满足。

(2) 美感的追求：能有机会多方面欣赏周围的人、事、物，或任何自己觉得重要且有意义的事物。

(3) 挑战：能有机会运用聪明才智来解决困难。舍弃传统的方法，而选择创新的方法处理事物。

(4) 健康(包括身体和心理)：工作能够免于焦虑、紧张和恐惧；希望能够心平气和地处理事务。

5. 收入与财富：工作能够明显、有效地改变自己的财政状况；希望能够得到金钱能买到的东西。

6. 独立性：在工作中能有弹性，可以充分掌握自己的时间和行动，自由度高。

7. 爱、家庭、人际关系：关心他人，与别人分享，协助别人解决问题；体贴、关爱，对周围的人慷慨。

8. 道德观：与组织的目标、价值观和工作使命能够不相冲突，紧密结合。

9. 欢乐：享受生命，结交朋友，与别人共处，一同享受美好时光。

10. 权力：能够影响或控制别人，使他人照着自己的意思去行动。

11. 安全感：能够满足基本的需求，有安全感，远离突如其来的变动。

12. 自我成长：能够追求知性方面的刺激，寻求更圆满的人生，对智慧、知识与人生的体会有所提升。

13. 协助他人：体会到自己的付出对团体是有帮助的，别人因为你的行动而受惠许多。

**【表单使用说明】**

(1) 未来五年，即从______年至______年，对你来说，最重要的五个工作价值观依次是什么？

__________、__________、__________、__________、__________。

(2) 你所选择的五个工作价值观是你一直都重视的吗？如果曾经有改变，是在什么时候？

(3) 工作价值观的改变是否曾经影响过你的生活方式？

(4) 上述 13 项工作价值观，有哪些是你的家人认为重要而你却不认同的？有哪些价值观是你和他们共同拥有的？

(5) 你理想的生活状态与你的工作价值观之间有什么关系？

(6) 你是否怀疑或者否认过自己的工作价值观？这对你有什么样的影响？

(7) 你觉得影响你工作价值观形成的主要经历有哪些？(某些人、某些事、某些话等)

(8) 你当下的行为与你的工作价值观是保持一致的吗？如何让你的工作价值观发挥更好的作用？

## 四、我喜欢的生活方式

**【表单使用说明】**

想象一下，十年后，假如能够拥有理想的生活状态，请仔细考虑下列各个项目，并依照它对你的重要程度在表 7-5 中打分。

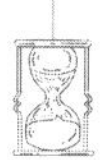

表7-5　我喜欢的生活方式

| 项目 | 重要程度<br>(1～10 分) | 项目 | 重要程度<br>(1～10 分) |
|---|---|---|---|
| 居住在繁华的都市 | | 能自由支配自己的时间 | |
| 居住在宁静的乡村 | | 每天按时上下班 | |
| 居住在文化水平较高的社区 | | 有充裕的闲暇时间做自己感兴趣的事情 | |
| 居住在小孩上学方便的地方 | | 坚持运动、强身健体 | |
| 定居在某个地方 | | 工作之余参加社会活动 | |
| 担任管理职务 | | 参与和宗教有关的活动 | |
| 吸收新知识，充实自己 | | 每天有固定的时间和家人相处 | |
| 贡献自己所能，服务社会 | | 和家人共享假期 | |
| 生活富有挑战性、创造性 | | 积极参与社区活动 | |
| 有较高的社会声望 | | 经常旅行，拓宽视野 | |
| 拥有宽广、舒适的生活空间 | | 和父母生活在一起，承欢膝下 | |
| 工作稳定，有保障 | | 和妻子(丈夫)、孩子生活在一起 | |
| 拥有较高的经济收入 | | 有时间辅导孩子的作业 | |
| 有高效率的工作伙伴 | | 有密切交往的好朋友 | |
| 能自由支配金钱 | | 每个月有固定的存款 | |

**【思考】**

(1) 你最看重的三个项目是什么？为什么它们对你如此重要？

① ____________________________________________

② ____________________________________________

③ ____________________________________________

(2) 根据刚才的填写情况，请描述十年后你最期待的三个生活画面。

① ____________________________________________

② ____________________________________________

③ ____________________________________________

(3) 为了实现理想的生活状态，你需要满足哪些条件？

(4) 为了满足这些条件，你有哪些具体的行动计划？

(5) 当下，你觉得对你最重要的是什么？

(6) 反向反转：

你最不能接受的工作/生活状态，是什么样的？

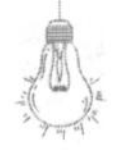


我们把刚才的这些描述反过来，看看“不能”的背后是什么？

① 不能__________，而要__________。

② 不能__________，而要__________。

③ 不能__________，而要__________。

# 参考文献

[1] 程社明. 你的船，你的海：职业生涯规划[M]. 北京：新华出版社，2007.

[2] 曲振国. 大学生就业指导与职业生涯规划[M]. 北京：清华大学出版社，2008.

[3] 袁贵仁. 价值观的理论与实践[M]. 北京：北京师范大学出版社，2013.

[4] 惠特曼·汉密尔顿. 价值观的力量[M]. 吴振阳等，译. 北京：机械工业出版社，2010.

[5] 赵凤彪. 职业锚理论研究概述[J]. 科教文汇(下旬刊)，2008.

[6] 刘志明. 职业锚[M]. 北京：中国劳动社会保障出版社，2007.

# 第八章

# 因为爱情

生命中总有特别的时刻

特别的人

让你的梦想照进现实

爱是一个完整的圆

没有开始

也没有结束

**【本章导读】**

关系是人格成长的一种环境，爱情是关系中很特别的一种。生涯发展中，一个人要承担不同的角色，发展一段亲密关系也成为个人角色目录拓展的一部分。本章旨在帮助团队成员了解爱情中的表达方式和相处技巧，澄清自己和恋人之间的角色，初探和澄清自己的爱情价值观，提升生涯角色的责任意识和自我效能感。

# 第一节 理论背景

美国心理学家斯滕伯格提出的爱情理论，认为爱情由三个基本成分组成：亲密、激情和承诺。亲密可以看作大部分而非全部的来自关系中的情感性投入；激情可以看作大部分而非全部的来自关系中的动机性卷入；承诺可以看作大部分而非全部的来自关系中的认识性(认知性)的决定与忠守，是维持关系的决定期许或担保。亲密是“温暖”的，激情是“热烈”的，而承诺是“冷静”的。

## 一、组成爱情的三个基本成分

### 1. 亲密

亲密，是两人之间感觉亲近、温馨的一种体验。简单来说，就是能够给人带来一种温暖的感觉体验。

亲密包含 10 个基本要素。

(1) 渴望促进被爱者的幸福。爱方主动照顾被爱方并努力促进他(她)的幸福。一方面可能以自己的幸福为代价去促进另一方的幸福——但是也期望对方在必要时同样会这样做。

(2) 跟被爱者在一起时感到幸福。爱方喜欢跟自己的情侣在一起。

(3) 当他们在一起做事情时，他们都感到十分愉快，并留下美好记忆，对这些美好时光的记忆能成为艰难时刻的慰藉和力量。而且，共同分享的美好时光会涌流到互爱关系中并使之更加美好。

(4) 尊重对方。情侣必须非常看重和尊重对方。尽管情侣可能意识到对方的弱点，却不能因此而减少自己对对方的整体尊重。在艰难时刻能够依靠对方，在患难时刻爱方仍感到对方跟自己站在一起，在危急时刻，爱方能够呼唤对方并能指望对方跟自己同舟共济。

(5) 跟被爱方互相理解。情侣应互相理解，他们知道各自的优缺点并对对方的感情和情绪心领神会，懂得以相应的方式互相做出反应。

(6) 与被爱方分享自我和自己的占有物。爱方应乐意奉献自己、自己的时间以及自己的东西给被爱方。虽然不必所有的东西都成为共有财产，但双方在需要时应分享他们的财务，最重要的是分享他们的自我。

(7) 从被爱方接受感情上的支持。爱方能从被爱方得到鼓舞和支持，感到精神焕发，特别是在身处逆境时尤其应该这样。当你感到似乎一切都在跟你作对时，你意识到只有

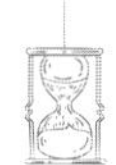

一件事不会出问题——你的配偶始终跟你站在一起。这时你就知道你们的关系具有这一因素。

(8) 给被爱方以感情上的支持。在逆境下，爱方应与被爱方在精神上息息相通，并给予感情上的支持。

(9) 跟被爱方亲切沟通。爱方能够跟被爱方进行深层次和坦诚的沟通，分享内心深处的感情。当你为自己所做的某件事感到困窘为难时，你仍能推心置腹地跟被爱方交谈，这时你所经历的就是这种沟通。

(10) 珍重被爱方。爱方要充分感到对方在共同生活中的重要性。当你认识到你的配偶比你所有的物质财富都更为重要时，就知道你对被爱方具有这种珍重和珍爱。

### 2. 激情

激情是一种“强烈地渴望跟对方结合的状态”。通俗地说，就是见了对方，会有一种怦然心动的感觉；和对方相处，有一种兴奋的体验。性的需要，是引起激情的主导形式，其他方面如自尊、照顾、归属、支配、服从也是唤醒激情体验的源泉。

激情的发展大致经历 3 个阶段。

(1) 由于意识控制减弱，身体的变化和表情动作越来越失去控制，细微的动作由于高度紧张而发生紊乱。人的行为服从于所体验着的情感。

(2) 人失去意志的监督，发生不可控制的动作和失去理智的行为，这些动作在事后回想起来会感到羞耻和后悔。

(3) 在激情爆发之后，会出现平静和某种疲劳的现象，严重时会精力衰竭，对一切事物都抱着不关心的态度，有时还会精神萎靡，即所谓激情休克。

激情可以是积极的，也可以是消极的。积极的激情能激励人们克服艰险，攻克难关；消极的激情常常对正常活动具有抑制的作用或引起冲动行为。具有正确的思想认识、高尚的道德品质和坚强意志的人能控制自己消极的激情。

### 3. 承诺

承诺由两方面组成：短期的和长期的。

(1) 短期方面就是要做出爱不爱一个人的决定。

(2) 长期方面则是做出维护这一爱情关系的承诺，包括对爱情的忠诚、责任心。也就是结婚誓词里说到的“我愿意！”，是一种患难与共、至死不渝的承诺。

(3) 两者不一定同时具备。比如，决定爱一个人，但是不一定愿意承担责任，或者给出承诺；又或者决定一辈子只爱他(她)，但不一定会说出口。

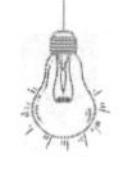

## 二、爱情的七种类型

亲密、激情、承诺三种成分构成了喜欢式爱情、迷恋式爱情、空洞式爱情、浪漫式爱情、友谊式爱情、愚昧式爱情、完美式爱情等七种类型(详见图 8-1)。

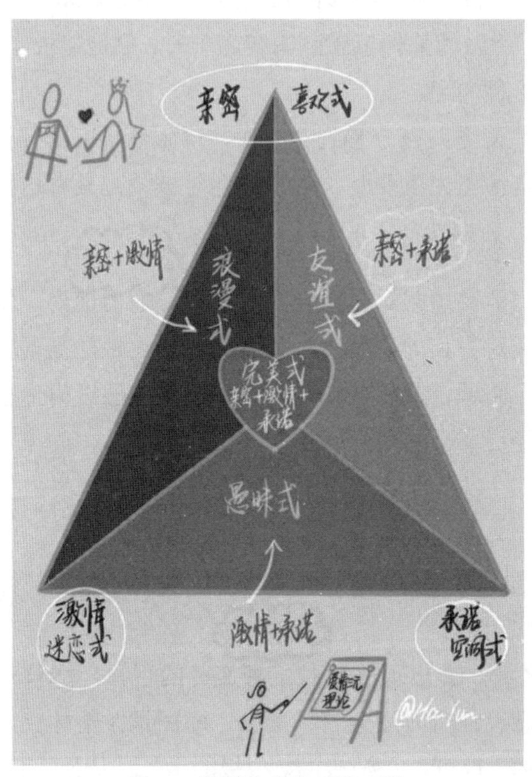


图 8-1 斯滕伯格的爱情理论

### 1. 喜欢式爱情(liking)

只有亲密，在一起感觉很舒服，但是觉得缺少激情，也不一定愿意厮守终生。没有激情和承诺，如友谊。显然，友谊并不是爱情，喜欢也不等于爱情。不过友谊还是有可能发展成爱情的，尽管有人因为恋爱不成连友谊都丢了。

### 2. 迷恋式爱情(infatuated love)

只有激情体验。认为对方有强烈吸引力，除此之外，对对方了解不多，也没有想过将来。只有激情，没有亲密和承诺，如初恋。第一次的恋爱总是充满了激情，却少了成熟与稳重，是一种受到本能牵引和导向的青涩爱情。

### 3. 空洞式爱情(empty love)

只有承诺。缺乏亲密和激情，如纯粹为了结婚的爱情。此类“爱情”看上去丰满，却缺少必要的内容，金玉其外，败絮其中。

4. 浪漫式爱情(romantic love)

有亲密关系和激情体验，没有承诺。这种“爱情”崇尚过程，不在乎结果。

5. 友谊式爱情(companionate love)

有亲密关系和承诺，缺乏激情。跟空洞式爱情差不多，没有激情的爱情还能叫爱情吗？这里指的是四平八稳的婚姻，只有权利、义务，却没有感觉。

6. 愚昧式爱情(fatuous love)

只有激情和承诺，没有亲密关系。没有亲密的激情顶多是生理上的冲动，而没有亲密的承诺不过是空头支票。

7. 完美式爱情(consummate love)

同时具备三要素，包含激情、承诺和亲密。只有在这一类型中我们才能看到爱情的庐山真面目。

斯滕伯格很聪明，在这些爱情前面都加了一个“式”字，因为在他看来，前面列举的六种都只是类爱情或非爱情，在本质上并不是爱情，只有第七种才是爱情，而我们在现实生活中碰到的类爱情和非爱情的情形实在太多，以致把具备三要素的爱情基本当作是一种超现实的理想状态。

另外一种类型叫作无爱(non-love)：三个因素都不具备。

# 第二节　活动实践

每个人都有对爱情的憧憬和期待。爱情不是游戏，亦不能彩排。本节将通过团体活动来对其进行演绎和表达。

## 一、教具准备

(1)“花花卡”，每组一套。

(2) A4 纸，小组成员每人一张。

(3) 彩笔、剪刀，每组一套。

(4) 图片较多的图册或时尚画报。

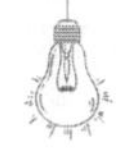



## 二、活动目的

(1) 澄清自己对爱情的理解和爱情观。

(2) 帮助团队成员了解爱情中的表达方式和相处技巧。

(3) 澄清自己和恋人各自的角色，初探和澄清自己的爱情价值观。

## 三、设计思路

(1) 通过绘画或者选卡的方式，描绘“我眼中的爱情”，引导学生进行生涯角色目录拓展。

(2) 通过两两一组的练习，学会表达赞美和倾慕，也要懂得拒绝。

(3) 通过爱情价值观列表，澄清学生的爱情价值观。

## 四、操作流程

### 活动一：我眼中的爱情

方法一：每人一张 A4 纸，选择自己喜欢颜色的彩笔，用绘图的方式表达“我眼中的爱情”，然后在小组中分享。

方法二：每组一套“花花卡”，用选卡的方式选出一张“花花卡”，代表“我眼中的爱情”，并且为这张“花花卡”写上“爱情花语”，然后在小组中分享。

**【活动点睛】**

用轻松的方式引导学生进行生涯角色目录拓展。

### 活动二：我对爱情说Hi，爱情对我说Bye

全体学生自由组合，两人一组，面对面，两眼正视对方。调整好角色感觉，认真诚恳地，由一方对着另一方大胆表达欣赏和赞赏、表达自己的倾慕之情，另一方则给予拒绝。时间为 3～5 分钟，之后两人互换角色。

**【活动分享】**

21 岁小张，女，大三学生。

在刚才的活动中，我体会到了要学会说“不”，当自己还没有准备好迎接爱情的时候，爱情不能迁就和勉强。糊里糊涂接受爱，是对自己和对方的不负责任。同时，我认为拒绝别人对自己的爱，要注意方式方法，要学会尊重别人，珍重每一份真挚的爱情，有权拒绝，但要婉转。

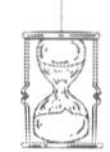

【活动点睛】

对待爱情，每个人都有追求爱的权利，但又充满了不确定性。我们一方面要大胆表达，另一方面也要懂得拒绝。同时体会人人都有可能被拒绝，并不是因为自己不够好。

### 活动三：爱情中的我们

教师提前准备好时尚杂志或周末画报，只要是图片较多的图册均可。教师将这些画报分发给团队成员，团队成员在里面随意剪下两个元素图片贴在 A4 纸上，一个元素代表自己，另一个元素代表自己的另一半。可用彩笔添加图案。

【活动分享】

29 岁李女士，已婚。爱情是一种感情，是理解，是奉献。爱不是你有 100 分，给我 20 分，而是你有 10 分，就给我 10 分。爱情是共同创造轻松和快乐的相处模式，不是限制和掌控。彼此自信，相信自己值得被爱，也学会欣赏对方，相信对方值得拥有自己给予的爱。

【活动点睛】

澄清自己和爱人各自的角色，端正爱情观，不卑不亢，自信自爱。

### 活动四：我知道我要的爱情

(1) 教师提前准备好“爱相随”爱情价值观列表。

◎我希望对方有很好的经济基础

◎我们三观相符，非常容易沟通

◎对方有很高的学历学识

◎对方对待感情专一

◎对方足够信任我

◎对方性格好，温柔且体贴

◎对方外形靓丽/帅气

◎对方身体健康

◎对方足够浪漫，经常能给我惊喜

◎对方对我足够了解，非常懂我

◎对方会给我足够的空间

◎我们有共同的兴趣爱好

(2) 团队成员从以上列表中挑选最看重的 5 条，分别写在 5 张纸条上。

(3) 教师指导语：我们每个人都期待美好的爱情，我们希望自己的另一半完美至极，在两个人的爱情世界中，我们想得到的很多。对你来讲，你手中的 5 条爱情价值观非常重要。但是我们并不一定能够找到完全符合这 5 条价值观的心仪对象，如果在这 5 条当中你必须放弃一条，那是什么？

(4) 所有团队成员将放弃的一条放在桌子中间，其他成员如果看到桌子中间有自己想要的爱情价值观，可用手中剩下的 4 条中的一条进行交换，但是不可以将自己放弃的那条再捡回来。

(5) 以此类推，直至剩下最后一条。

(6) 如果时间允许，教师也可以用爱情价值观拍卖的方式进行本项活动。

**【活动点睛】**

爱相随，爱不一定是最终全部“相随”，通过爱情价值观列表或者拍卖的方式，让团队成员澄清自己的爱情价值观，了解对自己来讲，选择另一半最看重的是什么。

### 活动五：我的爱情之花

(1) 运用斯滕伯格的“爱情三元素”知识点，指导团队成员妥善处理爱情关系。

(2) 团队成员在 A4 纸上画一朵六瓣花，花心处写上自己的名字，每个花瓣的内容为爱情的各个阶段：相遇——相识——相知——相吸——相爱——相处。在每一个花瓣上用一个词语来表达自己在这个阶段的爱情期待或感受。(详见图 8-2)

图 8-2　斯滕伯格的“爱情三元素”

(3) 此环节中也可以利用“花花卡”盲抽的方式来激发思考。盲抽 6 张“花花卡”，分别放在六个花瓣上，通过依次翻开每个花瓣的卡牌，产生联结和思考。

**【活动点睛】**

爱情，是个体成长过程中角色目录拓展的重要一环，通过澄清自己的爱情价值观，了解自己的爱情期待和感受，能够更好地提高自己的生涯适应力。

## 五、重点难点

(1) 我们对待自己婚姻或者爱情的完美期待，均来自潜意识的投射，将生命成长过程中未满足的“匮乏性需要”转移到婚姻和爱人身上，需要付出努力。

(2) 面对真实的自己和亲密关系中的另一半，要学会接纳和悦纳，共同成长。

## 六、案例分享

### （一）28岁陈先生，博士研究生，已婚，选卡为图8-3

爱情花语：没有华丽的外表，但有沉甸甸的果实。

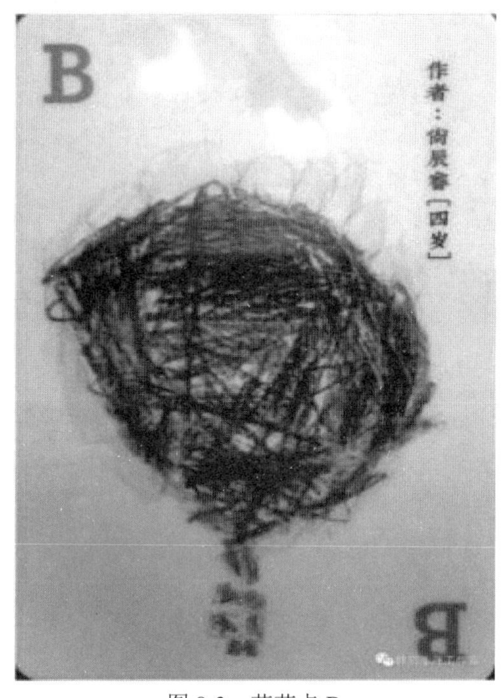


图 8-3　花花卡 B

分享：爱情不需要虚头巴脑的东西，说得好不如做得好。我是一个理工男，个子也不高，长相也不出众，当时能追到我媳妇就是因为我实在的品质。我不会花言巧语，我觉得爱一个人，就要给予她实实在在的爱。之所以选这张卡牌，是因为我看到了向日葵丰收的瓜子，阳光而温暖，平凡而实在。

（二）20岁卞同学，女，大学二年级在读学生，单身，选卡为图8-4

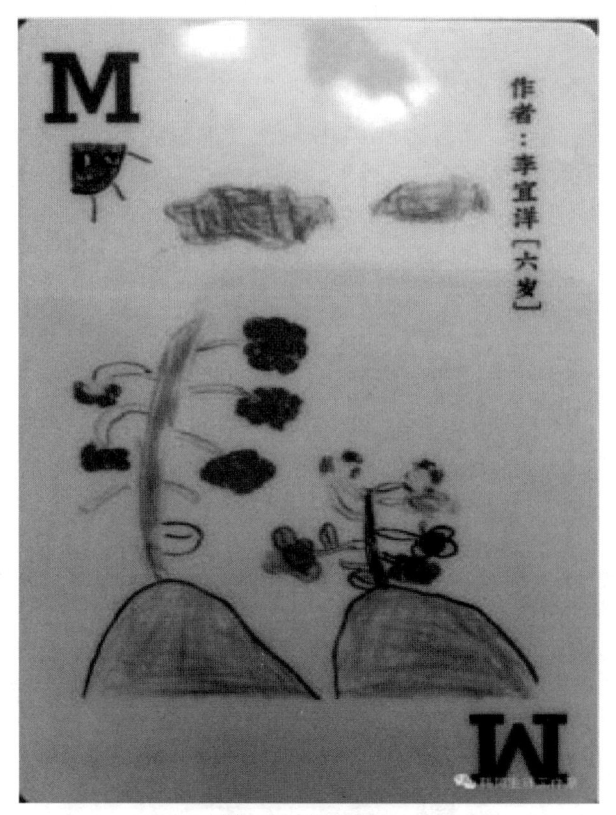


图 8-4　花花卡 M

爱情花语：在一起。

分享：爱情是两个人的事情，陪伴是我最看重的。不接受异地恋，在一起是最长情的告白。

# 参考文献

[1] (美)莎伦·布雷姆，等. 亲密关系[M]. 郭辉，肖斌，译. 北京：人民邮电出版社，2005.

[2] (美)罗伯特·J. 斯滕伯格. 爱情心理学[M]. 北京：世界图书出版有限公司，2018.

# 第九章

# 我的未来我的团

看得清未来

才能把握好现在

右手的希望取决于左手的奋斗

**【本章导读】**

澄清自己的生涯目标，提升学生为生涯目标做准备的意识，让他们知道需要采取哪些有效的行动。

# 第一节　理论背景

人都潜藏着五种不同层次的需要，但在不同时期表现出来的各种需要的迫切程度是不同的。人的最迫切的需要才是激励人行动的主要原因和动力。人的需要是由外部满足逐渐向内在满足转化的。

亚伯拉罕·马斯洛(Abraham Harold Maslow，1908—1970)是人本主义心理学的主要发起者和理论家。在他看来，人类价值体系存在两类不同的需要，一类是沿生物谱系上升方向逐渐变弱的本能或冲动，称为低级需要和生理需要；一类是随生物进化而逐渐显现的潜能或需要，称为高级需要。

马斯洛的需求层次结构是心理学中的激励理论，包括人类需求的五级模型，通常被描绘成金字塔内的等级(详见图9-1)。从层次结构的底部向上，需求分别为：生理(食物和衣服)需求，安全(工作保障)需求，归属和爱的需求(友谊)，尊重的需求和自我实现的需求。这种五阶段模式可分为匮乏性需求和成长性需求，其中，前两个层级通常被称为匮乏性需求，后三层级被称为成长性需求。低层次的需求基本得到满足以后，它的激励作用就会降低，其优势地位将不再保持下去，高层次的需求会取代它成为推动行为的主要原因。有的需求一经满足，便不能成为激发人们行为的起因，于是被其他需求取而代之。

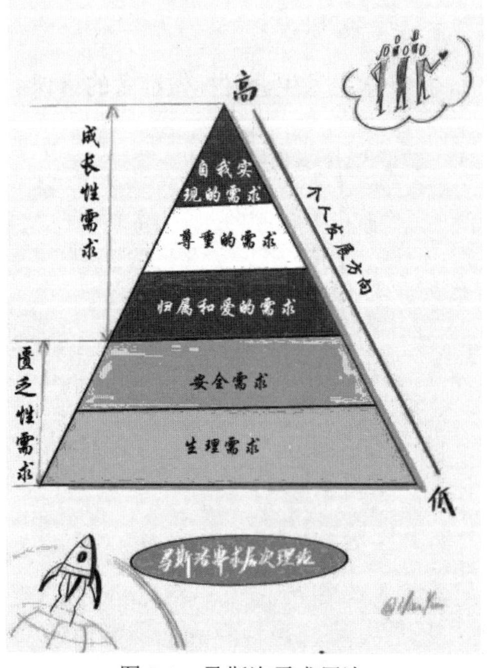


图9-1　马斯洛需求层次

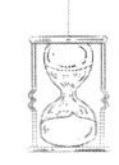

高层次的需求比低层次的需求具有更大的价值。热情是由高层次的需求激发，人的最高需求即自我实现就是以最有效和最完整的方式表现他自己的潜力。

人的五种基本需求在一般人身上往往是无意识的。对于个体来讲，无意识的动机比有意识的动机更重要。对于有丰富经验的人，通过适当的技巧，可以把无意识的需求转变为有意识的需求。

五个层次具体内容如下。

(1) 生理需求(physiological needs)：低级需求，食物、水分、空气、睡眠、性的需求等。它们在人的需求中最重要，最有力量。

例如：当一个人很饥饿时，他极需要食物。假设人需要工作的薪酬来生存，则以生理需求来激励下属。

激励措施：增加工资、改善劳动条件、给予更多的业余时间和工间休息、提高福利待遇。

(2) 安全需求(safety needs)：低级需求，人们需要稳定、安全、受到保护、有秩序、能免除恐惧和焦虑等。

例如：一个工作者居无定所，四处漂泊。

激励措施：强调规章制度、职业保障、福利待遇，保护员工不致失业，提供医疗保险、失业保险和退休福利、避免员工受到双重的指令而混乱。

(3) 归属和爱的需求(belongingness and love need)：一个人要求与其他人建立感情的联系或关系。

例如：人们积极社交，结交朋友，追求爱情。

激励措施：提供同事间社交往来机会，支持与赞许员工寻找及建立和谐温馨的人际关系，开展有组织的体育比赛和集体聚会。

(4) 尊重的需求(esteem needs)：自尊和希望受到别人的尊重。

自尊的需求使人相信自己的力量和价值，使得自己更有能力，更有创造力。缺乏自尊，就会使人自卑，没有足够信心去处理问题。

例如：努力读书让自己成为医生、律师，来证明自己在这个社会的存在和价值。

激励措施：公开奖励和表扬，强调工作任务的艰巨性以及成功所需要的高超技巧，颁发荣誉奖章，在公司刊物发表文章进行表扬以及张贴优秀员工光荣榜。

(5) 自我实现的需求(self-actualization need)：人们追求实现自己的能力或者潜能，并使之完善化。

在人生道路上自我实现的形式是不一样的，每个人都有机会去完善自己的能力，满足自我实现的需求。

例如：运动员把自己的体能练到极致，让自己成为世界第一，或只为了超越自己；一位企业家，真心认为自己所经营的事业能为这个社会带来价值，而为此更好地工作。

激励措施：设计工作时运用复杂情况的适应策略，为有特长的人委派特别任务，在设计工作和执行计划时为下级留有余地。

# 第二节　活动实践

老子云：“九层之台，起于累土；千里之行，始于足下。”确定自己的职业生涯方向，并在此基础上制定目标，然后一步一个脚印迈向自己的理想。这是每位同学在进入大学之初就有的渴望。

## 一、教具准备

(1) 彩色气球，团队成员每人 2 个。

(2) A4 纸，每人 3 张。

(3) 彩笔，每组一盒。

(4) “花花卡”和“潜意识投射卡”，每组一套。

(5) 红毛线一卷。

(6) 信封和信纸，每人一套。

## 二、活动目的

(1) 探索目标的设立，以及如何通过行动实现阶段性目标。

(2) 体会团队成员在生涯过程中的精力分配和角色平衡。

(3) 探讨愿景的制定和实施。

## 三、设计思路

(1) 通过“彩球纷飞”，体验生涯过程中个人的精力分配和角色平衡。

(2) 通过人生愿景图，学习制定目标的 SMART 方法，探讨愿景的制定和实施。

(3) 通过写给未来自己的一封信，探索目标的设立和实现。

## 四、操作流程

### 活动一：彩球纷飞(图9-2)

(1) 每个人吹两个气球，吹好后放在旁边，团队成员可以用彩笔在气球上彩绘各种图案。

(2) 每一组的监督专员顺时针轮换到下一组，监督那一组掉落的气球，收集监督小组掉落的气球，可以作为本组的得分。

(3) 每个小组围成一圈，从一个气球开始朝上拍打，不能落地，慢慢逐个增加数量，看看本组成员如何做到不让气球掉落。掉落的气球将由监督小组的专员捡回，计入本小组得分。

(4) 最后统计每组的得分。

**【活动点睛】**

如果不让气球落地是本团队制定的目标，在没有经过小组集体讨论产生策略和方案的基础上，增加的气球数量越多，团队协作越差，掉落的气球数就越多。每个人的精力是有限的，什么样的目标最适合自己的当下，需要根据这阶段的精力状态来定。

图 9-2　活动“彩球纷飞”

### 活动二：人生愿景图

(1) 分发 A4 纸，团队成员每人一张。横竖折成 4 个方格，分别写下事业、家庭、生活、自我四个板块，每个版块上根据主题可写下自己的未来愿景。暂时没有头绪的团队

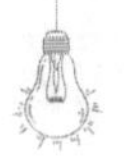



成员，可结合“花花卡”或者“潜意识投射卡”盲抽的方式，促发自己的联想和联结。

愿景可包括：理想时刻、期待画面、巅峰时刻、成功瞬间、满意体验等。

理想时刻：想象一下，未来的某一刻，你的人生达到了理想的状态，你拥有理想的生活，理想的工作，理想的关系……整个生命都处于一种轻松、满足、快乐、成功的状态中，这个时候，你会看到什么样的情景，那个情景中有什么，你会听到哪些声音，你发自内心的感受是什么……

期待画面：假如问题解决了，你最期待看到的画面是什么……假如这些都过去了，事情得到了圆满的解决，你期待……在那个画面中……

巅峰时刻：想象一下，你跨越了所有这些困难，克服了所有挑战，终于迎来了你最期待的时刻，那一刻……

成功瞬间：对你来说，人生最大的成功是……假如此刻，你已经站在了成功的那一刻，你最想要……

满意体验：令你最满意的结果，会是……哪些标准达到了，你就会觉得很满意……

你说的……具体指的是……

(2) 写完愿景图后先在成员所在团队中进行分享，小组票选产生其中一个人的某一个愿景目标，作为小组本轮需要讨论的集体目标。

(3) 分享者顺时针，轮流加入其他小组，其他小组成员用 SMART 方法来帮助落实分享者的目标。

(4) 制定目标的 SMART 原则(详见图 9-3)。

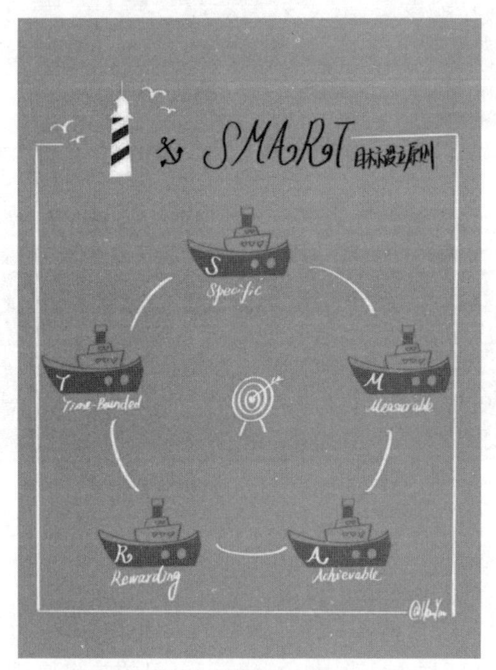


图 9-3　制定目标的 SMART 原则

Specific：具体的，明确的，不能含糊不清的。

Measurable：可以量化的，能度量的。

Achieveable & Challenging：可达到但必须有一定的挑战性。

Rewarding：目标要有一定意义，相关及有价值的。

Time-Bounded：有明确时间限制的。

(5) 合理目标的制定。

第一，有一点点挑战性，但是不会成为新的负担和痛苦。以你对过往经验和个人能力的了解，假如要每个月/每周/每天，都去做……，你觉得可实现性有多大？

第二，至少可以坚持三个月以上。以你对个人自我管理能力的了解，你觉得制定什么样的目标，可实现性为90%以上？假如以这样的节奏，坚持三个月的可能性有多大？怎样调整，可以让可实现性提高到90%？

(6) 促进行动。

为了实现那个目标，你觉得需要迈出的第一步是什么？接下来一段时间，你希望先从哪些方面进行突破？对你来说，最合理的计划是什么？

为了进一步获取信息，你还可以进行的尝试有哪些？我们可以做个头脑风暴，把你想到的途径和资源全部罗列出来……你可能的挑战有哪些？你都会如何应对？

还有哪些创造性的方法，是你可以在未来尝试的？你大概的计划是什么？今天是……，目标实现是在……，接下来我们从哪里着手？

(7) 课堂上还能继续运用这个工具进行头脑风暴的操作和运用。

在自己的大学生涯中，想要拓展的角色有哪些？

各个角色上，我想实现的目标状态有哪些？

为此，我计划这学期要做到的事情有哪些？

我完成这些任务的证明是什么？

由此，可以继续列出在自己大学生涯中想要拓展的角色清单和每个学期具体的生涯目标及行动计划。

**【活动点睛】**

在制定目标时要注意：人的本性是好逸恶劳的；改变是必然要付出代价的；没有价值支撑的目标是无法实现的；没有缺乏意志力的人，只有不够合理的目标；当改变的痛苦，远大于维持现状的痛苦时，人们就会选择维持现状。

### 活动三：我的未来不是梦

(1) 通过头脑风暴，把你当下这个阶段要做的所有事情，都写出来，如图9-4所示。

(2) 结合现实，用1～10分标出它们的紧急程度(非常紧急10分，不紧急1分)。

(3) 结合自己的当下需求和未来的目标，用1～10分标出它们的重要程度(非常重要

10 分，不重要 1 分)，如图 9-5 所示。

图 9-4　头脑风暴

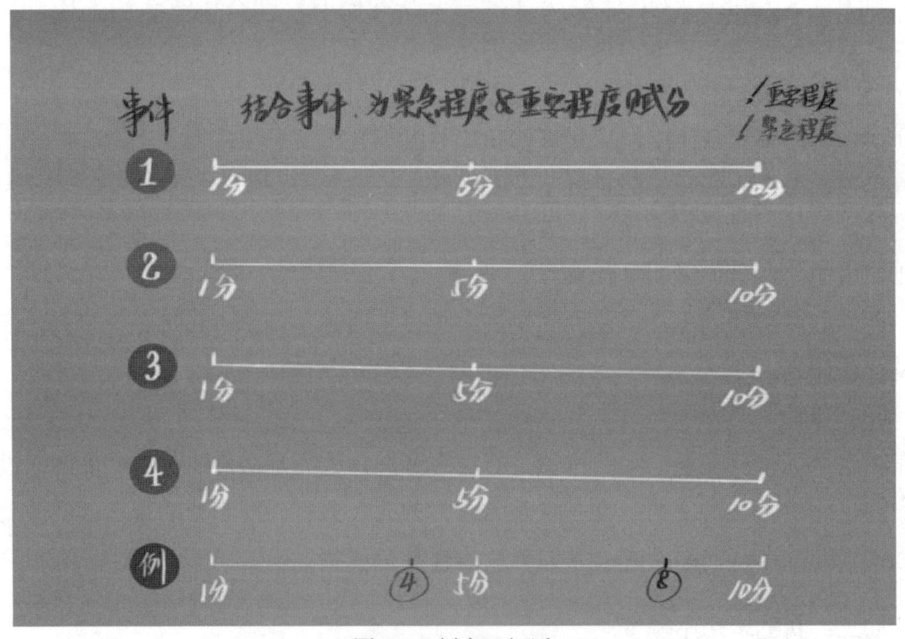


图 9-5　刻度尺问话

(4) 把它们按照重要程度和紧急程度两个坐标，填写在时间—任务管理四象限图上，如图 9-6 所示。

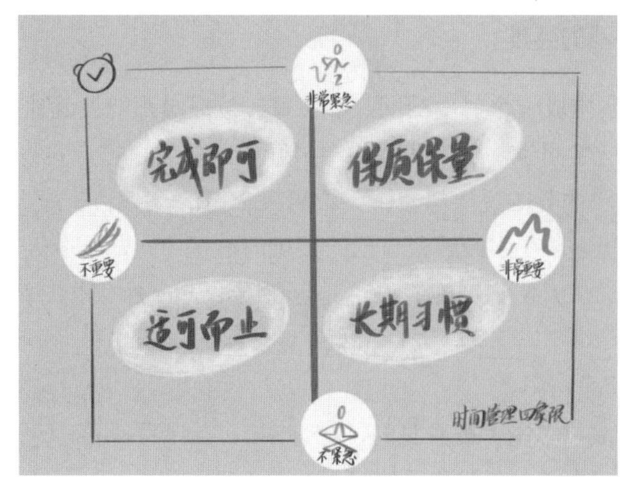


图 9-6　时间—任务管理四象限

【活动点睛】

人的精力和时间都是有限的，要学会进行时间和任务的管理。

### 活动四：未来邮局

(1) 分发给每位同学一套信封和信纸，如图 9-7 所示。

(2) 每个成员给未来的自己写封信，既可以是自己想对自己说的话，表达自己的感想，也可以是给以后的自己制订的计划，任何可以承载你的精神与感情的表达方式都可以。

(3) 毕业前将信件分别发回给每位成员。

【活动点睛】

为自己的成长留下足迹和印记，激发内在驱动力，更快地投入到当下的计划和目标的实施中。

图 9-7　写给未来的自己

### 活动五：你是我的英雄

(1) 全体成员围坐成一个封闭的圈，确保每一位成员都能被其他成员看到。

(2) 随机指定一名同学，从毛线球的端口开始，传给自己一直以来默默关注和写信的英雄，并且对自己的英雄说一句话，英雄回应一句话。

(3) 依次往下传递，在不断解密自己的英雄的过程中，一个个天使就浮出水面了。

(4) 随着毛线球从天使到英雄的传递，会在围坐成一圈的团队成员中结成一张神奇的网，详见图 9-8。

【活动点睛】

让每一位团队成员都能“被看见”，在为期一个封闭周期的长程团体辅导团队中，“被看见”是改变的开始。由英雄和天使编织的一张网，是团体动力的一种外化表现形式。

图 9-8　揭秘你的英雄

## 五、重点难点

(1) “彩球纷飞”活动中，球越多越乱。一个人的精力有限，什么样的目标是最适合当下的自己，需要根据本阶段的精力状态来定。

(2) SMART 原则制定目标的流程，可结合世界咖啡的操作方法和流程(详见第十一章)。

(3) 如何让每位成员感受到团队的力量和班级凝聚力。

## 六、案例分享

### (一) 决策和行动

决策分为两部分，一部分叫选择，另一部分叫行动，我们大多数人都会认为，我不

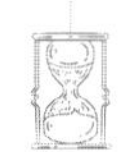

能够行动是因为我没有选择，而其实事实恰恰相反，大多数不能选择的人是因为缺乏必要的行动。

在职业心理学的发展史上，有一个划时代的理论，叫作认知信息加工理论，是1991年盖瑞·彼得森(Gary Peterson)、詹姆斯·桑普森(James Sampson)、罗伯特·里尔登(Robert Reardon)合著的《生涯发展和服务：一种认知的方法》(*Career Development and Services: A Cognitive Approach*)一书中提出的。该书阐述了这一认知信息加工的方法(简称CIP，详见图9-9)。书中告诉我们影响决策有三个层面的重要因素：第一个层面是信息层面，而这个信息包含了两部分的信息，一个是真实的自己，另一个是现实的世界；第二个层面是你缺乏决策的方法；第三个层面就是你本身对决策的认知是有问题的。接下来我们看看行动到底在影响什么？

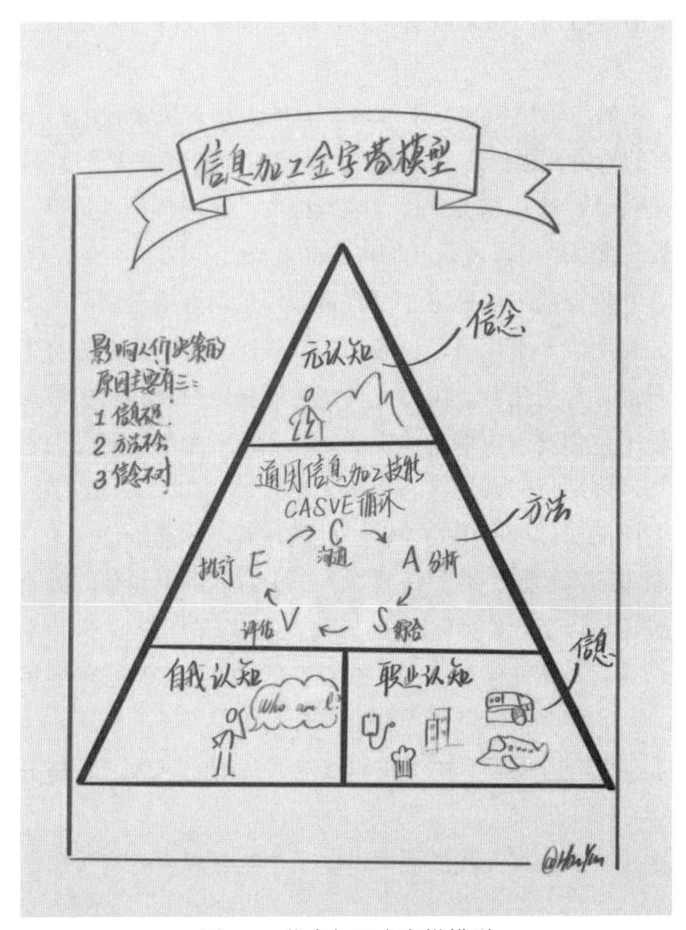


图9-9　信息加工金字塔模型

如果缺乏行动，你根本没有对现实和对自己的真实信息进行加工，就像下面的这个案例。

学生：我不知道是考研还是找工作？

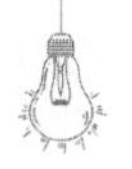



教师：无论是考研还是找工作，你都准备过什么？或者说尝试过什么？

学生：我什么都没有准备过，不是说等有了选择才能去行动吗？

教师：关于这类的决策，你必须先有行动，才能有决策。

这种时候，可以建议学生把去年的考研真题拿出来，让他做一套题，看看水平层次如何。或者建议学生去他理想的单位那里看一看，问一问他去那个单位的可能性有多大。

经历了这些决策，亲自去选择，且自己承担了责任，才能学会决策的方法。面临人生决策的时候，可以让学生思考一下自己的决策风格：平时买东西你是怎么决策的？当年选学校选专业，你都是怎么决策的？当周围有人要跟你交朋友时，你是怎么选择的？这些生活中所有决策的事情中其实都蕴含着你决策的方法和风格。

在决策的方法里面，影响人们决策的主要是四个维度。

(1) 时间。是不是迫切，如果遥遥无期，或者根本没有时间限制，人们是不会去决策的。

(2) 决策权。比如，单位领导要求加班，有的人是有决策权的，那就可以选择加班或者不加班，而有的人是压根没有决策权的，只能选择如何愉快地度过在单位的那一天。而如果决策权不清的话，往往就会盲目地陷入根本没有选择的决策里。

(3) 价值判断。通俗地说，就是我们内心的观点。

学生：老师，我现在的生活稳定，没有目标，觉得好痛苦。

教师：我们先得明确一下，第一，假如有了目标，你能为之去努力吗？如果有了目标而不去努力，只能让你更痛苦。第二，现在生活稳定而没有目标，那我就得问问你真正想要体现的价值了。你理想中期待的生活是什么？下个阶段对你而言，比如说五年之后，或者十年之后，你期待的人生状态是什么样的？

这些观点或者隐藏在你内心深处的这些价值判断，才能给你当下一个指引，但前提是，你是不是判断型的人。这个时候还要加入一个时间的度量值，如果这种没有目标的生活已经持续超过三年以上，其实你就会告诉自己，你是一个安于现状，接纳现实的人，你不适合去折腾，这就是这三年的行动，或者三年以上的表现已经告诉你，其实你对当下的生活挺满意。

(4) 终极目标。就是当我们不知道我们该走哪条路的时候，不是去比较那些路，而是去问问你的目标在哪？

学生：有三个工作机会摆在我的面前，这三个工作机会各有千秋，各有利弊，我到底该选哪条路？

教师：那就像上公交车一样，有的公交车有 Wi-Fi，有的公交车有空调，还有的公交车除了喇叭不响之外哪儿都响，而这几辆公交车价格也不一样，然后你问我，老师，我该上哪趟车呀，我会头也不抬地问："你要去哪儿？"有些车注定能把你送到那儿，有些车你如果上去了，注定南辕北辙。

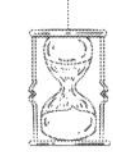

所以目标清晰的人在决策中不会纠结，因为他有判断标准，他清楚地知道哪趟车让他离目标更近，他也清楚地知道哪趟车会让他南辕北辙，也就是说他的行为跟目标不统一。

因为有了行动，你才能够去决策，无论是对自己还是对现实的探索，也无论是你学习决策的方法，都是行动的结果。很多人之所以不决策，就是因为他懒得去行动。所以，再有人来问你，我是考研还是找工作？你就回答，从今天开始，你就假定已经决定了要考研，你看看接下来的日子能坚持多久。这样你自己心里就会有底了。

### （二）逻辑层次的使用（图9－10）

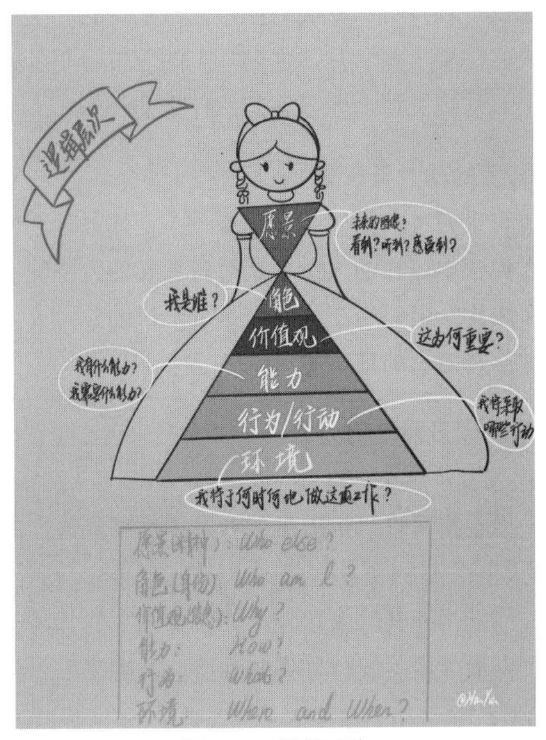


图 9-10　逻辑层次

#### 1. 愿景：内心期待的呈现

愿景可包括：理想时刻、期待画面、巅峰时刻、成功瞬间、满意体验等。

理想时刻：想象一下，未来的某一刻，你的人生达到了理想的状态，你拥有理想的生活，理想的工作，理想的关系……整个生命都处于一种轻松、满足、快乐、成功的状态中，这个时候，你会看到什么样的情景，那个情景中有什么，你会听到哪些声音，你发自内心的感受是什么……

期待画面：假如问题解决了，你最期待看到的画面是什么……假如这些都过去了，事情得到了圆满的解决，你期待……在那个画面中……

巅峰时刻：想象一下，你跨越了所有这些困难，克服了所有挑战，终于迎来了你最期待的时刻，那一刻……

成功瞬间：对你来说，人生最大的成功是……假如此刻，你已经站在了成功的那一刻，你最想要……

满意体验：令你最满意的结果，会是……哪些标准达到了，你就会觉得很满意……

你说的……具体指的是……

**2. 角色：身份、职位、称谓**

在那个理想的画面中，你的身份是什么？

假如这个时候要颁发一项终身成就奖给你，你最期待这个奖项是关于哪方面的？

假如这个时候有人问你要一张名片，你名片上的职位会写什么？

假如这时候有陌生人与你交谈，他问你是做什么的……

**3. 价值观：选择背后的动力与意义**

这个世界上的工作有千万种，为什么你觉得……是你最理想的工作呢？

我很好奇，为什么你觉得这样的人生才是最有意义的人生呢？

我想知道，为什么成为一名……在你看来是有价值的？

你能告诉我，这种选择背后的理由吗？

**4. 能力：已经具备的以及需要努力的**

能力 1，已经具备了的：

选择这样的工作，你觉得可以尽情展示或者发挥你哪些方面的能力、天赋以及个性特点呢？

实现这样的人生，你觉得和其他人比较，你自身最大的优势有哪些？

成为这样的人，可以最大限度发挥你哪些独特的潜能呢？

能力 2，有待提高的：

假如要在未来……实现这样的梦想，你觉得还需要提高哪些方面的能力？

假如要在……成为一名……你觉得最需要完善的还有哪些方面？

除了刚才提到的那些你已经拥有的能力，你觉得接下来你还需要提高的能力有哪些？

**5. 行为/行动：具体的方案与计划**

如果要在……实现……你觉得你大概的行动计划会是什么？

假如要在……提高……能力，你可能要迈出的第一步会是什么？

为了实现……的人生，你需要分哪几个阶段呢？

我想知道你最有可能采取的行动步骤是什么？

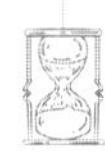

### 6. 环境：时间，地点

假如要在……提高……你觉得一年之内，你最有可能完成的计划会是什么？

以你对现实世界和个人习惯的了解，你觉得最合理的行动方案会是什么样的？

假如可实现性在 90%以上，对你来说，比较合理的计划会是什么样的？

科学合理的行动计划包含两个方面：第一，可实现，也就是虽然有一点点挑战，但是不会成为新的负担；第二，可持续，也就是至少可以持续三个月以上。从这两点看来，你觉得这个计划还需要做哪些方面的调整？

如果愿意，你可以通过什么样的途径，让我知道你已经在行动了……

## （三）逻辑层次工具咨询个案

生物与医药硕士，男生，研究生一年级。对生物化学感兴趣，认为自己很聪明，但是不想做重复的工作，收集了很多信息，依然觉得自己收集的信息不够，考博又担心自己不想继续做学术研究，想要做实验室研发工作又担心未来的工作变得很枯燥。怎样帮助他澄清未来的职业理想？可以用逻辑层次这个工具。

先问他十年后的工作愿景。他期待着能够在实验室完成一个新的研发，然后约上几个同事一起喝咖啡谈这个最新的研发设想和市场推广。

接下来就可以问角色——在那个画面中，你是谁？人们怎么称呼你？当我那个时候问你要一张名片的时候，名片上的身份是什么？你必须想出来。

角色一旦清楚就可以问价值观——为什么成为这样的人是你的追求？

接下来就可以问能力——你觉得成为这样的人，能够充分地展现和发挥你哪些优势和潜力。

接下来就可以问行动——为了有这样的机会和身份，要满足哪些条件？要采取哪些行动？

接下来就可以问时间和计划——为了成为那个人，你接下来要做什么？让你离目标更近。清楚了吗？

这就是从目标到现实的一个工具。我们把目标澄清了，就抓紧这个画面去帮他进一步具体化，最后一步一步引导他回归到现实。什么样的人可以做出新的研发，什么样的人提出的理念可以被人们去验证和推崇呢？生物学家、医疗工作者、物理学家……他们是在什么样的地方工作，是一些什么样的身份，需要解决的问题有哪些？最晚什么时候必须去行动？如果到那个时间他还不愿意去行动，你就跟他说，你可以放弃了！这样就可以变不可控为可控。

**【个案点睛】**

(1) 决策无处不在。决策能力决定了一个人的职业生涯成熟度。

(2) 没有完美的决策。能力是有限的，有得必有失。

(3) 任何决策都是有风险的。决策就是根据当下的信息和个人判断，朝向未来去冒险。

# 第三节　教辅材料

通过几种量表的使用，可以帮助我们在综合各种信息的基础上进行科学有效的决策，制定适合自己的大学发展规划和职业生涯规划，并落实在明确具体的目标上，贯彻到当前的实际行动中。

## 一、职业生涯选择困难问卷(CDDQ)

【量表使用说明】

根据表 9-1 进行选择。如果你的选择显示，题目 7≤3，题目 12＞7，或许这个量表并不适合你，需要与职业咨询师进行联系，进行进一步的分析。

表 9-1　职业生涯选择困难问卷(CDDQ)

| 个人信息 | 年龄 | |
|---|---|---|
| | 性别 | 男　　女 |
| | 教育年限(从小学一年级开始) | |
| | 职业选择状态：你是否已经思考过愿意学习哪个专业领域或者进入哪个职业领域 | 是　　否 |
| | 如果你的答案是“是”，你对你的选择有多大的信心 | 完全没有(1　2　3　4　5　6　7　8　9)非常有信心 |

在以下的问卷中，有一系列跟职业选择和决策有关的问题。请选出最适合你的状况。

当每一项陈述完全都不能代表你时，选 1；若能恰当地描述你时，选 9。当然，你也可以选择任何一个中间的数目。

| | 面临的困难 | 不符合我的情况-----------非常符合我的情况 |
|---|---|---|
| 1 | 我知道我必须选择一个职业，但现在我还没有做决定的意愿 | 1　2　3　4　5　6　7　8　9 |
| 2 | 工作并不是人生中最重要的事，所以选择职业这种问题并不太让我担心 | 1　2　3　4　5　6　7　8　9 |
| 3 | 我认为不必现在就选择一个职业，因为随着时间的推移，我自然会做出“正确的”职业选择 | 1　2　3　4　5　6　7　8　9 |
| 4 | 对我而言，做决定通常是困难的 | 1　2　3　4　5　6　7　8　9 |
| 5 | 我通常觉得自己的决定需要得到专业人士或者自己信赖的人的认可和支持 | 1　2　3　4　5　6　7　8　9 |
| 6 | 我总是害怕失败 | 1　2　3　4　5　6　7　8　9 |

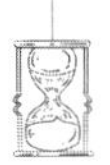

续表

| | | | | | | | | | | |
|---|---|---|---|---|---|---|---|---|---|---|
| 7 | 我喜欢按照自己的方式做事 | 1 | 2 | 3 | 4 | 5 | 6 | 7 | 8 | 9 |
| 8 | 我希望进入我所选的职业，它也能解决一些我的个人问题(如人际关系、家庭和感情等) | 1 | 2 | 3 | 4 | 5 | 6 | 7 | 8 | 9 |
| 9 | 我认为只有一个职业适合我 | 1 | 2 | 3 | 4 | 5 | 6 | 7 | 8 | 9 |
| 10 | 我期望，通过选择的职业可以实现我全部的抱负理想 | 1 | 2 | 3 | 4 | 5 | 6 | 7 | 8 | 9 |
| 11 | 我认为，职业选择是一次性的决定和终生的承诺(一旦选择一份职业就不能再考虑其他职业，也不能更换) | 1 | 2 | 3 | 4 | 5 | 6 | 7 | 8 | 9 |
| 12 | 我总是按照别人的要求去做事，即便这样做与我个人的意愿相违背 | 1 | 2 | 3 | 4 | 5 | 6 | 7 | 8 | 9 |
| **我发现选择职业是困难的，因为：** | | | | | | | | | | |
| 13 | 我不知道要采取哪些步骤 | 1 | 2 | 3 | 4 | 5 | 6 | 7 | 8 | 9 |
| 14 | 我不知道需要考虑哪些因素 | 1 | 2 | 3 | 4 | 5 | 6 | 7 | 8 | 9 |
| 15 | 我不知道如何将有关自身的信息(如自己适合做什么)和不同的职业信息(如不同职业对人的要求)结合在一起 | 1 | 2 | 3 | 4 | 5 | 6 | 7 | 8 | 9 |
| 16 | 我还不知道我对哪些职业感兴趣 | 1 | 2 | 3 | 4 | 5 | 6 | 7 | 8 | 9 |
| 17 | 我还不确定我的职业偏好(比如，我想要什么样的人际关系，我喜欢什么样的工作环境，工作中发挥哪些专长) | 1 | 2 | 3 | 4 | 5 | 6 | 7 | 8 | 9 |
| 18 | 我不太了解自己的能力(如数字能力、语言能力)或者性格特质(如坚毅、主动、耐性等) | 1 | 2 | 3 | 4 | 5 | 6 | 7 | 8 | 9 |
| 19 | 我不知道将来我的能力或性格特质会是什么样的 | 1 | 2 | 3 | 4 | 5 | 6 | 7 | 8 | 9 |
| 20 | 我对现有职业或培训项目的种类不太了解 | 1 | 2 | 3 | 4 | 5 | 6 | 7 | 8 | 9 |
| 21 | 我对自己感兴趣的职业/或培训项目的特点不太了解(如市场需求、薪水、升迁机会、工作性质等) | 1 | 2 | 3 | 4 | 5 | 6 | 7 | 8 | 9 |
| 22 | 我不知道未来的职业会是什么样的(如发展前景，市场需求等) | 1 | 2 | 3 | 4 | 5 | 6 | 7 | 8 | 9 |

续表

| | | | | | | | | | | |
|---|---|---|---|---|---|---|---|---|---|---|
| 23 | 我不知道如何获得有关个人更多的信息(如我的能力或性格特点) | 1 | 2 | 3 | 4 | 5 | 6 | 7 | 8 | 9 |
| 24 | 我不知道如何获得有关现有职业和培训项目，以及有关它们特点的准确的和最新的信息 | 1 | 2 | 3 | 4 | 5 | 6 | 7 | 8 | 9 |
| 25 | 我经常改变我对工作的偏好(例如：有时我希望自己当老板，有时却希望被人雇佣) | 1 | 2 | 3 | 4 | 5 | 6 | 7 | 8 | 9 |
| 26 | 我获得的有关个人能力或性格特征的信息有相互矛盾的地方(例如，我相信我对其他人很有耐心，但别人说我没耐心) | 1 | 2 | 3 | 4 | 5 | 6 | 7 | 8 | 9 |
| 27 | 我获得的有关某种职业或专业培训是否存在及它们的特点等信息有相互矛盾的地方 | 1 | 2 | 3 | 4 | 5 | 6 | 7 | 8 | 9 |
| 28 | 好几种职业对我都有相同的吸引力，从中选一个对我来说很困难 | 1 | 2 | 3 | 4 | 5 | 6 | 7 | 8 | 9 |
| 29 | 能录用我的职业或培训项目不是我喜欢的(人家看中了我，我看不中人家) | 1 | 2 | 3 | 4 | 5 | 6 | 7 | 8 | 9 |
| 30 | 我感兴趣的职业也包括一些令我不喜欢的事(例如，我喜欢机械，但是不愿学那么多年) | 1 | 2 | 3 | 4 | 5 | 6 | 7 | 8 | 9 |
| 31 | 我喜欢的职业特点不能全部集中在一个职业中，但是我不愿意放弃任何一点(比如，我想做一个自由职业者，但是我也想拥有稳定的薪水) | 1 | 2 | 3 | 4 | 5 | 6 | 7 | 8 | 9 |
| 32 | 我的能力和技术与我感兴趣的职业的要求不相匹配 | 1 | 2 | 3 | 4 | 5 | 6 | 7 | 8 | 9 |
| 33 | 我周围重要的人(像父母、老师或朋友)不同意我所考虑的职业选择或我期望的职业特点 | 1 | 2 | 3 | 4 | 5 | 6 | 7 | 8 | 9 |
| 34 | 不同的对我很重要的人推荐给我应该选择的职业，或者他们认为我应该考虑的某些职业特征，有相互矛盾的地方 | 1 | 2 | 3 | 4 | 5 | 6 | 7 | 8 | 9 |

续表

| 量表计分： | |
|---|---|
| (一) 准备不足 | |
| 缺乏动机：1：　2：　3： | 总分：　平均分： |
| 优柔寡断：4：　5：　6： | 总分：　平均分： |
| 校标：7： | |
| 不合理信念：8：　9：　10：　11： | 总分：　平均分： |
| 校标：12： | |
| (二) 信息不足 | |
| 缺乏决策步骤的知识：13：　14：　15： | 总分：　平均分： |
| 缺乏关于自我的信息：16：　17：　18：　19： | 总分：　平均分： |
| 缺乏关于职业的信息：20：　21：　22： | 总分：　平均分： |
| 缺乏获得信息的方法：23：　24： | 总分：　平均分： |
| (三) 信息不一致 | |
| 不可靠信息：25：　26：　27： | 总分：　平均分： |
| 内部冲突：28：　29：　30：　31：　32： | 总分：　平均分： |
| 外部冲突：33：　34： | 总分：　平均分： |

(引自原作者：Itamar Gati, Samuel H. Osipow，中文版本：沈雪萍)

## 二、自我生涯状态和能力评估表

**【表单使用说明】**

根据表 9-2 项目内容，结合自我评价，选择相应的等级，用于自我生涯状态与能力自测和评估，促进澄清自己的能力和生涯状态。

表 9-2　自我生涯状态和能力评估表

| 项　目 | 自我评价 |
|---|---|
| 1. 我清楚自己的兴趣(我的兴趣是：　　　　　　　　) | 优　可　劣 |
| 2. 我把自己的兴趣安排在生活中 | 优　可　劣 |
| 3. 我把自己的目标安排在生活中 | 优　可　劣 |
| 4. 我的人际能力 | 优　可　劣 |
| (1) 说的能力 | 优　可　劣 |
| (2) 听的能力 | 优　可　劣 |
| (3) 说服的能力 | 优　可　劣 |

续表

| 项　　目 | 自我评价 |
|---|---|
| (5) 领导的能力 | 优　可　劣 |
| **5. 我的策划能力** | 优　可　劣 |
| (1) 文字能力 | 优　可　劣 |
| (2) 创造能力 | 优　可　劣 |
| (3) 协调能力 | 优　可　劣 |
| (4) 组织能力 | 优　可　劣 |
| (5) 寻找信息资料的能力 | 优　可　劣 |
| **6. 我的其他能力** | 优　可　劣 |
| (1) 外语听 | 优　可　劣 |
| (2) 外语说 | 优　可　劣 |
| (3) 外语读 | 优　可　劣 |
| (4) 外语写 | 优　可　劣 |
| (5) 数的能力 | 优　可　劣 |
| (6) 美工(空间关系)的能力 | 优　可　劣 |
| (7) 学习新事物 | 优　可　劣 |
| (8) 我的仪态 | 优　可　劣 |
| **7. 我的工作习惯** | 优　可　劣 |
| (1) 秩序性 | 优　可　劣 |
| (2) 持续性 | 优　可　劣 |
| (3) 合作性(与人共同合作或自己独立工作) | 优　可　劣 |
| (4) 变化性(工作有挑战性与变化) | 优　可　劣 |
| (5) 责任感 | 优　可　劣 |

## 三、决策平衡表单

**【表单使用说明】**

(1) 在表 9-3 中，学生可以依据自身的情况进行填写。“志愿”栏填写平行志愿，“类型”栏是对“问题”栏的归纳，“问题”栏是自身应该考虑的实际问题。

(2) 得失栏中填写得数或失数，得/失数=得/失分×加权值。得分(1～10)是指你在这个方面的优点，失分(1～10)是指你在这个方面的缺点，分数越高，优缺点越明显。加权值(1～5)是指你对这个方面考虑的迫切性与重要性，加权值越高，重要性越高。

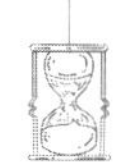

(3) 最终根据得数与失数的差，即得失差数的大小进行排序，得出综合效用最大化的决策。

表 9-3　决策平衡表单

| 考虑项目<br>(加权值 1～5，得失分 1～10)<br>得/失数=得/失分 x 加权值 | | 第一方案 | | 第二方案 | | 第三方案 | | 第四方案 | |
|---|---|---|---|---|---|---|---|---|---|
| | | 志愿 1 | | 志愿 2 | | 志愿 3 | | 志愿 4 | |
| | | 得(+) | 失(－) | 得(+) | 失(－) | 得(+) | 失(－) | 得(+) | 失(－) |
| 类型一 | 1. 问题 1 | 得数 | | | | | | | |
| | 2. 问题 2 | | 失数 | | | | | | |
| | 3. 问题 3 | 得数 | | | | | | | |
| | 4. 问题 4 | 得数 | | | | | | | |
| | 5. 问题 5 | | 失数 | | | | | | |
| 类型二 | 1. 问题 1 | | | | | | | | |
| | 2. 问题 2 | | | | | | | | |
| | 3. 问题 3 | | | | | | | | |
| | 4. 问题 4 | | | | | | | | |
| | 5. 问题 5 | | | | | | | | |
| 类型三 | 1. 问题 1 | | | | | | | | |
| | 2. 问题 2 | | | | | | | | |
| | 3. 问题 3 | | | | | | | | |
| | 4. 问题 4 | | | | | | | | |
| | 5. 问题 5 | | | | | | | | |
| 合计 | | | | | | | | | |
| 得失差数 | | 得数－失数 | | | | | | | |
| 最终排序 | | | | | | | | | |

# 参考文献

[1] 程社明. 你的船，你的海：职业生涯规划[M]. 北京：新华出版社，2007.

[2] 王沛. 大学生职业决策与职业生涯规划[M]. 北京：科学出版社，2007.

[3] 吴之仪. 我的生涯手册[M]. 北京：经济日报出版社，2008.

[4] 叶浩生. 西方心理学的历史与体系[M]. 北京：人民教育出版社，1998：564-565.

# 第十章

# 外面的世界很精彩

基层很辛苦

高层很孤独

每一个优秀组织的背后

其实都有对各种要素的把控

找到一种平衡后

定会与自己想要的组织状态迎面相逢

**【本章导读】**

本章可作为一个闭环的团体辅导设计，帮助团队成员探索外部工作世界。整个课堂团体活动设计以初创型企业为主线条，看起来是组建团队、成立公司、创业，实际上在这个过程当中综合了非常多的探索外部世界的方式方法，也能让学生在课堂活动当中通过收集资料、头脑风暴、整合意见、汲取经验等环节获得更多的职业信息，达到教学效果。

# 第一节　理论背景

什么是能力？什么是技能？技能在职业生涯规划中起什么作用？三种技能如何组合成为一个整体并高效地展现给雇主呢？

## 一、技能简介

在能力和知识的基础上，通过反复地练习而形成的相对稳定的行动方式，我们称为技能。不同的职业也会有不同的职业技能要求。一般来讲，技能分为专业知识技能、可迁移技能和自我管理技能三类。

(1) 专业知识技能。这种技能是指那些需要通过学习才能获得的特别的知识或能力。这些技能涉及你学习的专业和课程，是你所懂得的东西。专业知识技能需要经过有意识的、专门的学习才能掌握。

(2) 可迁移技能。这种技能也被称为通用技能，是职业生涯中除岗位专业能力之外的基本能力。它适用于各种职业，能适应岗位不断变换，是伴随人终身的可持续发展能力。

(3) 自我管理技能。这种技能经常被看作是个性品质，而不是技能，因为它们被用来描述或说明人具有的某些特征。这些技能可以从非工作领域迁移转换到工作领域，有助于推销自己和自己的才能，是成功所需要的品质。

在职业规划中，尤其是在简历制作中，可迁移技能是需要被最先和最详细叙述的，它是最能持续运用和最能够依靠的技能。专业知识技能的运用都是在可迁移技能基础之上的。而在面试和职业发展中，自我管理技能则是雇主非常重视的部分。

## 二、技能的区别

专业知识技能是需要通过学习才能获得的知识和能力；可迁移技能是职业生涯中除岗位专业能力之外的基本能力，潜移默化中所获得的社会交往和人际交往等能力；自我管理技能通常被看作个性品质而不是技能，是一个人所具有的某些特征。

## 三、技能的关系

三者可隐喻为“道、术、器”的关系。

(1) 专业知识技能，是驰骋江湖的看家本领，喻之为“器”。在现实生活中，如 IT

从业者对于计算机系统原理、编译原理等技能的掌握和运用，就称为专业知识技能。

(2) 可迁移技能，能打开一个人人生轨迹的可拓展性，喻之为“术”。用软件界术语来讲就是可跨平台运行、可移植性强。该技能更多倾向的是“人”而非“物”，如口才、演讲、会交际沟通等。

(3) 自我管理技能，喻之为“道”。就是于自己而言的人生经营哲学，做人首先要有“德”，一个有好品行的人才能走得长远，就像为人处世之道，乃人生之基；还有就是要有目标、有志向，能选择正确的人生方向并为之努力。

这三项技能相辅相成，要学会相互融会贯通。

# 第二节　活动实践

我们在大学中应该学什么？除了知识，最关键、最基础的是掌握学习的能力。大学生在校期间应培养人际交往能力、创新思维能力、信息搜索能力、自我管理能力等。这些能力，你都准备好了吗？

## 一、教具准备

(1) 8 根小棒，每组一套。

(2) 海报纸，每组两张。

(3) 彩笔，每组一盒。

## 二、活动目的

(1) 将课堂的侧重点放在启发学生思考，拓宽学生思维，改变对专业和职业刻板印象等方面。

(2) 在课堂中运用学生喜欢的团体辅导活动的形式来帮助他们探索外部工作世界。

## 三、设计思路

(1) 在全国范围内，职业生涯规划课程很少有学校是小班教学，大部分都是两个自然班合班上课，一般为 80～100 人。而团体辅导对场地的要求比较高，所以本节我们设计了一个闭环的团体辅导课程。

(2) 整个课堂团体活动设计以初创型企业为主线条，看起来是组建团队、成立公司、

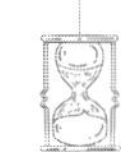

创业，实际上在这个过程当中综合了非常多的外部世界探索的方式方法，也能让学生在课堂活动当中通过收集资料、头脑风暴、整合意见、汲取经验等环节获得更多的职业信息，达到教学效果。

(3) 小组需要尽快完成任务，在团体辅导活动的设计中，我们一般有几个技巧，比如竞赛机制、游戏机制、奖惩机制等。我们这里使用的是竞赛机制，最先完成的小组可获得平时成绩的加分。

## 四、操作流程

### 活动一：八根小棒

(1) 在课程开始之前我们就要求学生按照考勤表名单的顺序，每10个人为一个小组，坐在一起。如果课堂教室为固定座椅，我们允许学生站立，允许学生坐在教室过道，学生只要保证能够前后左右照顾得到，方便交流即可。

(2) 每个小组拿到老师发的8根小棒，不方便准备小棒的老师可以让学生用画图的方式来完成，不能使用手机等设备进行答案搜索，在最短的时间内完成任务即可获胜。

(3) 任务阐述，老师的指导语为：请用这 8 根小棒摆出一个菱形，这个菱形的每条边只能有一根小棒。(答案见图 10-1)

图 10-1　八根小棒操作图解

**【活动点睛】**

通过这个破冰活动，引发学生充分思考，将注意力集中在当下。通过该活动引导学生思考问题时要善于突破固有思维。同样的道理，我们在进行外部工作世界探索的时候，同学们也要善于打破思维的墙，去看到更多的可能性。你以为你了解的职业可能恰恰是你最不了解的，你以为你熟悉的职业，也可能恰恰是你最陌生的。

### 活动二：专业—职业头脑风暴

(1) 发放专业—职业头脑风暴表单(图 10-2)，小组内尽可能多地写出与本专业相关的职业，越多越好。在老师规定的时间内(通常为 5～8 分钟)，哪组写出得最多哪组获胜。教师在这个环节，可以引导学生：专业对应的不只是一个职业，也可以是职业群。

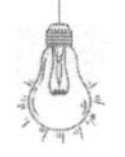

图 10-2　头脑风暴

(2) 以上是一种方法，当然，教师也可以利用课堂整理出自己的一套行之有效、符合自己学校和所带班级专业实际情况的外部世界探索卡牌工具，具体操作如下。

教师可以将硬卡纸剪裁成名片纸大小，让学生在每张名片纸上写一个与专业相关的职业，最后将学生写的名片纸收集起来，就形成一盒学生共创的外部世界探索的卡牌工具。所有带这门课程的老师都在各自带班的班级去做这个工作的话，就能收集到学校所有专业的对应职业群卡片。这些共创出来的卡片都可以作为我们上课或者一对一职业生涯咨询的工具资源，更贴近学生实际，也更符合学校设置的专业背景。

(3) 有时，有些学生写的可能并不能称为职业，因此，教师就可以顺理成章地去引入职业的概念。

**【活动点睛】**

让学生回过头去看看自己小组内刚才头脑风暴出来的那些职业是不是真的职业。比如：房东，这是不是职业？义工，这是不是职业？让学生根据老师讲的职业三要素去甄别，最终确定。

### 活动三：我是大佬

(1) 每组选出一个组长、一个副组长。之所以确定这两个领导角色，是为了让选拔人才的过程更快一点。教师要求在各小组快速确定组长和副组长人选。我们经常会遇到这样的情况，就是小组成员互相客气，都不主动承担组长和副组长的角色，对于教师来讲，这就是浪费课堂上有限的时间。所以教师可以对这个组的所有成员说：“现在，老师数 1、2、3，然后所有成员用大拇指指向自己认为最适合当组长的人选，被指向的大拇指最多的人就是组长。副组长可以由组长指定产生。”

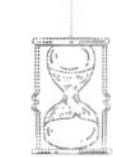

(2) 组长和副组长两人为一个公司的联合创始人，任务是需要在组内选拔合适的人成立一个公司的核心成员团队。在这个环节中，教师不提供具体的招聘岗位，而是提供一个全开放的状态，由组长和副组长按照自己的心理倾向系统选人。但教师需要提出要求，组长和副组长必须在本组内至少淘汰一名同学，该设置有三个作用。

① 可以让所有成员都有紧迫感；

② 组长、副组长为自己的选择负全责；

③ 让招聘变得更加谨慎。

(3) 通过组长招聘、成员应聘的方式强化自我探索过程中的相关知识点。比如，组长、副组长在淘汰环节是思考型的(T)，还是情感型的(F)；成员应聘介绍时多描述自我管理技能(S)，还是专业知识技能(K)，还是可迁移技能(T)。

(4) 在组长和副组长选人的过程中，他们其实已经有了目标人选标准，包括创办什么企业，企业需要什么人才，什么样的人更适合进行人职匹配。这本身就是在了解外部工作世界的相关信息基础上进行的。

(5) 上面的环节结束后，我们要求组长和副组长阐述在整个招聘的过程中最看重的能力素养是什么，什么样的人更能赢得他们的青睐。学生在参与的过程中一方面换位思考，一方面深切体会。这个过程就会让所有学生了解到不同的岗位和职位，用人单位更关注求职者的哪些方面，这些岗位和职位对求职者的要求具体是什么。引导同学们挖掘自身优势，知己知彼，了解职业世界，在自我和职业之间找到衔接点。

(6) 在上一个环节的基础上，团队成员已经知道了用人单位最看重的方面。针对已经了解到的信息，刚才已经在本组被淘汰的成员都需要到别的组自荐，以求得一个职位。此时，同学们就会更加有针对性地去自我推荐，这个自我推荐会更加有的放矢，让学生切实感受就业竞争的压力，同时思考自己的优劣势，以及如何能够达到对方的要求。

如果时间允许，我们可以让所有的“失业人员”站成一排，依次进行自我推荐，这个过程中又会出现一个有趣的现象，在上一轮被本组淘汰的人员，在这个环节中出现被多个企业争抢的情况。这个时候原来的“失业人员”变成了香饽饽，再由他们来进行反选。

**【活动点睛】**

在这个过程中，教师可以进一步引导同学们分析这一现象：用人单位招聘是找最优秀的，还是找最合适的？你适不适合这个公司的这个职位，要建立在你是否充分了解这个行业、职业、岗位的基础上，从而再一次强化本章外部工作世界探索的主题和重要性。

### 活动四：开门大吉

(1) 按照之前招聘的结果成立公司，结合活动二的专业—职业头脑风暴产生的职业群，选择成立一个公司。比如，播音与主持专业的学生在头脑风暴中，曾经写了一个职业是司仪，如果这个组在成立公司时就选择婚庆公司，那么由此可以确定公司名称、标识、营业范围等，允许学生使用手机查阅资料，如职业世界地图等，手绘公司的营业执照。

(2) 在实际操作的过程当中，我们会发现课堂中很多学生将时间浪费在手绘营业执照这个过程当中，但事实上这不是我们这节课的重点，我们的重点在于让他们了解营业执照上该公司可以营业的范围有哪些。所以我们准备了一个空白的营业执照(图 10-3)，教师可以在上课前将其打印好，直接分发给各组，不要在形式上浪费时间，这样的结构化的方式一方面可以让学生了解营业执照上的内容，另一方面还可以让学生有目的地去查阅资料，展开外部工作世界的探索，去了解本行业本公司的运营范围。

营业执照

(外部工作世界探索-团辅课程-模拟执照)

统一社会信用代码 91610109HYAREER

名　　称

类　　型

住　　所

法定代表人

注册资本

成立日期

营业期限

经营范围

登记机关

年　月　日

应当于每年1月1日至6月30日通过企业信用信息公示系统报送上一年度年度报告

企业信用信息公示系统网址: http: //www.hycareer.com

中华人民共和国国家工商行政管理总局监制

图 10-3　营业执照模板

(3) 确立组织机构。我们设计了一个组织机构图的空白模板(图10-4)，参考组织机构图将公司人员填写在相应的岗位。当然，公司的性质不同，设置的内容也不同。空白的组织机构图意在给团队成员一个思路。

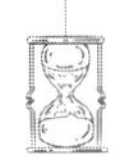

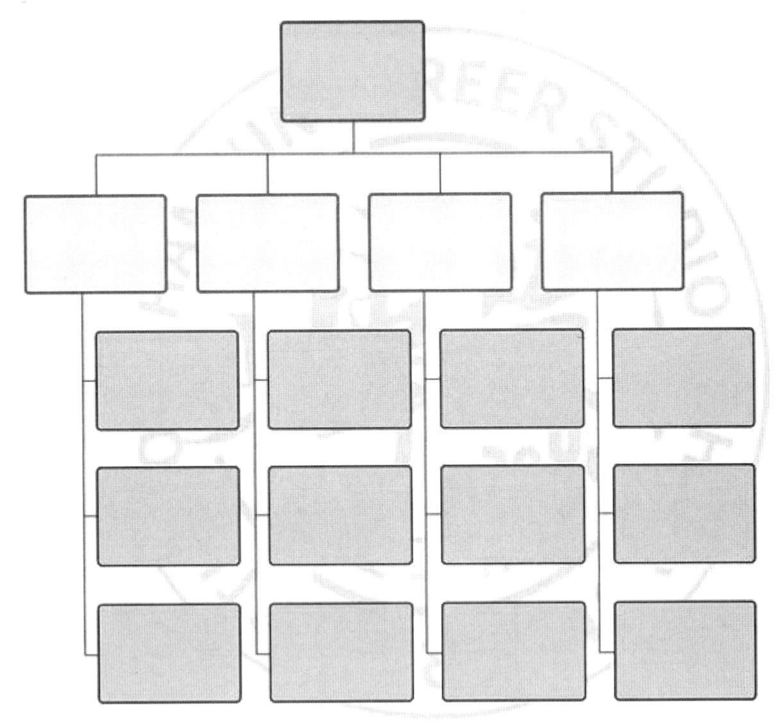

图 10-4　组织机构图空白模板

【活动点睛】

营造人人有名头，人人有事做的氛围。

### 活动五：商业画布

(1) 教师讲解商业画布，要求每个公司讨论 20 分钟，依据自己的公司业务明确商业画布中的各项内容，讨论完毕后要求他们在全体成员中进行公司的宣讲，目的是吸引投资。哪个公司获得的融资最多，哪个公司获胜，教师将奖励相应的课程币。

(2) 在这个环节中，如果教师做时间比较长的团体辅导，不局限在两个小时的课程时间的话，我们可以加入世界咖啡的模式(具体操作详见第十一章)。

每个组留两个人完成自己公司的商业画布，其他人依次去其他组“喝咖啡”，听他们的内容并且贡献自己的建议。

整个一轮下来，每个人收获的就是全部团队成员的点子和信息。这对每个人来说收获都是巨大的。

商业画布是 2008 年著名商业模式创新专家、商业顾问亚历山大·奥斯特瓦德提出的概念，是分析商业模式的一种工具，被全球很多企业运用(参见图 10-5)。

商业画布能够提供更多灵活多变的思维模式，它能够将商业模式中的元素标准化，并强调元素之间的相互作用。

当团队有一些创新的概念时，鼓励他们用商业画布模型来表达概念，把一些细节想清楚，包括趋势发展、客户的痛点需求等。

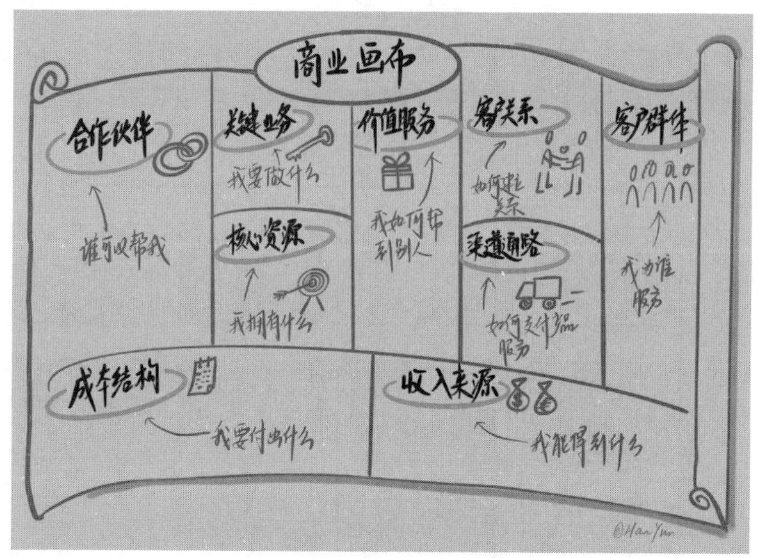


图 10-5　商业画布模板

当团队能够快速整合资源，广泛查阅资料，你的公司产品和服务也就一目了然地呈现在商业画布上面了，这本身就是在深层次地探索外部工作世界。

当然，当我们在教学生完成公司的商业画布时，事实上我们的学生就会在此过程中掌握商业画布的相关用法。我们可以让学生了解画布其实就是一个模型，对于个人而言，你的工作就是你的商业模式，我们每个人也可以用这个模型来完成个人版的商业画布。

将个人版的商业画布作为这节课的课后作业让同学们去完成，也就是让同学们从公司的角度回归到自己个人身上来。

当学生按照这个模式回答完所有的问题，就是厘清了自己的职场应对方式，知己知彼，百战不殆，从而觉察自己，优化自己的商业画布(详见图 10-6)。

比如：核心资源——我是谁？我有什么？我的核心竞争力是什么？

关键业务——我要做什么？

客户群体——我能帮助谁？

服务价值——我怎样帮助他人？

渠道通路——怎样宣传自己和交付服务？

客户关系——怎样和对方打交道？

重要合作——谁可以帮助我？

收入来源——我能得到什么？

成本结构——我要付出什么？

团队完成自己公司产品或服务的商业画布的目的就是让团队成员能够充分了解公司业务，抓住核心，明确优势，同时进行企业选举，招商引资。

同学们会非常投入也非常积极地融入其中，实现身份的自然转换，竭尽所能地将自己公司的优势和营销范围、未来前景、人员优势等介绍给所有人，以期争取到更多的资金。

【活动点睛】

课程当中的这个环节让学生能够主动探索外部工作世界，而不是一味地去听他人的灌输。

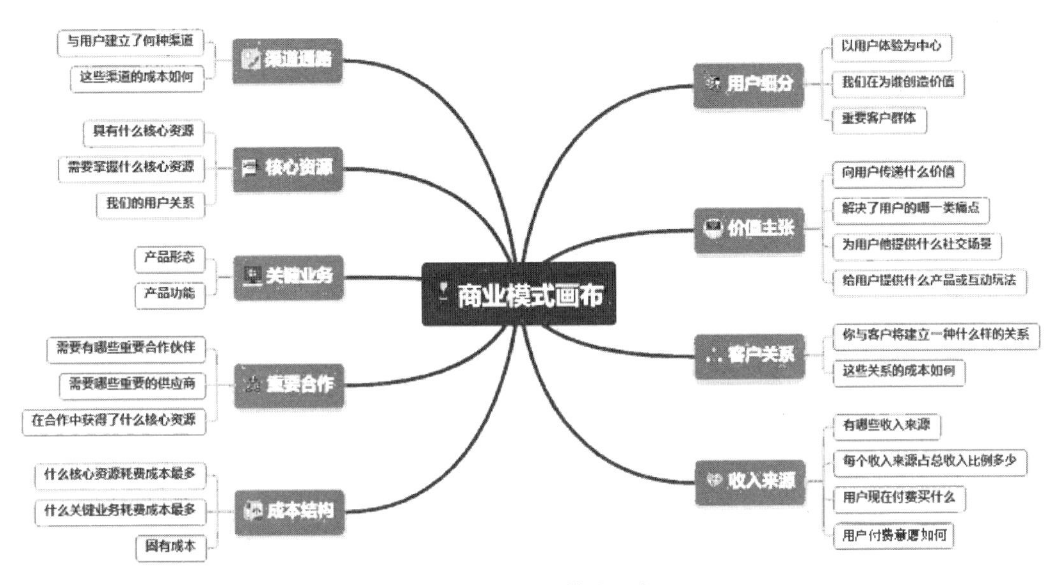


图 10-6　商业模式画布

### 活动六：公司众筹

公司需要按照商业画布宣讲自己公司的相关情况，突出重点，吸引别的公司给予资金支持。获得资金最多者获胜。

(1) 每组有 1000 万虚拟资金用于投资。所有公司宣讲完毕后，开始进行众筹，明确规定自己公司不可以将资金投给自己。这个时候各企业全部都作为风险投资人，将公司的资金全部投出，规定最多可以投给两家公司，但是不可以平均分配资金，当然也可以全部投给一个公司。

(2) 这样设置的意义有四个。

其一：最少投给一个公司，最多投给两个公司，且不可以平均分配。这样一方面可以避免平均主义、好好先生；另一方面有的公司获得的资金分配会比较多，公司与公司之间容易拉开差距。

其二：节省课堂时间。

其三：金额较大，投资需谨慎。

其四：这个时候教师会发现，现场可能会出现公司与公司之间的合作关系。比如，相互之间协商互相投资，达到共同获益的目的。

【活动点睛】

课程的目标是帮助他们进行外部工作世界的探索，但事实上学生们在活动中获得的不只是单方面的知识和内容。

这里韩赟生涯工作室专门设计了课程的代币工具(详见图 10-7)，可以打印使用。这样做的好处是，避免学生投资时数额太具体，不利于快速计算总金额。同时，有投资的仪式感，学生会代入角色，并且认真对待。

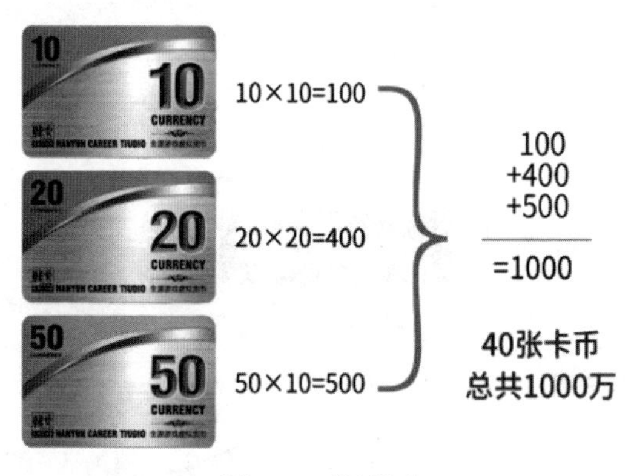


图 10-7　课程币

**活动七：开业大酬宾**

(1) 公司根据企业经营方向和企业文化特色，自行设计各自企业的产品发布会，每个团队 5 分钟展示时间，要求全体企业员工都要参与，各自担任不同的角色。

(2) 形式不限，可绘制海报、编排小品短剧、歌舞表演等。

【活动点睛】

让团队成员更深刻地理解和表达企业文化，具体内容可由各团队自行设计。教师引导团队成员注意上台演讲礼仪、进行产品包装和品牌特色等企业文化展示。

## 五、重点难点

(1) 外部工作世界探索这部分内容通常是职业生涯教育教师的软肋，包括这部分内容的教材资料也相对较少，教师可以借鉴的参考资料不多。大部分职业生涯教育教师都是用讲授的方式来完成这部分内容。用告知的方式将自己了解到的信息灌输给学生，如通过什么途径去了解职业、职业的分类、职业的概念、某个职业的工作内容等，课后再

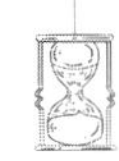

布置作业，如一天的职业体验或者三个生涯人物访谈的任务等。从实践的角度来讲，一天的职业体验以及几名生涯人物访谈是非常有用的职业探索方法，能够让学生获得无过滤的真实体验和感受，有助于他们了解真实的职业环境和职业性质。

(2) 本章设计的这个闭环的团体辅导，能更有趣地帮助团队成员探索外部工作世界。整个课堂团体活动设计以初创型企业为主线条，看起来是组建团队、成立公司、创业，实际上在这个过程当中综合了非常多的外部世界探索的方式方法，也能让学生在课堂活动当中通过收集资料、头脑风暴、整合意见、汲取经验等环节获得更多的职业信息，达到教学效果。

## 六、案例分享

### （一）能力识别卡的运用

能力识别卡包含 70 张卡牌，1 幅 60cm×60cm 的能力象限画布，通过词语筛选，对应能力象限画布大致确定个人能力强项，结合团体活动或一对一咨询进行进一步辅导。

**操作方法一：**

(1) 把能力识别卡分成两堆，左边放的是“我拥有的能力”，右边放的是“我没有的能力”。

(2) 从左边“我拥有的能力”卡牌里，挑出我最想用的前十张，再从前十张中挑出前三张。

(3) 分享挑卡时的内心历程：例如，选卡时的过程有没有发现或者注意到什么？哪张卡牌是突然跳出来，本来没有的？或哪张卡牌是你原本以为会被拿掉，可又一直被留下来的？

**操作方法二：**

(1) 从前十张能力强项里，挑一张或两张自己有感觉的、最不容易才拥有的、最符合自己的，或你现在最想描述的卡牌。

(2) 分享卡牌的内容，可以说说这个能力怎么来的，也可以表达感谢，感谢对这个能力有贡献的人们(也包括自己)，通过分析，庆祝并且珍惜自己拥有这样的能力。

**操作方法三：**

(1) 六个人一组，像玩扑克牌一样，每人发三张卡牌，牌面都不要给别人看到。剩下的牌放在所有人中间。

(2) 每个人轮流，一次丢一张卡牌，再从中间抽一张卡牌。丢出的卡牌，代表自己已经拥有的能力，或不拥有也不想拥有的能力；手上留下来的卡牌，是自己想要在接下来一年或者两三年里重点培养的能力。

(3) 别人丢出来的卡牌中，有自己想要的卡牌时，可以抢牌，但是要在下一个玩家开始丢牌前就抢牌，每抢一张牌，也同时要丢出自己手中的一张牌。

(4) 轮流丢牌抽牌，直到手上的三张牌都是自己想要提升和培养的能力，就可以盖牌，把自己最终想留下的三张卡牌盖在自己面前。

(5) 等六个人都完成了盖牌，就可以把牌面都打开，分享自己想培养的能力。

(6) 这个时候，教师就可以介入目标设立，讲述目标设立的 SMART 原则。

Specific：目标必须是具体的。

Measurable：目标必须是可以衡量的。

Attainable：目标必须是可以达到的。

Relevant：目标必须和其他目标具有相关性。

Time-based：目标必须具有明确的截止期限。

SMART 分别代表了 5 个单词的首字母，也是目标管理的五大原则，也被称为目标管理的五个维度。

**操作方法四：**

能力十六宫格，可用于探索个人能力。成员持所有卡牌逐一放在能力象限画布的 16 个象限中(也可以分为大类 4 个象限)，在此过程中，学员会对有些卡牌感觉敏感或者无感，教师可在指导语中提示，无法放入象限的卡牌可单独放置或者忽略。

**操作方法五：**

兴趣卡和能力卡对对碰。

探索了兴趣卡和能力卡之后，指导教师可进一步引导成员进行相应的组合，探索出自己的职业兴趣。兴趣对于职业的影响巨大，但并不是所有的兴趣都能转化成为一种职业，只有具备企业需要的相应能力的兴趣，才能转化成为一种职业。说白了，就是企业对你的兴趣不感兴趣，对你的能力感兴趣。而我们要在职业中满足自己的兴趣，就要具备满足兴趣的相应职业能力，与企业去兑换。

将能力卡和兴趣卡分别按照 4 个象限进行分类，详见表 10-1。

**表10-1　兴趣卡和能力卡对对碰**

| 对对碰 | 高能力 | 低能力 |
|---|---|---|
| 高兴趣 | 职业兴趣、理想工作 | 业余爱好、休闲娱乐 |
| 低兴趣 | 生存手段、谋生工作 | 职业盲区、放弃规避 |

### （二）技能测试之模拟面试

假如我是一个超级人力资源经理，和其他几万名求职者一样，你有幸来到我的面前，在给你理想工作机会之前，请如实回答我三个问题：

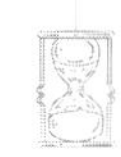

第一个问题，请用 3～5 个名词概括你所学习过的专业理论知识，他们都属于哪些学科？

第二个问题，假如我可以满足你期待的薪资要求和福利条件，请用 3～5 个动词描述你所能做的事。

第三个问题，假如和你应聘同一个职位的人，他们也有着和你一样的专业知识和技术，你身上有哪些优秀的特点和品质让我有充分的理由选择你呢？请用 3～5 个形容词或者副词描述这些特质。

真正有效的自我介绍其实把这三个问题都回答了。

你好，我是某某学校某某专业的某某某，通过大学四年的学习，我系统掌握了……专业知识理论。通过丰富的社会实践……我学习了……工作技能。个人拥有……特点和品质。综上所述，我觉得我蛮适合这个职位的，希望您能给我一个工作的机会。

有人 2～3 分钟面试成功，有人十几分钟还是失败，就是因为没有把自己的三大技能介绍清楚，面试官非常迫切想知道你学过什么，会做什么，你这人怎么样？无效的沟通就是在自我介绍环节没有抓住亮点和自己的卖点来推销自己。模拟面试也是最有意义的团体活动。

### （三）技能测试之寻找核心竞争力

寻找核心竞争力是技能测试的第二个方法，我们可以通过技能定位三叶草模型(详见图 10-8)。

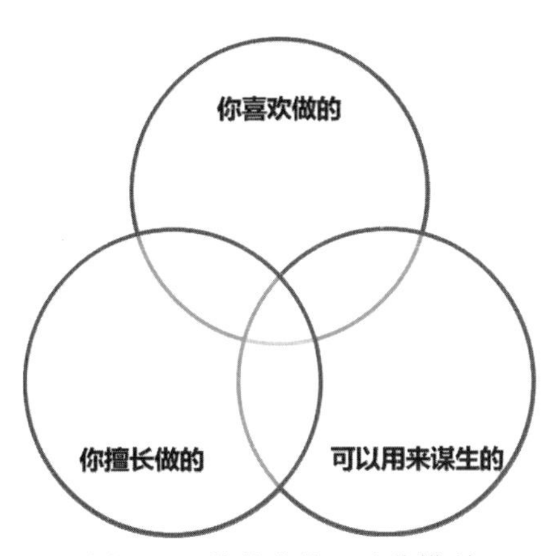


图 10-8　技能定位三叶草模型

第一，无论在生活中，工作中，还是在你的业余爱好中，你喜欢做的事情都有哪些？(不在于能否做好，只要能从中获得乐趣，尽量写全)

第二，和周围的人相比，你擅长做的事情都有哪些，无论你是否喜欢，只要你去做，就比大多数人做得好的事情，都有哪些？(与好恶没有关系，与兴趣无关，比如虽然不喜

欢做饭，但可以做得特别好)

第三，你可以用来谋生的技能都有哪些？指的是那些具有社会价值的技能，比如，你可以做什么养活自己？

我们自己可以画一下。你喜欢做的，不包括是否能做好的以及是否能谋生的。你喜欢做的，只包含你的直接兴趣和个人兴趣。你擅长做的，可能就有社会兴趣在里面，也有间接兴趣在里面。你可以用来谋生的，就是间接兴趣和社会兴趣了。

无论是喜欢、擅长还是可以谋生，这个三叶草模型更多的是测试可迁移技能的细分，写出来的大部分都是动词。为什么着重对可迁移技能这样评估，因为它是当下用人单位最看重的部分。

第一，你喜欢的，你擅长的，但是暂时不能用来谋生的，它只能作为业余爱好——平衡生活与工作，带来娱乐和放松。比如，喜欢做饭，又做得挺好吃，但没有足够的时间、精力和资金也是开不了饭馆。

第二，你擅长做蒸蛋，也可以用来谋生，比如“真功夫”，但并不是你喜欢的，这是你万不得已的谋生手段。谋生手段，可能是无奈，可能是过渡，可能是现实。

第三，你喜欢做，也可用来谋生，但不擅长。麻辣串你喜欢做，但是做出来后，味道实在不敢恭维。这是你努力的方向——最有潜力的部分，你可以不断地学习、练习、升级、探索、思考、创新，由不擅长变得擅长。这也可能与天赋有关系。

三者交汇的地方，就是核心竞争力：兴趣+能力+社会需要=理想工作。如果一项技能你喜欢、又擅长、又可以用来谋生，就是你的核心竞争力。

因为喜欢，你会持续投入，不断地创新。

因为擅长，你会有成就感、优越感。

因为可以谋生，你机会更多，被强化得更好。

从这点来说，兴趣就是积极的、有倾向性和主动性的态度和情绪。

### （四）技能定位法

分别在三叶草模型的三个圈内通过头脑风暴的方式填写：你喜欢做的、你擅长做的、你可以用来谋生的。

(1) 你喜欢做的：

无论能力高低，也无论他人如何评价，你依旧乐此不疲的事情有哪些？

无论在工作，还是生活中，你喜欢做的事情都有什么？

(2) 你擅长做的：

无论你是否喜欢，你擅长的技能有哪些？

相对于周围的人，你在哪些方面有很好的表现？

(3) 你可以用来谋生的：

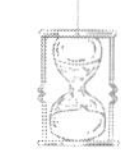

哪些事情可以满足你生存的需要？

假如有一天为满足自己的生存需要，你可以用来谋生的技能有哪些？

(4) 你喜欢做的且是你擅长做的，但是没办法用来谋生的，这个交集会让你产生生存焦虑；你喜欢做的且可以用来谋生的，但是不是你擅长做的，这个交集会让你产生自我挫败感；你擅长做的且可以用来谋生的，但不是你喜欢做的，这个交集会让你产生职业倦怠。所以理想的职业状态就是你喜欢且擅长，并且还能用来谋生的这个交集。

(5) 你喜欢做的且是你擅长做的，但是没办法用来谋生的，这个交集可发展成为你的业余爱好；你喜欢做的且可以用来谋生的，但不是你擅长做的，这个交集可以成为你未来的努力方向；你擅长做的且可以用来谋生的，但不是你喜欢做的，这个交集可以作为你的谋生手段。这就告诉我们，可以换一个角度来做生涯适应。

(6) 生存期：为了获得生存，我们只能按照现有能力先找到工作，满足自己的基本需求。这个阶段，兴趣只能作为业余爱好来丰富自己的生活，缓解压力。

(7) 过渡期：工作内容实现基本可控，有一些自由的时间和精力，才有机会去考虑自己的兴趣。通过学习、实践、积累，把自己的兴趣逐渐转化成未来的职业能力。同时寻找新的机会去尝试和验证。

(8) 事业期：自我实现的标志——做自己喜欢的、擅长的、有价值的事情。可以尝试开拓新的领域，迎接新的挑战，让自己保持前进的状态。

所以使用这个技能定位法，第一，它让我们清楚了核心竞争力究竟在哪里；第二，它让我们明白了，职场的三大不良情绪来自何方：第一个是生存焦虑；第二个是职业倦怠；第三个就是自卑或自我挫败。

所以团队成员如果有这些反馈：老师，我最近生存压力特别大；老师，我最近有职业倦怠；老师，我总感觉我很自卑。通过这个模型，就可以找到对应的答案。生存压力，那是因为他把业余爱好当作谋生手段；职业倦怠，那是因为他没有平衡好自己的生活和工作；自卑或者自我挫败，那是因为他从事的事情暂时不擅长。所以，该匹配的匹配，该平衡的平衡，该鼓励的鼓励，技能定位让我们清楚地知道接下来该怎么办。

### （五）技能测试之个人证明

你的各种专业资格证书：如律师证、会计师证等，这些证书至少可以证明你拥有某种技能，所以在面试中请做好以下准备。

① 请出示您的学历、学业、培训等相关证明。

② 请附录您的成绩单。

③ 请提供相关的职称、技能鉴定、组织证明等资料。

④ 请总结你的老师、同学、朋友、家人如何评价你？毕业鉴定表上都是怎么写的？

就像驾照一样，不能证明你是好司机，但至少证明你可以上路。就像医生资格证一

样，不能证明你是好医生，但是你可以开处方。

最后做个总结。技能有两个非常重要的命题：社会需要什么？个人拥有什么？

技能定义：后天的学习和练习获得的能力，通常表现为某种动作方式和动作系统，动作方式可能表现为操作活动、心智活动，即老百姓常说的体力劳动和脑力劳动。

职业技能三分法：专业知识技能、可迁移技能、自我管理技能。通俗的说法：专业理论、实践技能、胜任特征。

职业技能测试：模拟面试、核心技能(竞争力)、个人相关证明。

# 第三节　教辅材料

智力是多元的，是由多种能力而不是一两种核心能力构成的，而且各种能力不是以整合的形式存在，而是以相对独立的形式表现出来。

## 一、基斯的多元智力量表

**【量表使用说明】**

下列 49 道题，每道题都有 5 个供选择的分数，请选出最适合你情况的分数。在答题过程中认真思考你的知识、想法、喜好、行为和经历。根据自己的第一感觉快速做出选择。无所谓对与错、好与坏，无所谓答案是否受人欢迎。请尽可能做到心脑统一。把注意力集中在真实的自己，不要关注别人认为你“应该”是怎么样的。

填写选择：很少 1，偶尔 2，有时 3，经常 4，总是 5。

1. 我很注重词语表面和隐含的意义。
2. 我喜欢很多种音乐。
3. 当人们有数学问题的时候就喜欢求助于我。
4. 在我的脑海中，能看到整齐、简洁和清晰的图像。
5. 我的身体很协调。
6. 我知道我为什么这么想，为什么这么做。
7. 我理解别人的情绪、性格、价值观和意图。
8. 我对自己口头和书面的表达能力很有信心。
9. 我了解音乐的基础知识，如旋律、和弦和音调。
10. 当有问题的时候，我用逻辑分析的方法一步一步地寻找答案。
11. 我的方向感很好。
12. 我控制物体的技能很好，如剪刀、球类、锤子、解剖刀、油漆刷、毛衣针、钳子等。

13. 我凭自己的理解做出明智的抉择。
14. 我有能力说服别人相信我，或者按我的意志行动。
15. 我的语法很正确。
16. 我喜欢做音乐。
17. 我在接受事实、理由和原则时总心存疑虑。
18. 我擅长玩拼图游戏，善于阅读指导语、图形和蓝图。
19. 我擅长肢体活动。如跳舞、运动和做游戏。
20. 我理解自身情感的能力有助于我应对特殊环境。
21. 我喜欢类似教育、心理治疗、心理咨询等能帮助别人的职业，或从政。
22. 我有能力用口头表达或书面文字的形式说服他人。
23. 我喜欢表演音乐类的节目，如为观众歌唱或演奏。
24. 我想要对物理问题进行科学的解释。
25. 我能准确、快速地查看地图。
26. 我能用手熟练地工作，如电工、裁缝、钳管工、机械工、木匠、装配员等。
27. 在各种环境中，我能意识到感觉、情绪和想法的复杂性。
28. 我能起到很好的中介作用，帮助他人或一个团队解决他们的问题。
29. 我对声音、节奏、音调和词语的长度很敏感，特别是在诗词中的词语。
30. 我的乐感很好。
31. 我希望成为化学家、工程师、物理学家、天文学家或数学家。
32. 我能把空间用图形的形式表现出来，如绘画、油漆、雕塑、制图或绘制地图。
33. 我在运动的时候感到能释放压力或者感到很充实。
34. 内心世界是我唯一的力量源泉。
35. 我能体会到他人的动机和意图，尽管他们有意掩饰。
36. 我喜欢读大量的书籍。
37. 我对音调很敏感。
38. 我对数字很敏感。
39. 我喜欢按部就班的学习方式，因为这样可以使我单独体会所学的东西。
40. 我身体的反应十分敏捷。
41. 我对自己的见解很自信，不会轻易被别人说服。
42. 我在团队中很适应也很自信。
43. 我把写作当成一种重要的交流方式。
44. 无论从理智上还是从感情上，我都很容易受到音乐的影响。
45. 我喜欢有明确的“是”或“否”答案的问题。

46. 我能准确地估计出距离和其他尺度。

47. 在投球、射箭、射击或打高尔夫球时，我能瞄得很准。

48. 我能对自己的感情、想法、态度和情绪负责。

49. 我的社交圈子很大。

**【统计指导语】**

表 10-2 中的数字是和上面的题号相对应的。你已经对每道题作答，现在把上面每道题的得分填在表 10-2 相应的格子中，然后把每项的得分相加，在表格下面的格子中填上总分，这就是你 7 种智力类型的得分。表格的最下面是对分数的解释。

表 10-2　7 种智力类型得分统计

| | 语言词汇 | 音乐旋律 | 逻辑数学 | 空间视觉 | 身体运动 | 自我交流 | 人际交流 |
|---|---|---|---|---|---|---|---|
| | 1 | 2 | 3 | 4 | 5 | 6 | 7 |
| | 8 | 9 | 10 | 11 | 12 | 13 | 14 |
| | 15 | 16 | 17 | 18 | 19 | 20 | 21 |
| | 22 | 23 | 24 | 25 | 26 | 27 | 28 |
| | 29 | 30 | 31 | 32 | 33 | 34 | 35 |
| | 36 | 37 | 38 | 39 | 40 | 41 | 42 |
| | 43 | 44 | 45 | 46 | 47 | 48 | 49 |
| 总分 | | | | | | | |

在某种程度上，每个人都拥有这 7 种类型的智力，而且都能有所发展。我们是这几种智力的统一体，但是，每种智力的高低程度不同，每个人的智力优势也不同。以下是对低分、高分和中等分数的解释。

**分数 7～15(3)**

**低等：**你尽量想避免它，如果你需要这样做时，你会感到很不舒服。偏好程度占第三位(3)。这种智力可能不是你感兴趣的。在绝大多数情况下，当你参与到需要较多地运用这种智力的活动时，你会缺乏信心，会停下来然后离开。你在这方面的能力相对较弱。如果没有人逼迫或督促你，你很难得到这方面专业的技能。而且要付出很多努力。包括这种智力在内的所有智力都可能改善你的生活。

**分数 16～26(2)**

**中等：**你想接受它。这样做你会感到比较舒服和轻松。偏好程度占第二位(2)。你可能运用也可能不运用这种智力。虽然你接受它，但没有必要把它作为你的职业。从另一方面来说，你也不会拒绝使用它。这可能是因为你没有提高这方面的能力，或因为你在这方面的能力就是中等水平。你整体的能力可能也是中等水平。你可能成为这方面的专

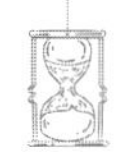

家，但需要相当的努力。

**分数 27～35(1)**

**高等：**你喜欢它，经常游刃有余地运用它。偏好程度占首位(1)。你喜欢运用这种智力，运用它是一种乐趣，既让你感到兴奋，又让你觉得有挑战性，也许还有一些梦幻般的感觉。你偏好这种类型的智力。如果有机会，你通常会选择它。所有人都知道你对它的偏好。如果你有机会使它得到提高的话，你的能力可能会达到相当高的水平。你很有可能成为这方面的专家，在这方面的才能得到充分的发挥。和以上两种能力水平相比，你需要付出的努力会相对少一些。

## 二、工作世界调查表

通过对理想职业的探索，训练学生的信息收集能力，同时利用本表单工具，可以对照素质能力模型，探索目前自己具备的能力和将来需要习得的能力。

我理想的职业：1. ________________；2. ________________；3.________________。

请从中选择一个你最希望了解的职业。

1. 职业名称：________________
2. 该职业属于哪个行业？
3. 主要的工作内容是什么？
4. 主要工作场所及环境怎样？
5. 工作时间是如何安排的？
6. 从业者所需要的教育背景是什么？
7. 从业者所需具备的技能有哪些？
8. 从业者典型的人格特点有哪些？
9. 从业者需要哪些资格认证？
10. 从业者的升迁和发展机会怎样？
11. 未来的就业市场如何？
12. 起薪标准和计薪方式是什么样的？
13. 从业者可能的压力来源有哪些？
14. 对于职场新人有哪些忠告和建议？

## 三、HR部分面试问题及评价要点

通过面试过程中部分问题的举例，分析求职过程中的岗位能力胜任模型，归纳出应聘过程中所需要体现的能力、兴趣、价值观等要素。具体如表 10-3～表 10-13 所示。

表10-3　语言表达、仪表

| 序号 | 题目 | 面试要点参考 |
| --- | --- | --- |
| 1 | 简单谈一下自己 | 观察应试者的语言是否流畅、有条理、层次分明，讲话的风度如何 |
| 2 | 请告诉我你的一次失败经历 | 如果能迅速作答，则应试者反应灵敏，或应试者可能善于总结教训 |
| 3 | 你有什么优点和缺点 | 应试者对自己的判断是否中肯，自信、自卑和自傲倾向如何 |
| 4 | 请讲述一次让你很感动的经历 | 考察应试者是否感性 |

表10-4　工作经验

| 序号 | 题目 | 面试要点参考 |
| --- | --- | --- |
| 1 | 你现在或最近所做的工作，其职责是什么 | 应试者是否曾关注自己的工作，是否了解工作的重点，表述是否简明扼要 |
| 2 | 你认为你在工作中的成就是什么 | 了解对方对“成就”的理解，了解对方能力的突出点，是否能客观地总结回顾自我 |
| 3 | 你以前在日常工作中主要处理些什么问题 | 通过对方对自己工作的归纳来判断其对业务的熟练程度和关注度。可依此继续追问细节 |
| 4 | 以前工作中有过什么良好的建议和计划 | 了解对方对工作的改善能力。要追问细节，避免对方随意编造或夸夸其谈 |

表10-5　应聘动机与期望

| 序号 | 题目 | 面试要点参考 |
| --- | --- | --- |
| 1 | 你最喜欢的工作是什么？为什么？请谈谈你在选择工作时都考虑哪些因素？如何看待待遇和工作条件 | 同时可判断对方的分析能力和自知力 |
| 2 | 你为什么选择来我公司工作？你对我公司了解些什么？你为什么应聘这个职位 | 只为找到一份工作糊口而盲目求职的培养潜质不高，对公司的不了解不应成为重点 |
| 3 | 你对我公司提供的工作有什么希望和要求 | 能大胆而客观地提出要求的优先考虑，提出不切实际要求的可不予考虑 |
| 4 | 你喜欢什么样的领导和同事 | 喜欢什么样的人，自己也将最终成为那种人 |
| 5 | 你认为在一个理想的工作单位里，个人事业的成败是由什么决定的 | 价值观的一种。不同的职位需要不同价值观的人，但基本观念不能和企业文化相差太远 |

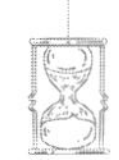

续表

| 序号 | 题目 | 面试要点参考 |
| --- | --- | --- |
| 6 | 你为什么要选读这个专业？你所学的专业和我们的工作有何关系 | 当对方专业与本职位关联不大时使用本条 |
| 7 | 你更喜欢什么样的公司 | 判断对方在本公司的适应性和稳定性 |

表10-6　事业心、进取心、自信心

| 序号 | 题目 | 面试要点参考 |
| --- | --- | --- |
| 1 | 你个人有什么抱负和理想？你准备怎样实现它 | 追问题，避免对方夸夸其谈 |
| 2 | 你认为这次面试能通过吗？理由是什么 | 理想情况是既自信又不狂妄 |
| 3 | 你认为成功的决定性因素是什么 | 追问题：你认为自己具备其中的哪些 |
| 4 | 你的职业发展计划是什么？如何实现这个计划 | 有计划的人才真正有进取心，但要看对方所描述的是否适合本职位 |

表10-7　工作态度、组织纪律性、诚实可靠性

| 序号 | 题目 | 面试要点参考 |
| --- | --- | --- |
| 1 | 你认为公司管得松一些好还是紧一点好 | 无标准答案，关键在于对方思路 |
| 2 | 你在工作中喜欢经常与主管沟通、汇报工作，还是最终才做一次汇报 | 无标准答案，工作习惯问题 |
| 3 | 你如何看待超时和周末、休息日加班 | 理想情况是既能接受加班，又不赞成加班 |
| 4 | 你认为制定制度的作用是什么？怎样才能保证制度的有效性 | 观察对方是否言不由衷 |

表10-8　分析判断能力

| 序号 | 题目 | 面试要点参考 |
| --- | --- | --- |
| 1 | 你认为自己适合什么样的工作？为什么 | 希望对方能切实结合自己的性格、能力、经历特点有条理地分析 |
| 2 | 你认为怎样才能跟上飞速发展的时代而不落后 | 追问题：你平时主要采取一些什么学习方式 |

续表

| 序号 | 题目 | 面试要点参考 |
| --- | --- | --- |
| 3 | “失去监督的权力必然产生腐败”，对于这句话你怎么理解 | 虽与工作无关，但主要观察对方观察问题的角度与推导的思路 |
| 4 | 吸烟有害健康，但烟草业对国家的税收有很大的贡献，你如何看待政府采取的禁烟措施 | 虽与工作无关，但主要观察对方观察问题的角度与推导的思路 |

表10-9　应变能力

| 序号 | 题目 | 面试要点参考 |
| --- | --- | --- |
| 1 | 在实际生活中，你做了一件好事，不但没人理解，反而遭到周围人的讽刺和挖苦，这时你会如何处理 | 反馈的时间应作为主要参考因素，若对方在20秒内还没有回答，自然转入下一个问题 |
| 2 | 在一次重要的会议上，领导做报告时将一个重要的数字念错了，如不纠正会影响工作。这时你会怎么办 | 反馈的时间应作为主要参考因素，若对方在20秒内还没有回答，自然转入下一个问题 |

表10-10　自知力、自控力

| 序号 | 题目 | 面试要点参考 |
| --- | --- | --- |
| 1 | 你认为自己的长处和短处是什么？怎样才能做到扬长避短 | 关注对方对自己短处的描述 |
| 2 | 你听见有人在背后议论你或说风凉话，你怎么处理 | 关注对方思维的出发点 |
| 3 | 领导和同事批评你时，你如何对待 | 观察对方是否言不由衷 |
| 4 | 假如这次面试你未被录取，你今后会做哪些努力 | 观察对方听到问题时瞬间的反应 |

表10-11　组织协调能力、人际关系与适应能力

| 序号 | 题目 | 面试要点参考 |
| --- | --- | --- |
| 1 | 你担任过什么社团工作 | 顺势追问细节，全面观察对方 |
| 2 | 你喜欢和什么样的人交朋友 | 营造轻松氛围，尽量让对方放低戒心，展开阐述，从中观察细节 |
| 3 | 从一个熟悉的环境转入陌生的环境，你会怎样努力去适应？大概需要多久 | 不妨先举个实例引导对方，如：想象你到了一个陌生的城市拓展市场业务 |

续表

| 序号 | 题目 | 面试要点参考 |
| --- | --- | --- |
| 4 | 你更喜欢主动地开展工作还是由上级指挥工作？你喜欢独立工作还是与别人合作 | 两类人都有可取的地方，当对方选择其中一个时，可追问他对另一类人的看法 |

表10-12　精力、活力与兴趣、爱好

| 序号 | 题目 | 面试要点参考 |
| --- | --- | --- |
| 1 | 你喜欢什么运动 | 将对方的兴趣分为身体接触对抗型、不接触对抗型、非竞争型、静止型、独享趣味型等再进一步分析 |
| 2 | 你业余时间怎么度过？你喜欢什么电视节目？喜欢读哪些书籍 | 将爱好与应聘的职位一起分析，试着寻找共同点，判断对方今后对职业感兴趣的可能性 |
| 3 | 你一般什么时候休息？什么时候起床 | 休息有规律者优先考虑 |
| 4 | 你经常和朋友玩到很晚才休息吗 | 能熬夜是精力充沛的表现，但若是经常“玩”得很晚则上进心不足 |

表10-13　专业知识水平及特长

| 序号 | 题目 | 面试要点参考 |
| --- | --- | --- |
| 1 | 你认为自己最擅长的是什么 | 与应聘职位一起综合考察，寻求共同点 |
| 2 | 谈谈你对本专业现时发展情况的了解。你认为业界今后的发展如何 | 时刻掌握专业最新资讯的有培养潜力 |
| 3 | 你有什么级别的专业资格证书和能力证明？你认为它们可以证明你能应付工作中的什么具体问题 | 对本专业的深度理解 |
| 4 | 你最近阅读、写作或发表了什么专业文章或书籍？有何收获 | 一般侧重于阅读的收获 |

# 参考文献

[1] 程社明. 你的船，你的海：职业生涯规划[M]. 北京：新华出版社，2007.

[2] 钟谷兰，杨开. 大学生职业生涯发展与规划[M]. 上海：华东师范大学出版社，2008.

# 第十一章

# 来“迪士尼”喝一杯“世界咖啡”

我曾经有一个小小的梦想

她曾让我心驰神往

热泪盈眶

一路走来

或坚持

或放弃

或批评

或鼓励

只有明白自己最真的梦

才能让美梦华丽转身

**【本章导读】**

本章运用教练技术中的“迪士尼策略”工具，结合“世界咖啡”的操作模式，形成强有力的对话模式，高效而有针对性地解决相关的职业生涯困惑。

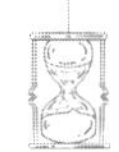

# 第一节　理论背景

华特•迪士尼(Walt Disney)被喻为创意天才，他能够凭借丰富的想象力创造出各种卡通人物，并且发展出亿万元的企业，全世界很多国家都建有他的迪士尼乐园，这种非凡成就绝不简单。之所以取得世人瞩目的辉煌成就，是因为迪士尼在工作过程中采用了非同寻常的头脑使用策略。这是用于开发梦想的策略，也是让梦想最大可能变成现实的策略。

## 一、迪士尼策略

迪士尼策略是一套非常有用的感知位置练习，又称为“想象”策略。“想象”这个字眼来源于华特•迪士尼，用于“创造未来”的过程，这是一个创建梦想，然后将之转变为现实的过程。每当迪士尼团队产生一种创意的时候，华特•迪士尼就会扮演三个不同的角色：梦想家(dreamer)、实干家(realist)和批评家(critic)。迪士尼的同事在“想象”过程方面有一个强烈的感悟，他们表示：“实际上有三个不同的华特：梦想家、实干家、批评家。你永远不会知道哪一个沃特进入了会议室。”想象过程包含了三个子过程：梦想家过程、实干家过程、批评家过程，所有这些都是在实现未来目标的“内心竞赛”中获得成功的关键要素。

罗伯特•迪尔茨(Robert Dilts)模仿并开发了这种策略作为教练工具，称为迪士尼策略，后被普遍用于管理、咨询领域。从这项策略在世界各地运用的反馈情况来看，对许多企业家和管理者起到了非常大的帮助。迪士尼策略要使用到三个角色：梦想家、实干家、批评家，就像每个人的大脑里都住着三个不同角色的小人儿。

梦想家就是指要发挥创造力，要不受限制地进行充分想象，是本能的期待和愿望，总是对未来充满了憧憬、期待和梦想，也就是说每时每刻你都会有一些梦想。比如，看到别人考上了特别好的学校，你会想有一天我也能考上理想的大学；看到别人可以做特别棒的演讲，你会想我有一天也能站在台上，也是这样的光彩夺目。梦想家时刻在想：如果我实现了这个梦想呢？

实干家就是要努力实现梦想家所设想的东西，他永远在问：怎么办。你一旦有想法，就有人问怎么办，思考你的想法如何与你的行动相匹配。如果一个人想得太多，行动太少，就出问题了，就是头脑里只有梦想家存在，实干家没有机会出现。

批评家的主要功能是考虑实干家所想的现实可行性，他每天干得最多的事就是把梦想家拍死。如果直接让梦想家和批评家对话，实干家就没有机会，所以你心里总有两个小人儿在打架，梦想家：我想要，我想要；批评家：想什么呢，想什么呢，不可能。

这个时候迪士尼的创始人说，如果要成功，必须要截断梦想家和批评家的通道，让实干家活过来，这样就能一手托着梦想家，一手托着批评家，来解决问题。你要三足鼎立，而且不要让梦想家和批评家直接对话，这样更有意义。

比如说梦想家永远问："那是什么？"

实干家问："怎么办？"

批评家依然在问："有什么样的挑战？"反馈给实干家："那怎么办呢？"实干家再反馈给梦想家："接下来怎么做。"

所以迪士尼策略也是五步。

第一步(梦想家)：让梦想家无拘无束，无忧无虑地把梦想说出来。教师可以引导团队成员，不用考虑任何干扰，把你的梦想和期待说出来吧。

第二步(实干家)：实干家一直在问，怎么办。为了实现这个梦想，你可能想到的方法有哪些？你需要达成什么条件呢？需要解决的问题有哪些？实干家永远在想，通向成功，我需要跨越哪些台阶？

第三步(批评家)：批评家接下来就有机会了，批评家不能直接对梦想家提出批评，批评家只能对刚才提出的计划进行挑战和提醒。从不质疑你的想法，但会挑战你的行动计划，你可能遇到的困难和挑战会有哪些？哪些问题是你必然要面对的？

第四步(实干家)：重新回到实干家，而不是梦想家。对于刚才批评家提出的这些挑战，你将如何解决？你能想到最好的办法有哪些？实干家永远在回答的是怎么办。

第五步(梦想家)：梦想家继续对这些计划进行挑战。你有这样一个梦想，你打算用这样的途径去实现，在这个实现过程中，你可能遇到这样的挑战，这些挑战你想到了这些办法克服，此时此刻你对这个梦想的想法是什么？接下来你的计划又是什么？

迪士尼策略的思路核心是：产生想法的人不能和提出批评的人直接对话，而是中间循环往复地出现一个问怎么办的人。迪士尼策略的流程如图 11-1 所示。

图 11-1　迪士尼策略

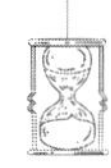

## 二、世界咖啡

“世界咖啡”(world cafe)是由美国华妮塔·布朗(Juanita Brown)和大卫·伊萨克(David Isaacs)等人于 1995 年开发的行动学习的经典技术，2004 年引进中国，该模式的主要精神就是“跨界”。不同专业背景、不同职务、不同部门的一群人，针对数个主题，发表各自的见解，思想碰撞激发出意想不到的创新点子。让参与者从对个人风格、学习方式和情感智商这些我们常用的评判人的方式的关注中解放出来，使人们能够用新的视角来看世界，让人们进行深度的汇谈，并产生更富于远见的洞察力。

“世界咖啡”的七项原则。

第一项原则：明确汇谈内容。明确把人们召集到一起的目的，可以根据目的为世界咖啡命名。例如，领导力咖啡馆、知识咖啡馆、创新咖啡馆、发现咖啡馆等。

第二项原则：创造热情友好的氛围。环境对人的影响非常大，一个好的空间能够催化合作性汇谈的价值。MIT 媒体实验室研究员迈克·斯科拉齐，在《思维共享》一书中指出，大多数会议的会场布置实际上破坏了合作性努力，这种布置主要服务于呆板的单向报告，这种会场布置损失了合作性的团队共创。斯科拉齐认为：“在许多方面，改变会议环境比试图劝说人们改变行为方式更容易获得成果。”

第三项原则：探索相关问题。“世界咖啡”的目的在于在汇谈中发现、探讨有价值的问题、真正的问题，也就是那些我们尚没有答案的问题，引导我们去创新，召唤着尚未存在的观点和洞见。其重要程度与寻找当下对策是一样的。爱因斯坦说：“提出问题比解决问题更重要”，这些问题指引我们去学习新的东西。许多诺贝尔奖获得者们认为他们重大发现的那一刻正是在正确的问题最终自然凸显的时候，即使他们要花很长时间才能找到最终答案。例如，爱因斯坦的相对论源于他少年时一直困惑的一个问题：“如果我乘上一束光，那看到的宇宙会是什么样的？”

第四项原则：鼓励每个人的投入状态和为小组做出贡献。每一桌仅仅坐四五个人的原因之一就是想让每个人都有发言的机会。那些在一个大群体里不愿主动发言的人，在“世界咖啡”这种更加亲切的环境中常常会提出一些出人意料的观点。在这个开放的空间里，大家都愿意表达并勇敢地贡献自己的想法。认真聆听、欣赏及观察他人的想法。大家放下批评，学习反思，创新可能。

第五项原则：吸收多元文化，接受不同观点。“世界咖啡”的特点是，在桌子之间来回走动，和不同的人交流，贡献出你的想法，把你发现到的问题与不断扩展的更广范围内的人们的想法联系起来。新的模式、不同的视角不断形成，人们的见解和创造性的结合有助于激发出人们以前未曾想象过的方法。

第六项原则：共同审议不同模式、观点和深层次的问题。“世界咖啡”倡导倾听的文化，而不是一味地维护自己的观点，倾听可以让你了解你看不到的一面，可以让你“换位思考”，这样你就会多一个维度看世界。同时在倾听的过程中，能不断地反思自己的观点，不断迭代和完善自己的思路。

第七项原则：收获、分享共同成果。“世界咖啡”几个环节之后，所有的小组在一起进行一次全体汇谈。这种汇谈是一个大家共同反思的机会。留给大家几分钟沉默的时间来反思一下：汇谈过程中学到的东西、有什么意义以及讨论的结果。让屋子里任何一个人都简短地分享一下他们对于自身有真正意义的观点、主题或核心问题。鼓励每个人能主动关注到在他们的汇谈中的什么发现与这次共同分享相连。

爱德华·威尔逊在《社会生物学》一书中指出，团队协作可以超越个体，产生高超的智慧，例如蚂蚁和蜜蜂，还有人类。“世界咖啡”是基于生物进化理论对于人类行为的解释的基础，阐述了人们如何运用语言这一人类独有的进化工具，激发并凝聚群体智慧，从而创造出无数个惊叹世界的文明。在这个日新月异、高速发展的时代，团队的力量才能呈现更大的价值。关于如何激发团队潜能，“世界咖啡”就是一个非常高效的工具，它让我们每一个个体摒弃成见、平等相处、坦诚交流，共同建构我们的未来。

# 第二节　活动实践

当你觉得某个人的想法不太靠谱，不太确定他是否要去干，或者明显他的这个想法在现实社会中遇到的挑战和问题太大，或者你觉得这个人根本没有想清楚，就要帮他条理化一下，可以尝试使用本章的这个活动实践环节。

## 一、教具准备

(1) 海报纸每组两张、A4 纸若干、水笔每人一支。

(2) 各色便签纸(至少三色)，每组三本。

(3) “潜意识投射卡”，每组一套。

## 二、活动目的

(1) 迪士尼策略这个工具的最大用途是可以让人们正视自己的梦想，具体表现在以下三个方面：

① 更加现实地去行动；

② 有可能对梦想进行修订；

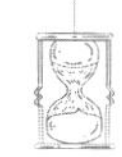

③ 还有可能改变了想法。

(2) 迪士尼策略这个工具可以帮助人们越来越理性地看待问题。比如，某人有一个天马行空的念头，我们不是要打击他，或让他放弃，或让他盲目地去行动，而是经过这样一个过程后，他的想法才更理性，他考虑问题才会更加全面。

(3) 理性和全面是我们能够做到的。既不煽动促进，也不打压否定，而是通过这样一个中立客观引导他全面思考的工具，让他的思维更加理性，看问题更加全面。

(4) “世界咖啡”的参与目的：自己可以发展富有成效的人际关系；可以从别人那里学到比自己预想的更多的东西；可以亲眼看到自己的知识在增长等。通过“世界咖啡”的流程操作，参与者的主人翁意识通常会得到大幅提高，因为他们希望能够充分使用自己在“世界咖啡”中获得的洞察力，并维持在谈话过程中建立起来的更广泛的联系。

## 三、设计思路

(1) 团队成员充当梦想家的角色，每个人在团队中提出一个自己的梦想，比如，今年最想完成的事情；到 30 岁之前最想成为的样子；在明年最想实现的愿望，等等。

(2) 团队成员根据票选的方式，选出一个大家都最感兴趣的话题，进入“世界咖啡”的活动操作环节。

(3)“世界咖啡”的操作可分为线下操作流程和线上操作流程，方便不同形式的团体进行。

## 四、操作流程

### 活动一：“世界咖啡”（推荐线下操作流程）

(1) 根据团队成员分成人数均等的若干小组，每组 4～8 人，确定桌长。

(2) 每组成员每人想一个议题，比如，结合自身提出议题：今年的梦想是什么？未实现的原因有哪些？如有暂时想不出议题的团队成员，可以采用盲抽“潜意识投射卡”产生联结，根据“潜意识投射卡”来发散自己的思维，引发联想和思考。

(3) 小组成员根据投票选出本小组的“咖啡主题”，写在海报上。

(4) 在原始小组中进行对话。各桌成员在指定时间内，根据本组的“咖啡主题”进行自由对话。对话时，可将印象深刻的关键词写在各桌的海报上，书写的方式很自由，可以涂鸦、可以使用彩色画笔，尽量把所有想法都留在海报上。

(5) 各桌只留下桌长，其他人则分散移向其他桌，原则上原本同桌的人尽量不流动到同一桌。每一桌的桌长欢迎新入桌的“客人”，向新入桌的“客人”介绍本桌的“咖啡主题”，继续进行自由对话，并记录在本组的海报上。当总人数较多时，可重复这个过程两到三次，每次控制的时间都必须一样。

(6) 最后，所有人回到原始小组，各自发表到其他桌参与的讨论内容，并继续进行自由对话，将与本桌“咖啡主题”相关的内容继续补充进海报上。

(7) 各桌在指定时间内讨论结束后，可以将各桌的海报收集起来，张贴在墙上。所有人一起检视并讨论共同点与发现，形成对话成果，一边回顾对话，一边分享想法。

**【活动点睛】**

“世界咖啡”是一种对话、集体交流的方式，有利于营造一个安全、平和的环境，让参与者针对特定的问题展开对话。一般一桌可以针对一个或多个主题，在一种真诚和共同学习的精神下齐聚一堂，通过营造好友们聚在一起喝咖啡聊天的情境和氛围，让学术背景各异、观念不一的人能够围坐一起，进行心无挂碍的轻松交流和畅谈。通过几轮的汇谈，除了桌长外，其他人均可在每轮时间截止时，自由选择其他组参与交流，通过这样的方式，建立一个充满生机的集体汇谈网络，深藏的思想可以碰撞出火花，形成集体智慧。

### 活动二：外卖小哥送外卖(推荐线上操作流程)

(1) 根据团队成员分成人数均等的若干小组，至少分为 4 个小组，每组人数 4～8 人，确定桌长。

(2) 每组成员每人想一个议题，比如结合自身提出议题：今年的梦想是什么？未实现的原因有哪些？如有暂时想不出议题的团队成员，可以采用盲抽“潜意识投射卡”产生联结，根据“潜意识投射卡”来发散自己的思维，引发联想和思考。

(3) 小组成员根据投票选出本小组的“外卖主题”，写在 A4 纸上。

(4) 各组由被选择主题的“外卖小哥”出门，其他成员留在本组。“外卖小哥”按照顺时针外卖路线，依次进入其他小组中送出“外卖主题”，每个组每个回合只能接受一份“外卖主题”。

(5) 教师每一轮根据外卖小哥的路线，分别指定其他各组，按照迪士尼策略中的角色，依据顺时针顺序分别承担“实干家”“批评家”“实干家”“梦想家”的角色。“外卖小哥”呈送“外卖主题”到各个小组，介绍未实现的梦想，提出困惑和亟待解决的问题，根据教师指定依次承担“实干家”“批评家”“实干家”“梦想家”角色的小组结合不同角色要求展开对话，给予反馈和意见建议。

第一步，在原始组中，“外卖小哥”把梦想具体列出，将想法说出来；

第二步，送“外卖主题”至“实干家”角色小组中，由承担“实干家”角色的小组成员们根据“外卖主题”找方法、定策略；

第三步，送“外卖主题”至“批评家”角色小组中，“外卖小哥”同时呈送上一组所收集记录的讨论结果，由承担“批评家”角色的小组成员们根据“外卖主题”挑问题、

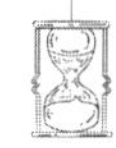

提挑战；

第四步，送“外卖主题”至“实干家”角色小组中，“外卖小哥”同时呈送上两组所收集记录的讨论结果，由承担“实干家”角色的小组成员们结合前两轮的讨论记录，进一步找方法、定策略；

第五步，“外卖小哥”回到原始组，原始组的小组成员们承担“梦想家”角色，结合“外卖沿线”收集记录的所有讨论结果，进行再一轮的自由讨论，形成集体智慧，并记录在海报上。

**【活动点睛】**

迪士尼策略搭配“世界咖啡”技术同时使用，聚焦某个主题，在“世界咖啡”中根据梦想家——实干家——批评家——实干家——梦想家的顺序，指定各小组依次进行迪士尼策略中的角色分配，联结所有成员的想法。

## 五、重点难点

(1) 各小组要营造出一个具有“好客”气氛的空间，让参加者能轻松且认真地对话。

(2) 设定的咖啡主题最好是探索性的，让人忍不住想多谈，但又无法立即得到答案。好的问题能吸引参与者专注、唤醒他们的探索欲和创造力，并促使个人的内省与团队的合作。

(3) 每桌的桌长并不是引导者，没必要控制对话的节奏或督促发言，桌长唯一的职责是确保大家能遵守对话的规则而不是闲谈。

(4) “世界咖啡”结合迪士尼策略方法的使用，能更有效地提高交谈的效率。

(5) 迪士尼策略工具使用过程中，切忌跳过“实干家”的角色，让“梦想家”和“批评家”直接“对话”。

## 六、案例分析

### （一）迪士尼策略工具的使用

案例：一个来访者，她的梦想是成为一名优秀的职业生涯规划师，我们运用迪士尼策略工具来进行以下的谈话(流程详见图 11-2)。

第一步“梦想家”角色：我的梦想实现起来可能会很艰辛，也需要时间去观察和体验，但主要还是在于自己，先要制定出有效合适的计划并努力完成，将大目标划分成小目标，每完成一个小目标，就离大目标更近了一步。进步就是一天比一天好，今天比昨天好，比昨天有收获。

第二步“实干家”角色：

(1) 通过多渠道学习相关职业生涯规划的知识。

(2) 在学校努力去带一些关于职业生涯规划的选修课。

(3) 将所学的职业生涯规划知识活学活用到课堂上，强化知识的学习和运用。

(4) 参加相关培训学习并获取资格证书。

(5) 做出学习计划。

第三步“批评家”角色：你的孩子才四岁，你哪有那么多精力去学习？工作上行政事务那么多，你哪有时间去学习？你的家人会支持你吗？面对一地鸡毛的生活，你能坚持学习吗？授课经验不足，学校会给你机会让你带职业生涯规划课吗？

第四步“实干家”角色：

(1) 陪伴孩子方面，转变育儿观念，懂得做加法，更要懂得做减法，我们不必做完美的妈妈，只要做足够好的妈妈就行；在爱孩子之前，先好好爱自己；同时，你经常学习的好习惯也会影响的孩子，和孩子一起学习一起努力，合理安排不会冲突还会有益处。

(2) 时间都是挤出来的，和别人的差距就是把碎片的时间有效地利用起来，如坐校车时间、中午休息时间、候车时间、送孩子上培训班上课的时间。

(3) 和家人沟通很重要。

(4) 利用有效的时间去学习，合理安排好工作、家庭和个人学习，制定可实施的计划，不强迫、不施压、不焦虑，快乐地学习工作和生活。

(5) 关于授课经验，虽没带过职业生涯课，但有授课经验很重要，而且在试讲之前又经过关于职业生涯规划的相关培训和学习，学习一直在路上。

迪士尼策略的最大用途：这样一个轮回下来，让人们正视自己的梦想。

为什么说正视呢？

(1) 更加现实地去行动。

(2) 有可能对梦想进行修订。

(3) 还有可能改变了想法。

所以当你觉得一个人的想法不太靠谱，不太确定他是否要去干，或者明显他的这个想法在现实社会中遇到的挑战和问题太大，或者你觉得这个人根本没有想清楚，我们要帮他条理化一下，就用这个工具，就可以帮助他越来越理性地看待问题。比如他有一个天马行空创业的念头，我们不是要打击他，或让他放弃，或让他盲目地去行动，只是经过这样一个过程后，让他的想法更理性，他考虑问题会更加全面。理性和全面是我们能够做到的。

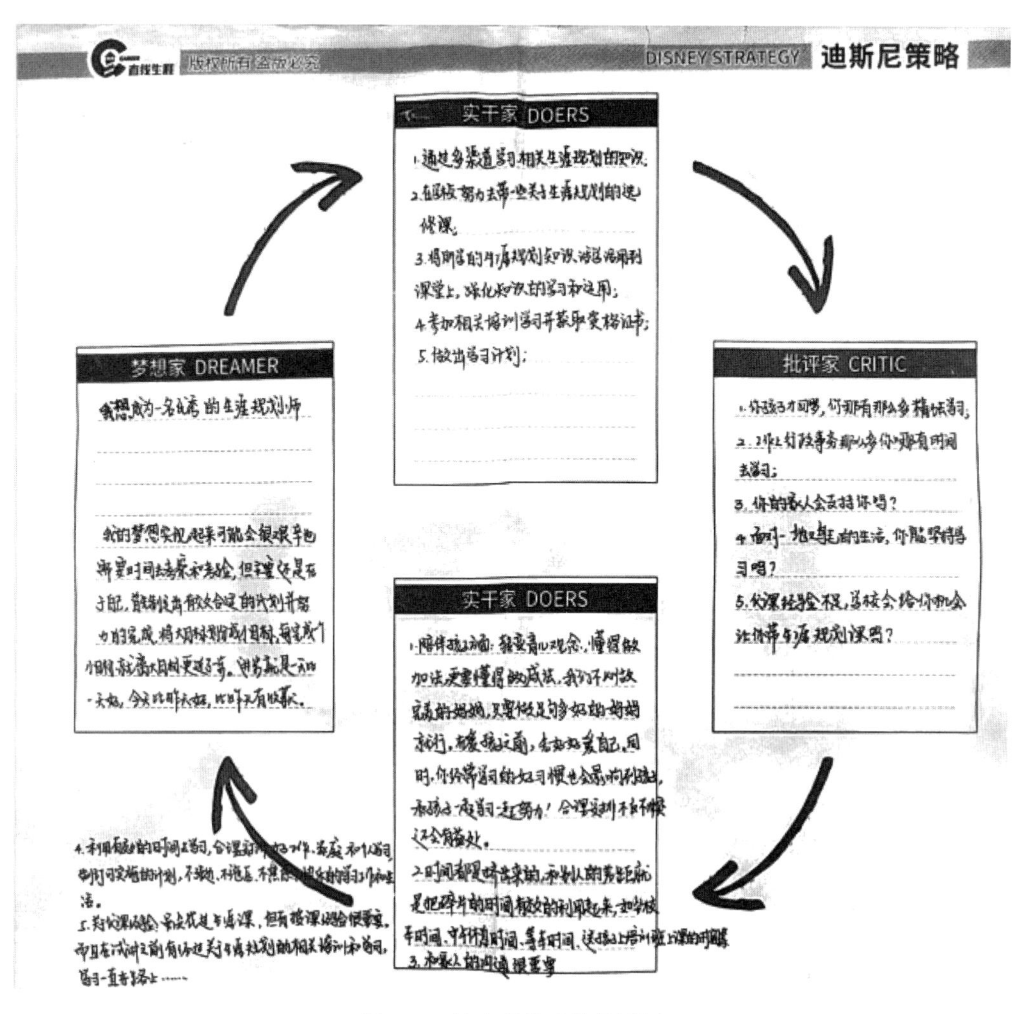


图 11-2 迪士尼策略使用图例

### （二）“世界咖啡”的操作步骤(详见图11—3)

第一步：聚焦话题。

“世界咖啡”比较适合探讨有深层意义的事情，它可以用来探索主题的意义。例如：如何提升企业的创新力？如何发挥人才的潜能？如何提升公司的品牌影响力等问题。不太适合单向信息的传递，以及公布一些事先达成的结论。

第二步：形成小组。

一般是 4～6人一组，主持人开场介绍“世界咖啡”的会议形式，讨论主题和小组间流动规则等。

第三步：主题研讨(第一轮汇谈)。

① 桌长简单自我介绍，并分享自己的主题(时间控制在 5 分钟内)；

② 大家思考 3 分钟(独立思考，并将思考内容写在便签纸上)；

③ 每人分享 2 分钟；

④ 集体讨论 5 分钟(质疑、反思、深度汇谈)；

⑤ 桌长总结 2 分钟。

桌长可以在大白纸上用思维导图整理大家的核心观点。组员也可以用便签纸写出自己的核心观点，贴到大白纸上。

第四步：自由流动(第二轮汇谈)。

① 除桌长外，其他人换桌研讨(小组成员尽量不出现在同一桌)；

② 桌长热情接待到访的其他小组成员，还是按照第一次汇谈的流程，桌长介绍 5 分钟，把前面的汇谈的内容给大家介绍一下，每人发言 2 分钟，桌长组织讨论，最后做总结并记录观点；

③ 根据问题和人员的实际情况，可以进行第三轮汇谈，或者更多轮。

第五步：前后贯穿。

桌长不动，各参与者回到自己的本桌。桌长介绍本桌研讨成果，其他成员补充，承前启后，累计研讨智慧。

第六步：观点联结。

针对大家的讨论成果，进行深入思考后，用思维导图整理成解决方案。

第七步：分享成果。

集体分享研讨成果，系统回顾。每桌的桌长上台进行10 分钟左右的成果分享，解释为什么，并接受大家的提问。主持人把控好时间和节奏，保证大家顺利地分享成果。

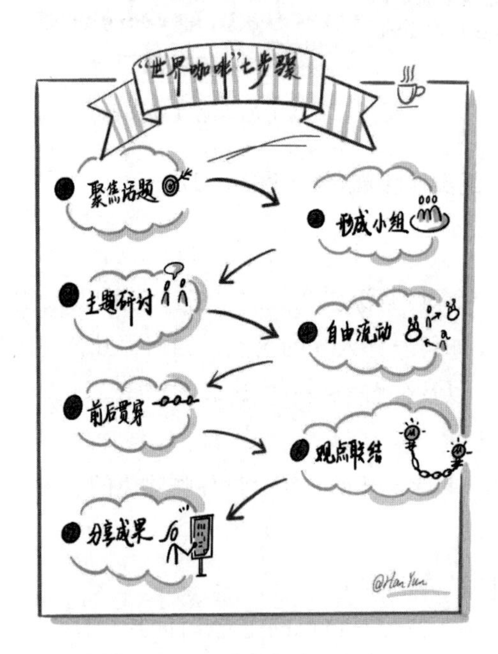


图 11-3 “世界咖啡”七步骤

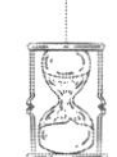

# 参考文献

[1] 彼得·圣吉. 第五项修炼：学习型组织的艺术与实践[M]. 张成林，译. 北京：中信出版社，2009.

[2] 金树人. 生涯辅导与咨询[M]. 北京：高等教育出版社，2007.

# 第十二章 KGN复盘法

人生像是走过一道特殊的风景

似大浪淘沙

回首或展望

它更是一把刻度尺

用来检验我们的努力成果

**【本章导读】**

复盘，就是在头脑中对过去所做的事情重新“过”一遍。通过对过去的思维和行为进行回顾、反思和探究，找出原因，找到规律，从而指导我们解决问题，帮助我们提升解决问题的能力。

# 第一节　理论背景

唐代诗人杜牧在《重送绝句》一诗中曾形象生动地描述了他与一位围棋高手对弈之后复盘的场景："绝艺如君天下少，闲人似我世间无。别后竹窗风雪夜，一灯明暗覆吴图。"复盘，就是每次博弈结束以后，双方棋手把刚才的对局再重复一遍，这样可以有效地加深对这盘对弈的印象，也可以找出双方攻守的漏洞，是提高自己水平的好方法。

## 一、什么是复盘

复盘，围棋术语，也称"复局"，指对局完毕后，复演该盘棋的记录，以检查对局中招法的优劣与得失关键。一般用以自学，或请高手给予指导分析。棋手平时在训练的时候大多数时间并不是在和别人搏杀，而应该把大量的时间用在复盘上。复盘就是把当时"走"的表面的过程重复一遍，客观地表现出来，即当时是如何想的，为什么"走"这一步，是如何设计、预想接下来的几步的。在复盘中，双方进行双向交流，对自己、对方走的每一步的成败得失进行分析，同时提出假设：如果不这样走，还可以怎样走；怎样走，才是最佳方案。

对于复盘来说，回顾、反思、探究、提升，一个都不能少。

## 二、复盘的对象

理论上，只要是发生过的事情，不管是自己做的还是他人做的，不管是大事还是小事，都可以成为我们复盘的对象。一句话：随时随地随事皆可复盘。

在复盘中，双方的思维不断碰撞，不断激发新的方案、新的思路，新的思维、新的理论也都可能在此萌发。通过复盘，当某种熟悉的类似的局面出现在你面前的时候，你往往能够知道自己将如何去应对，在你的脑海中就会出现好多种应对的方法，或者你可以敏锐地感觉当前所处的状态，从而对自己下一步的走向做出判断。复盘可以避免我们犯同样的错误，找到和掌握规律，校验方向，不断自我成长，带来持久成功。

## 三、复盘的类型

根据复盘参与人员的不同，可以将复盘分为两种类型：自我复盘和团队复盘。

(1) 自我复盘是自己一个人对事件进行复盘。它是一种最简单、最具操作性的复盘方式，不受时间和空间等外在条件的限制，也不受事情本身进展的约束，只要我们愿意，只要形成习惯，就可以随时、随地、随意地进行复盘。一闪念，一回想，一反思，一对照，一总结，都是复盘。而它也不否定正式的复盘，个人依旧可以找一个宁静的空间，对某件事情进行完整的复盘。

(2) 团队复盘则是由多人(一个小组)共同对某件事情进行复盘。团队复盘有人员的要求，一般是多人，因而有场地的要求，必须有一个能容纳多人且不受打扰的场地。此外，还有时间的要求，每个人都有自己的学习和工作安排，要在同一时间出现在同一场合，就必须协调各自的工作安排。不管是场地还是时间，背后牵涉到的，其实是成本。因此，团队复盘不能也不应该随时随地进行，而是应该在项目结束之后、项目的关键节点、出现了重大疑问的时候进行。

一般来说，团队复盘中存在三种角色：主持人、设问人、叙述人。主持人主要是为了保证复盘的顺利进行，避免讨论偏离团队复盘设定的方向；设问人则通过自己的提问，引导大家的思考；叙述人则叙述所需复盘事件的情况，同时回答设问人提出的问题。设问人和叙述人，并不是完全固定的，有时候可以相互转化。

不管是自我复盘还是团队复盘，常见和常做的是对自己做过的事情进行复盘，这是在复盘自己。

## 四、复盘的心态

不自欺是对自己而言，要诚实。

有胜心是指对自己要有挑战自己潜能的胜己之心；对别人而言，则不要有“有胜心”，要虚心。

两种心态的指向是同一个：成长心态。一切只关乎成长！

## 五、复盘与总结的区别

复盘与总结的区别有以下三个方面。

### （一）以学习为导向

复盘的目的是让个人和团队能够从刚刚过去的经历中学习，因此必须有适宜学习的氛围和机制。复盘不追究哪个人的功过得失、不批评、不表扬，只是忠实地还原事实、分析差异、反思自我，学到经验或教训，找到未来可以改进的地方。

而一般工作总结的目的是对前一阶段的工作进行小结(画个“句号”)，往往会以陈述自己的成绩为主，经常与绩效考核或能力评定等挂钩，因而不提或少提缺陷与不足，也不必然包含深入的反思与剖析。

### （二）结构化的流程与逻辑

我们都知道，总结是对一定时期的工作或某个事件的梳理、汇报，每个人依自己的习惯和悟性，对已经发生的事件、行为及结果进行回顾、描述。总结通常没有固定的模板和结构，也不必然包括对目标与事实差异原因的分析、经验提炼等要素。

复盘是以学习为导向的，必须遵从特定的步骤与逻辑：不仅回顾目标与事实，也要对差异的原因进行分析、得出经验与教训，并转化应用，才能算是一次完整的复盘。

### （三）复盘更适合以团队形式进行

虽然个人也可以进行复盘，但在更多情况下，由于现代组织中许多活动都是多人、多部门协同完成的，因此复盘通常是以团队形式进行的。复盘是一种非常重要的团队学习与组织学习机制。通过集体深度汇谈，团队成员不仅可以相互了解彼此的工作和关系，而且可以超出个人的局限，让人们看到整体，并激发出新的观点。

工作总结往往只是个人的观点，会不可避免地存在片面、局部和主观的描述。

# 第二节　操作流程

在实际运用的过程中，无论是学生组织、教师群体，还是企业团队，都可以无障碍、无门槛使用，不需要有相关的背景理论知识，均可完成。

## 一、KGN复盘法的基本要素

K(key point)：关键点。

G(good)：做得很好的。

N(need)：需要改善和提升的。

K 就是寻找关键点，即在复盘的过程中，首先确定复盘事件的关键点(K)，然后围绕关键点进行重现和推演。一般说来，关键点分为两种，一种是以具体时间为关键点，另一种是以具体事件为关键点。无论是具体时间还是具体事件，在整个复盘事件中都是具有里程碑意义的。

G 和 N 就是在关键点 K 的基础上，做得好的地方和需要提升的地方。

## 二、KGN复盘法的设计思路

工具和模型的作用在于服务于使用者，让使用者在深切理解的基础上，更容易上手，从而达到复盘评估的目的。KGN 复盘法让流程更清晰明了、简单易操作，通过三个字母，提高其可执行性。

## 三、KGN复盘法的基本流程

进行复盘时，应该保持开放心态，坦诚表达，实事求是，反思自我，集思广益。KGN 复盘工具由复盘沙盘指示图(图 12-1)和颜色不同的 K、G、N 便利贴(图 12-2)组成。具体流程如下。

(1) 教师发放“KGN 复盘沙盘”指示图，并宣布当日复盘的项目和主题(每次复盘需要确定唯一项目和主题，不可一次复多盘)。

(2) 所有参与复盘的人员根据人数多少可以分为若干组，亦可不分组。

(3) 教师给时间让团队成员进行项目的回顾并进行讨论。尽可能将项目具体化、清晰化、明朗化。所有团队成员在该事件当中扮演的角色和承担的任务不同，未必了解各个环节，通过这个步骤让项目完整呈现。

(4) 团队成员共同商定该项目中的关键点(可按时间点进行划分，也可按照项目中的关键事件进行划分)。团队成员可采取首先由每个人写出自己认为的项目关键点，然后团体内合并同类项，归纳总结，最终确定最为关键的 K 点(关键点)。

(5) 教师发放 K 点便利贴。要求团队成员将确定好的 K 点(关键点)写在便利贴上，并贴于沙盘指示图 K 的位置。

(6) 团队成员根据每一个 K 点依次进行复盘评估。

(7) 教师发放 G 点便利贴，要求团队成员根据 K 点展开评估，在此 K 点上，做得好的地方是什么(写在 G 便利贴上)，所有成员整理归类，去掉重复内容，将公认的 G 便利贴贴在沙盘指示图 G 的位置。

(8) 教师发放 N 点便利贴，要求团队成员根据 K 点展开评估，在此 K 点上，需要提升的地方是什么(写在 N 点便利贴上)，所有成员整理归类，去掉重复内容，将公认的 N 点便利贴贴在沙盘指示图 N 点的位置。

(9) 根据便利贴上的可控性评分，区分类别：可控性评分低但是效果反馈不错的，就思考下一阶段如何提高其可控性；可控性评分高但是效果反馈并不理想的，就思考下一阶段如何改进操作性，以便提高有效性。

(10) 先针对每个关键点复盘，分析该关键点上做得好的部分和需要改善的部分，将

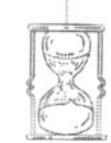

其分别详细填写在相应的便利贴上；再根据时间轴顺序依次连接每个关键点的复盘结果，不仅回顾目标与事实，也要对差异的原因进行分析、得出经验与教训，并转化应用，才能算是一次完整的复盘。

## 四、重点难点

(1) 在此之前，教师需要强调复盘的误区：首先，确定复谁的盘，避免没有重点无所不包；其次，复盘中需要理智客观，切忌报喜不报忧；最后，要明确目标是否清晰或达成共识。

(2) 此外，还可以用逆向关键点法则进行复盘，逆向关键点法则指的是在复盘的过程中，根据以前的经验，先行确定事件成功要满足的关键成功因素，然后围绕关键成功因素进行 KGN 复盘，流程同上。

(3) 一般来讲，一个事件的关键点可以提取 4～8 个，根据事件的性质和重要程度，也可达到二十几个，甚至更多。

## 五、教辅材料

KGN 复盘法是韩赟生涯工作室研发的一套新的复盘工具。相比以往的复盘方法，其优点是简单、便捷，容易让使用者记住，关注焦点，找出优劣势，扬其所长，避其所短。常用工具主要包括复盘沙盘工具图(如图 12-1 所示)和便利贴(如图 12-2 所示)。

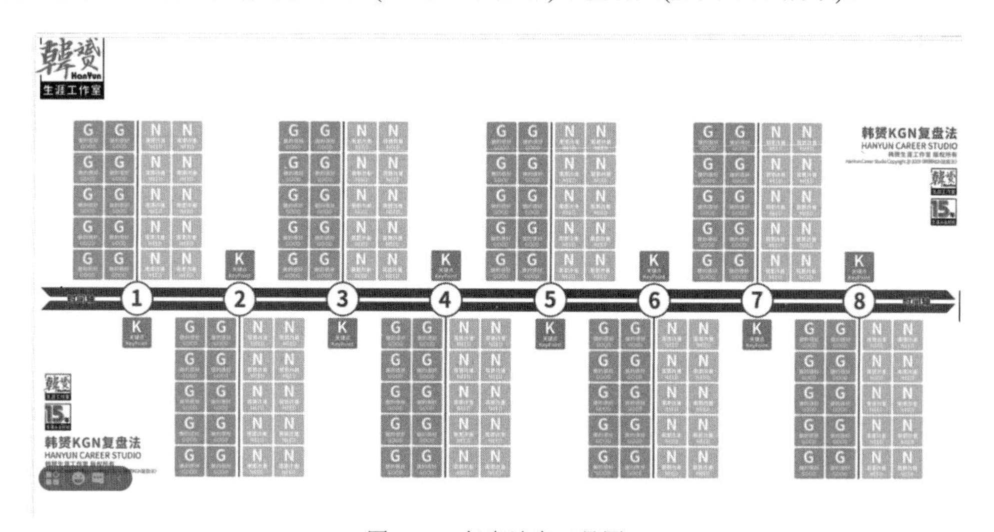


图 12-1　复盘沙盘工具图

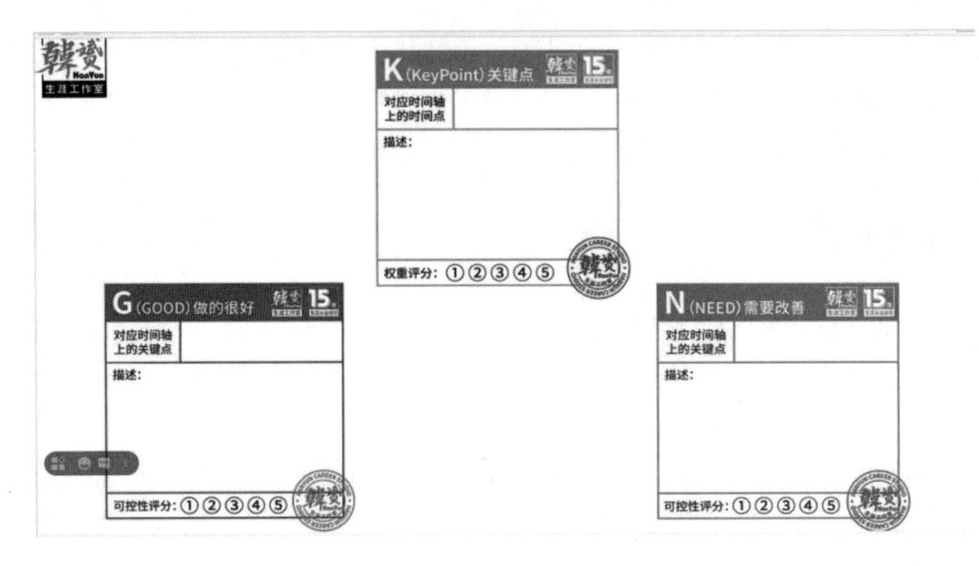
K (KeyPoint) 关键点
对应时间轴上的时间点
描述:
权重评分: ① ② ③ ④ ⑤
G (GOOD) 做的很好
对应时间轴上的关键点
描述:
可控性评分: ① ② ③ ④ ⑤
N (NEED) 需要改善
对应时间轴上的关键点
描述:
可控性评分: ① ② ③ ④ ⑤

图 12-2　便利贴

# 附录A

# 生涯主题班会设计

## 自我关照和温暖时刻

今天跟大家分享的这个主题班会，主要目的是缓解学生和老师群体的压力。此主题班会内容主要分为四个部分：拿出你的尺子来，掏出你的镜子来，摆出你的凳子来，翻出你的本子来。

### 第一部分　拿出你的尺子来

从 1～10 分，给你目前的情绪状态打分。如果你的情绪状态很好，完全没有压力，就打 1 分。如果你现在情绪特别糟糕，你很焦虑，你觉得压力超级大，那这个状态就是 10 分。根据你现在的状态打出你的分数，用尺子来量化你的焦虑感、情绪状态或压力值。

接下来给同学们分组，大家在组内讨论一下，你是怎么知道你就是这个分值的？你是拿什么做评价的？你是如何知道的？

邀请同学们做分享。

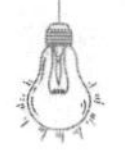


## 第二部分 掏出你的镜子来

我们接下来看第二部分，掏出你的镜子来。我们需要做的是，假使你的口袋里面有一面镜子，掏出来放在自己的面前，来看看自己，观察自己，感受自己。

之所以我们遇到危机事件的时候，会出现这样那样的状态和应对的方式，是因为人的大脑，它分为本能脑、情绪脑和理智脑。本能脑的主要功能，是保证身体的安全，比如逃避、禁止、攻击。当我们的身边出现意外事件时，有的人的本能脑迅速开启，第一反应就是逃避、禁止和攻击。那逃避是什么？逃避其实就是想跑，想逃离；禁止的时候，有的同学就会说，“哎呀，完了完了”，消极，啥也不想干；攻击，就有可能是发泄情绪。情绪脑则是与你的情感、情绪、直觉等紧密相关的，是以听觉为主的，它对语音语调是非常敏感的。为了能够更好地帮助我们的学生，或者帮助压力感比较大的人的时候，我们的亲和感的建立就非常非常重要，这个也是源于情绪脑的一个特点。所以最好的方式就是匹配他们的语音和语调，这就是为什么我们在沟通的时候，如果别人说话慢一点，你跟他说话也慢一点，如果说别人说话用方言，其实你也可以跟他用方言，这样就比较容易快速建立亲密关系，和对方同频共振。接下来我们再看理智脑，其实就是视觉脑或高级脑，它主要适用于未来创造(包括给出解决方案)。但是当我们身处危机事件当中的时候，容易在脑海里面描绘消极的画面。比如说“哎呀，我不要封校”“我不要做检查”“我不要被安排”等。那么这时就应该用正向的描述去让人们看到一个美好的画面，比如灾难退去，春暖花开等。先让人们看到这种画面，然后反过来问大家，为了让这一天尽快到来，我们能做些什么。所以老师在开这个主题班会的过程当中，可以跟大家讲本能脑、情绪脑和理智脑，去让大家描绘美好画面，有一些做法可以在线上开展，比如说线上云旅游。同时，这个时候我们可以给学生讲决策的方式，你有没有决策权？如果没有决策权，我们就要更好地适应如何在校园里让自己开心起来，同时让周围的人也阳光起来。当你改变不了环境和规定的时候，就要想办法去适应它，不要去钻牛角尖了。

当我们对于事情没有决策权的时候，我们考虑的就不是选择做或不做的问题，而是应该考虑如何更好地去适应，先把这个弯儿转过来，而不是一味地给自己强化烦躁、郁闷的情绪状态，这种时候事情解决不了，反而会把负面的情绪传给家人。所以，先让自己安顿下来才是最主要的。人的本能脑、情绪脑和理智脑三者之间具有密切的联系。当遭受到负面情绪的时候，会最先走向这个本能脑寻找安全，这是正常的。当你慢慢地感到放松的情绪的时候，理智脑，也就是视觉脑，就会开启，这个时候就会有更多的创造性的和解决的方案。实际工作中，我们经常会遇到这类情况，面对情绪激动的学生，我们说什么他都听不进去。同时，当我们自己情绪很不稳定的时候，是无法做出客观决定的，所谓的冲动的时候总做后悔的事情，就是这个道理。所以当我们遇到这种情绪特别激动的学生的时候，我们最起码要先稳定他的情绪，先处理他的情绪。

这里跟大家分享一个管理自己情绪的方法，叫作“水落石出”。水是什么？水就是情绪，当水位特别高的时候，我们其实是看不到水里的石头的。因为看不到，所以就不清楚，也就更谈不上有的放矢、对症下药了。所以，我们每个人想发脾气的时候，情绪很激动的时候，很伤心的时候，很愤怒的时候，首先要对自己内心有一个察觉，知道自己现在的水位很高。这时要尝试和自己对话。这时你自己跟自己怎么对话？“我现在发现你非常生气，你非常难过，我知道你也非常不容易，你非常努力了”，那么这个时候，就抱抱自己，让自己先把这个情绪缓下来，跟自己说，“我知道你很不容易，我知道你已经很努力了”。这个动作叫作“蝴蝶拍”，顾名思义，就是像蝴蝶一样拍打着翅膀，像是自己在拥抱着自己，安慰着自己一样。我们可以轻轻地闭上眼睛，当然也可以微微地睁开，然后把眼神固定在某一个位置，双臂在胸前去交叉，左一下右下一下去拍打。拍打的时候脑海当中可以想象一位重要的他人，比如你的亲人，你的爱人，你的挚友或者能给你带来力量的、信任的他人，也可以是另一个你自己。比如我现在觉得很担心，很焦虑，但我有另一个很坚强的我自己，我让另外一个我自己给我力量。当然，有的学生在这个时候可能觉得自己没有重要他人，那怎么办？可以让他回忆，一个特别喜欢的布娃娃，特别喜欢吃的食物，或者他曾经在影视作品当中看到了这样一个人物形象，他觉得这个人很温暖，然后带着这种温暖和舒服的感受，想象着我们现在是安全的，我们就会变得越来越平静。在拍打的过程当中，去感受那份安全感和力量感。

当这个情绪的潮水退去以后，那个“石头”就露出来了。这个“石头”，就是压力事件。当这个让我们焦虑的具体事件，客观地摆在我们面前的时候，我们在情绪稳定的状态下，就启动了理智脑，能够帮助自己去看见未来美好的画面，去寻找解决问题的途径和方法。所以我们在处理危机事件或者需要沟通的时候，一定要让工作对象的“水位”先落下来，先处理情绪，理解他的感受，不要一上来就讲道理，处理事件。一定要等这个“水位”降下来，再做具体的工作。

## 第三部分　搬出你的凳子来

我们之所以很难摆脱我们的情绪困扰，或者说很难跳出困境来看问题，是因为我们总是把问题和人纠缠在一起。比如我说，“我是一个很焦虑的人，我是一个脾气特别暴躁的人，我是一个消极的人”。当听到这样一个被描述的人的时候，大家是不是感觉这个焦虑，这个情绪，这个暴躁，这个消极，这个爱发脾气，就是在我的身体里面，我是带着这个问题的这么一个人。所以你就很容易给这个人贴上一个标签，如果这个就是你的那个坏脾气，我们千万不要把这个坏脾气包裹在你的身体里面，让你摆脱不了。我们可以做的是什么？首先就是外化，我们要先将这个不良的情绪外化，怎么外化？就是把它拿出来，问题是问题，人是人，千万不要把人和问题包裹在一起，否则就会有一种甩不掉的感觉。那么怎么去做联结呢？我们可以做这样的一个练习。

同学们，请你给你目前的一个负面情绪，或者是压力，或者是愤怒，或者是悲伤，就是你目前所处的这个状态起一个名字。比如，我自己目前的情绪状态是担心，我给这个担心的情绪起个名字叫“翼翼”，然后搬出我的凳子来和它展开对话。先评估自己目前的情绪状态，不管是愤怒，难过，焦虑，压力，你先给他起个名字。你告诉大家他叫什么，然后你会跟它展开怎样的对话。

## 第四部分　翻出你的本子来

拿出一张 A4 纸，横竖分别对折，展开就是一个四宫格，在每一个格子上写一个内容。首先，我们来写第一个关键词，叫作压力源。有的老师，压力源主要来自家里的孩子没人照顾；有的辅导员，压力源可能主要来自自己的学生难沟通；有的人，压力源可能来自无论付出多少努力总得不到领导的认可和欣赏等。第二个部分，我们可以自己写下压力源来自哪里，写下你认为你目前对待压力源是怎样的情绪状态，主要写下你是怎样对待你现在的这个压力源的。第三个部分，如果我们要减轻压力，缓解目前的压力情绪，度过艰难的时刻，应该需要哪些能力？这些能力可能不是你具备的，也有可能是你具备的，也有可能是你达不到的，你先写下应该具备哪些能力。第四个部分，写下你当下拥有哪些能力。

接下来，结合自己拥有的能力、目前哪些压力源带给自己哪些状态，让我们来分享一下自己的故事，然后为自己点赞。比如，我能为别人做点什么？我能为自己做点什么？或者你认为谁做得很棒？可以学着去夸赞、赞赏。

“我能为自己做点儿什么”这个环节的设计，目的在于让学生意识到，我不能再天天虚度时光了，激发学生的主观能动性和自我效能感。

翻出你的本子来，还有一个出发点就是我能为自己做点什么。举个例子，比如，我特别想喝奶茶，但是我觉得喝奶茶对身体不好，所以我现在就给自己定个目标，我每天特别想喝奶茶，但是最好不要喝。这其实是一种比较简单的目标设立的方法，让学生做这样的练习，同时进行社交承诺，也就是我们在开班会的过程当中，让学生写下来具体计划，最好找一个监督人，他们两个或者三个，互相监督。如果我们想把这个活动做得更深入一些，则还需要做跟踪，就可以让他们订立一个契约：以一周为单位，如果坚持了一周，就可以奖励自己；如果没有做到，接受预先约定的“惩罚”措施。这种监督其实是有约束力的，学生会觉得自己不孤单，自己在学校里面每天都有人监督他去打卡，他就觉得每天都有事情可做。

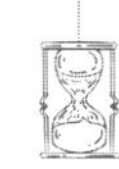

主题班会的最后一个环节，就是赋能环节。在班会即将结束的时候，我们就进入这个环节。如果是线上的主题班会，可以在线上留言区进行。老师说的引导语是这样的，“我想对我后面的同学说一句话”，接下来每个同学的第一句话都要说，“谢谢前面的你，我想对后面的同学说这样的话”，我们在留言区就形成了一个接龙。前面的这个人，不管是谁，他说的话其实都是对我说的，而我说的这个话，其实都是对后面的同学说的，我也不知道后面是哪位同学去领取属于自己的那个赋能的话。

最后，我们做一下这个主题班会的复盘。

我们回顾一下课程。第一部分是“拿出你的尺子来”。我们先要测试自己当下的状态，给自己的压力值，或者情绪状态去打一个分。1 分是最开心，最轻松，最没有压力的，10 分就是压力爆表，压力特别大，情绪特别糟糕。我们要打的分，就是拿尺子来量化的，所以第一部分叫作“拿出你的尺子来”。

第二部分是“掏出你的镜子来”。这个部分主要是让大家拿镜子照自己。这里提到了“三脑原理”，本能脑、情绪脑和理智脑，这三者的区别是什么？联系是什么？通常我们在什么情况下会启动这个本能脑？这个部分主要是告诉学生，当你遇到突发情况时，觉得害怕，觉得担心，觉得焦虑，都是正常现象。我们的本能脑进化了上亿年，每个人都是这样的。在情绪脑和理智脑之间，我们用了“水落石出”这样一个形象的模型理论。当我们遇到突发事件或需要处理的情绪时，我们要学会先处理自己的情绪，再处理事件。当遇到“我很焦躁”“我很难过”的时候，可以学会自愈和自救方法，就是让自己先学会处理自己的情绪，把那个“水位”先降下来，然后自己想一些办法去处理这个情绪事件。

第三部分是“搬出你的凳子来”。我们可以给我们当下的情绪、压力、愤怒等负面情绪取一个名字，然后自己搬一把凳子摆在它的旁边，跟它去对话。这样的处理方式，其实就是将自己的负面情绪外化，然后跟自己的负面情绪对话，让它成为和你共同努力的那个部分，而不是裹挟你的那个部分。这个时候，我们调节情绪的一个很好的办法，就是“搬出你的凳子来”。

第四部分是“翻开你的本子来”。在这个部分写出四项内容：你自己的压力源是什么，你的状态是什么，你需要的能力是什么，你现在具备的能力是什么。把这四项内容写出来之后，你对自己就有了一个客观的认知。最后一项写的是你拥有的能力。当你写完拥有的能力这项内容之后，就会觉得自己其实很了不起，这本身是给自己赋能的一个过程，这叫“翻出你的本子来”。我们最后用赋能结束主题班会，像串糖葫芦一样接龙，这个主题班会就可以结束了。

# 附录B

# 亮出你的能力优势活动设计

## 高手云集 仗“剑”天涯

### 一、团辅目的

(1) 梳理自身能力优势，明确“人无我有，人有我优，人优我特”的能力，并形成系统的认识。

(2) 无论是生涯规划课程中的能力探索，还是就业指导中的简历技巧，都可以通过该团辅活动帮助学生了解自身可倚仗的“宝剑”，从而行走职场江湖。

### 二、团辅准备

人数：15～20 人。

时间：120 分钟。

场地：室内(安静、独立)。

工具：大白纸、A4 纸、彩色便利贴(粉、黄、绿三种颜色)、彩笔。

### 三、团辅步骤

#### (一) 氛围营造

每个人都是隐秘的绝世高手，却不自知，在平凡无奇的世界中平淡生活中，出现了

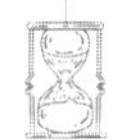

一位“江湖侠客”(图 B-1)。

生活中很多人并不知道自己的优势能力，本次团辅的目的就是让人们发掘自己的核心竞争力，明确三类技能，有针对性地提升训练以及自我赋能。

图 B-1　江湖侠客

### （二）破冰：绕舌争霸

一天，镇子上来了一个神秘的武林高手(团体教师)，他摆了一个擂台。如果有人通过三关，就可以跟随神秘高手踏上一段传奇的江湖旅程。

绕口令 3 个(图 B-2)：小组内进行。

小华举花小花画，小花画画看小华，小华问小花，画上画了啥？小花举画答小华，画中有花有小华。

一葫芦酒九两六，一葫芦油六两九，六两九的油要换九两六的酒，九两六的酒不换六两九的油。

高高山上一条藤，藤条头上挂铜铃，风吹藤动铜铃动，风停藤停铜铃停。

团体教师提问：如何能连闯三关？学生回答：多加练习，从而引出本次团辅的主题，即后天培养和训练获得的技能。允许所有人跟随神秘高手开启侠客旅程，因为每个人都是隐秘的武林高手。

图 B-2　绕口令大赛

【活动点睛】

通过活动，团队成员可以迅速进入课堂状态，集中精神，打破思想壁垒，充分融入集体，绕口令的练习说明技能的培养可通过不断学习、重复、体验而获得。

### （三）活动设计

(1) 大名鼎鼎。神秘人(带领教师)让武林高手(团队成员)在 A4 纸上写下自己的鼎鼎大名，在名字下方将自认为具备的能力优势罗列出来。这些能力或才干可以是多方面的，如：体现在工作中的、生活中的，甚至是情绪状态中的……

【活动点睛】

大名鼎鼎的活动，让学生先在 A4 纸上尽可能多地写出自己认为的所有能力优势，不受限制，越多越好。甚至可以以武林争霸为由头，采用竞赛机制，看小组中谁写得最多，激发学生潜能。当看到自己满满的能力优势，自己也会大吃一惊，自信满满。

(2) 江湖传说。江湖中永远都流传着与高手相关的传说，但这些传说往往是虚幻的，需要高手们去为自己正名，确立自己的江湖地位。

在团辅室的四周张贴与团队成员人数相等的大白纸。大白纸需要提前纵向折成三列，每一列上面用事先准备好的一种颜色便利贴贴好，并用简单的符号做标记：如粉色

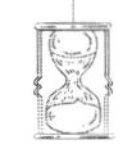

便利贴上面画一本书(代表培训和学习)；黄色便利贴上面画一个人(代表品质和为人)；绿色便利贴上面画一只手(代表实操和运用)。如图 B-3 所示。

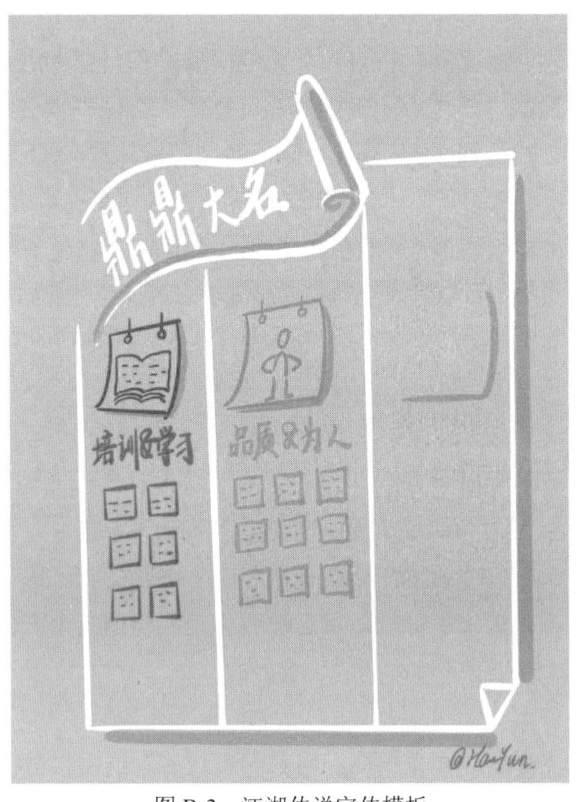


图 B-3　江湖传说宣传模板

【活动点睛】

这个环节需要提前准备好。营造人人都是武林高手的环境氛围，每个人内心深处都希望自己在“名人榜”上赫赫有名，能力非凡。

(3) 独门绝技。每个高手都有自己的独门绝技。让团队成员对自己 A4 纸上的能力清单进行整理和归类。团队成员需要将自己的能力优势分为三类，分别写在不同颜色的便利贴上。所有经过专门的培训和学习所获得的能力才干，写在粉色便利贴上；所有表述自己性格特质、品格素养、为人处世的，写在黄色便利贴上；所有描述自己可以实操运用的技术、可以输出且创造价值的能力优势写在绿色便利贴上。

【活动点睛】

这个环节让学生将之前 A4 纸上繁多的能力词条抄写在颜色不同的便利贴上，这个过程本身就是梳理的过程。在此环节我们可以看到学生会进行合并同类项，也可提醒学生关注自己高频次出现的同类能力优势词条，这可能就是自己特别突出的技能。

(4) 榜上有名。大名鼎鼎的高手都是榜上有名的。请团队成员将自己的便利贴贴在团辅室其中一张大白纸上(按照之前的纵向三列分颜色贴便利贴)。小组成员尽可能选择邻近的几张大白纸，便于互相分享和讨论。

【活动点睛】

这个环节主要是体验式互动，在自我能力的澄清过程需要考虑：这项能力优势是否愿意广而告之？是不是深思熟虑后才确定的？每个人都有一张大白纸，上面贴着自己的三类技能，供其他小组成员观看、提问、赞美、发现。

(5) 武艺切磋。高手之间需要相互了解，江湖中的各路豪杰切磋技艺，知己知彼。以组为单位检查每个人大白纸上的便利贴(优势能力)，确保每个人每一张便利贴都被关注。教师询问正在讨论的小组成员，通过讨论分享有无新的发现。根据自己或团队成员的反馈，有可能发现自己具备的其他能力优势，可以将这些能力优势补充到便利贴上(仍然分类进行张贴) 。

【活动点睛】

相互赋能，全面评价他人眼中的自己。生活中有些人对自己的某些能力优势从未发现，但通过别人认真的表达、具体事例的说明，让自己客观认识自己。

(6) 修炼通透。粉色便利贴上的能力优势为专业知识技能，意味着你学过什么。黄色便利贴上的能力优势为自我管理技能，意味着你是怎样的一个人。绿色便利贴上的能力优势为通用技能(可迁移技能)，意味着你会做什么。

【活动点睛】

教师讲解三类技能：专业知识技能、自我管理技能、通用技能(可迁移技能)。

(7) 仗剑天涯。在未来职场江湖中，如果你是一个侠客，你最厉害的武功是什么？你的剑和别人不一样的地方在哪里？(小组设定一个场景，可根据专业特点进行问题设计，类似“无领导小组讨论”。小组成员均为武林高手，互相为竞争关系)请结合刚才便利贴上自己的三类能力优势，在小组内分享战术，阐述自己打败其他人，成为“唯一”的理由。

【活动点睛】

通过该活动让学生体验竞争的压力，看到自己的长处和不足。同时，挖掘自己的核心竞争力。核心竞争力是个体能够长期获得竞争优势的能力，是人们所特有的、能够经得起时间考验的、具有延展性的，并且是竞争对手难以模仿的技术或能力。

(8) 众望所归。小组成员投票，选出将自己的能力才干用到了极致、符合自身实际且没有刻意夸大的成员(每人两票，不可投票给自己，见图 B-4)。

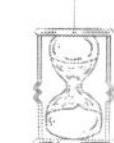

图 B-4　投票环节

**【活动点睛】**

因前面的环节有类似“无领导小组讨论”的题目设定，所以题目要尽可能贴近学生专业。团队成员如果为同一专业学生，则在此投票环节，得票最多的成员某种程度上即公认的用人单位最心仪的求职者。此时，学生心里可清晰地对标自己，寻找差距，明确优势。

(9) 传经送宝。最厉害的武林高手谈感受，重点分享自己打败天下无敌手的核心竞争力是什么，还有哪项技能需要持续精进，刚才在比武过程中与组内哪个武林高手武艺不相上下，通过哪些行动计划提升武艺。

**【活动点睛】**

可采取经验分享形式，常见的情况可能是学生会讲自己曾经的成就故事、闪光时刻，教师要提醒学生重点讲自己凭借哪些能力优势取得了这样的成绩。这样做学生参与度会非常高，其他团队成员作为听众也会全情投入。同学的朋辈故事要比老师的灌输讲解精彩得多，毕竟同学全身放光芒的时候，其他学生都会跃跃欲试，觉得自己也不会差。

(10) 闭门思过。落败的侠客谈感受，在众多武艺高强的侠客中，自己的不足是什么，要想在江湖中立足，还需要提升哪些技艺。

**【活动点睛】**

这里的落败侠客可让组内得票较少的几位同学(最好不要只选一位)分享。

(11) 江湖再见。通过赋能告别进行总结，每个侠客都有自己的核心竞争力，善于发现自己的“剑”威力，才能仗剑天涯。

**【活动点睛】**

通过有仪式感的抱拳手势进行告辞，将课程内容进一步延伸，引发团队成员的思考，带着别人的尊重和欣赏离开团辅场域，促进行动，行走江湖。